基金伴随我成长
基金投资
从入门到精通

吴门智多星 ◎ 著

中国铁道出版社有限公司
CHINA RAILWAY PUBLISHING HOUSE CO., LTD.

图书在版编目（CIP）数据

基金伴随我成长：基金投资从入门到精通 / 吴门智多星著 . —北京：中国铁道出版社有限公司，2023.12
ISBN 978-7-113-30591-8

Ⅰ.①基… Ⅱ.①吴… Ⅲ.①基金-投资-基本知识 Ⅳ.① F830.59

中国国家版本馆 CIP 数据核字（2023）第 187072 号

书　　名	基金伴随我成长——基金投资从入门到精通 JIJIN BANSUI WO CHENGZHANG: JIJIN TOUZI CONG RUMEN DAO JINGTONG
作　　者	吴门智多星

责任编辑：张亚慧　　编辑部电话：（010）51873035　　电子邮箱：lampard@vip.163.com
封面设计：宿　萌
责任校对：刘　畅
责任印制：赵星辰

出版发行：中国铁道出版社有限公司（100054，北京市西城区右安门西街 8 号）
网　　址：http://www.tdpress.com
印　　刷：天津嘉恒印务有限公司
版　　次：2023 年 12 月第 1 版　　2023 年 12 月第 1 次印刷
开　　本：710 mm×1 000 mm　1/16　印张：18.5　字数：301 千
书　　号：ISBN 978-7-113-30591-8
定　　价：88.00 元

版权所有　侵权必究

凡购买铁道版图书，如有印制质量问题，请与本社读者服务部联系调换。电话：（010）51873174
打击盗版举报电话：（010）63549461

前言

一点一滴都是爱，一枝一叶总关情。

2021年1月，在生日那天，我收到了一份特殊的礼物——在《零售银行》杂志2020年度作者评选中荣获"明星作者奖"，喜悦之情油然而生。

三十多年的金融实战，从纸币到金融衍生品，从算盘计息到电脑批处理，从柜台前移到互联网金融……斗转星移，日新月异，我不禁感慨：简易、变易、不易。

投资改变生活，理财丰富人生。外汇、黄金、股票、基金、权证、期货……金融产品就像工具，是用来砍柴，还是用来雕刻，关键不在于工具本身，而在于使用的人。

投资理财可以简化为"买"和"卖"两个动作，但其中蕴含了智慧、经验和技巧。买什么？怎么买？买多少？卖什么？怎么卖？卖多少？每一步都有学问。取势、明道、优术，就是密钥。

阅读是输入，写作是输出。我始终认为，读书看报是欣赏别人，而写作是挖掘自己；读书看报是接受知识的沐浴，而写作是一种自我净化。

投资不是纸上谈兵，夸夸其谈，而是南征北战，言之有物。

水滴石穿，绳锯木断；理无专在，学无止境。少一点儿花拳绣腿，多一点儿真才实学，方能像扁鹊在世、华佗重生，手到病除，妙手回春。投资就像一场人生修行，活到老、学到老，乐在其中。

回首往事，我从实战角度出发，捕捉市场热点，瞅准大家关注的话题，认真思考，积极探索，结合自己的观点和做法，三十多年来笔耕不辍，逐渐成为金融队伍中的作家、作家队伍中的金融专家。

如果说炒股票是自己开车走山路，那么买基金就是雇人开车走山路。通过对基金投资的知识介绍、经验分享、理念传播，我未曾谋面的朋友越来越多，既有青藏高原的，也有南海之滨的；既有东北平原的，也有四川盆地的；既有理财经理，也有普通百姓；既有退休职工，也有企业领导；既有理财小白，也有培训老师；既有职场新人，也有专家教授。欣喜之情，难以言表。最令我开心的是得到读者真诚的夸奖，帮助他们改变了观念、拓宽了视野、改进了方法、提高了绩效。

在房住不炒、打破刚性兑付、理财产品净值化销售的大背景下，公募基金势必成为普通大众投资理财的重要工具，消费、新能源汽车、医药、固收+、中概互联、军工、宽窄指数、ETF、LOF、黄金、原油、商品期货、红利、同业存单等基金可以帮助我们分享经济发展的成果。

世界上有不绝的风景，我有不老的心情。传道、授业、解惑，永远在路上。

吴门智多星

2023年9月

目录

第1章　一信激起千层浪，基金岂是害人精 / 1

　　1.1　匿名信令我深思 / 2

　　1.2　掀起基金的盖头来 / 3

　　1.3　炒股票不如买基金 / 8

　　1.4　基金交易百事通 / 10

　　　　1.4.1　基金的费用 / 12

　　　　1.4.2　基金的交易费用 / 13

　　　　1.4.3　基金交易知识入门 / 13

　　　　1.4.4　债券型基金名称尾缀字母的含义 / 17

　　　　1.4.5　基金转换费用 / 18

　　　　1.4.6　如何计算基金达到保本目标的净值 / 21

　　　　1.4.7　如何选择基金的分红方式 / 21

　　　　1.4.8　不同基金的申赎效率有何不同 / 25

　　1.5　黄山归来谈基金 / 27

　　1.6　提高认知再行动 / 31

第2章　我对基金不感冒，买对基金可加薪 / 34

　　2.1　基金的"出生入死" / 35

　　2.2　理性看基金广告 / 38

　　2.3　投资给力胜储蓄 / 43

　　2.4　消费基金带你飞 / 45

　　　　2.4.1　"需求侧改革"风起 / 45

　　　　2.4.2　消费迭代谱新篇 / 46

　　　　2.4.3　消费基金伴你飞 / 47

　　2.5　新能源汽车动起来 / 54

　　　　2.5.1　我国新能源汽车的发展现状 / 55

　　　　2.5.2　如何投资新能源汽车 / 56

　　　　2.5.3　科技创新轮轮赚 / 60
　　2.6　医药基金连连看 / 61
　　　　2.6.1　指数型医药主题基金 / 62
　　　　2.6.2　主动管理型医药主题基金 / 68

第3章　资产配置有门道，和你聊聊"固收+" / 72

　　3.1　你懂资产配置吗 / 73
　　　　3.1.1　八选四，谁晋级 / 73
　　　　3.1.2　300万元能否这样配置 / 74
　　3.2　体、面、线、点话配置 / 77
　　　　3.2.1　财富帆船理论 / 77
　　　　3.2.2　标准普尔家庭资产象限图 / 79
　　　　3.2.3　生命周期消费理论 / 80
　　　　3.2.4　美林投资时钟理论 / 81
　　3.3　资产配置纵横谈 / 83
　　　　3.3.1　比较波动之方法 / 84
　　　　3.3.2　这句名言是谁最先说的 / 85
　　　　3.3.3　资产配置关注相关性 / 86
　　3.4　与你谈谈"固收+" / 87
　　　　3.4.1　股债轮动可组合 / 88
　　　　3.4.2　掀开"固收+"的面纱 / 89
　　　　3.4.3　"固收+"产品的投资策略 / 93
　　3.5　资产配置攻与守 / 96
　　　　3.5.1　股债利差 / 96
　　　　3.5.2　资产配置策略选择 / 98
　　　　3.5.3　3万元买19只基金 / 101
　　　　3.5.4　要不要赎回公募基金 / 105

第4章　大家买的是感知，谈天说地话债基 / 109

　　4.1　这个市场它姓"A" / 110
　　4.2　说透债基那点儿事 / 115

4.2.1　投资债基面临的风险 / 116

　　4.2.2　债券型基金是怎么赚钱的 / 117

　　4.2.3　债券型基金有哪些种类 / 120

　　4.2.4　说说债券的分类 / 121

　　4.2.5　个人直接投资债券难上加难 / 123

　　4.2.6　"固收+"应对债市的下跌 / 124

　　4.2.7　选债基的方法及三个匹配 / 125

　　4.2.8　买卖债基的策略技巧 / 126

第5章　春夏秋冬有交替，基金兴衰有四季 / 129

5.1　人多之处不要去 / 130

　　5.1.1　没有永远的传奇 / 130

　　5.1.2　条条大路通罗马，水流千里归大海 / 132

　　5.1.3　适配均衡重长期，切忌盲目去从众 / 132

5.2　爆款基金今安在 / 133

　　5.2.1　2007年四只率先出海的QDII / 133

　　5.2.2　2015年红火起来的"互联网+"基金 / 135

　　5.2.3　2018年的CDR基金（战略配售基金）/ 137

　　5.2.4　那些记忆中的爆款基金 / 138

　　5.2.5　2019年和2020年发行的科创板基金 / 141

5.3　可靠公司长什么样 / 145

5.4　募集失败有警示 / 149

5.5　知彼知己别迷信 / 154

第6章　指数基金涵盖广，投资路上助力行 / 158

6.1　指数基金的神奇 / 159

　　6.1.1　什么是指数 / 160

　　6.1.2　什么是指数基金 / 160

　　6.1.3　指数基金的魅力 / 161

　　6.1.4　指数基金的分类 / 162

　　6.1.5　股票指数的分类 / 163

6.1.6　什么是指数增强型基金 / 166
6.1.7　债券指数的分类 / 167
6.1.8　常见的指数编制公司及主要指数 / 168

6.2　看好国运投指数基金 / 169
6.2.1　看好大盘，就投沪深300 / 170
6.2.2　看好中小盘，就投中证500 / 170
6.2.3　看好新经济，就投创业板指 / 171
6.2.4　看好核心资产，就投MSCI中国A50 / 171
6.2.5　看好赛道，就投行业指数基金 / 172

6.3　筛选指数基金的技巧 / 174
6.3.1　跟踪同一指数的基金如何选 / 174
6.3.2　如何找到安全边际高的指数基金 / 176

6.4　带你认识ETF / 181
6.4.1　ETF的优点 / 183
6.4.2　买卖ETF的注意事项 / 184
6.4.3　如何玩转ETF / 185
6.4.4　挑选ETF时重点考虑的因素 / 187

6.5　LOF走近你我他 / 188
6.5.1　LOF的套利 / 189
6.5.2　ETF和LOF的区别 / 190
6.5.3　LOF的优点和缺点 / 191
6.5.4　选择LOF、ETF还是ETF联接 / 192

6.6　市场平庸选红利 / 192

6.7　7天不用买同业 / 195

第7章　大风起兮云飞扬，不买基金悔断肠 / 197

7.1　你买贵州茅台为什么亏 / 198

7.2　能源危机投原油 / 201
7.2.1　原油的前世今生 / 201
7.2.2　历史上原油大跌及止跌的原因 / 202

        7.2.3　获取原油供求信息的主要渠道 / 204
        7.2.4　借助基金投资原油 / 204
    7.3　避险可以选黄金 / 209
        7.3.1　不同的时代，相同的爱戴 / 209
        7.3.2　黄金产品虽然多，独宠基金这一个 / 209
        7.3.3　伦敦金、纽约金、上海金的差异 / 211
        7.3.4　黄金价格的展望 / 213
    7.4　把握商品机会买基金 / 216
        7.4.1　豆粕ETF / 216
        7.4.2　有色ETF / 217
        7.4.3　能源化工ETF / 219
        7.4.4　商品期货ETF的优缺点 / 219
    7.5　从三道数学题讲起 / 225

第8章　有涨有跌叫市场，基金定投放眼量 / 227
    8.1　跨越熊牛选定投 / 228
    8.2　对定投的慢思考 / 232
        8.2.1　月定投VS单笔投资 / 233
        8.2.2　月定投VS周定投 / 234
        8.2.3　男基金经理VS女基金经理 / 235
        8.2.4　长期投资VS长期持有 / 236
    8.3　选好标的要止盈 / 236
        8.3.1　哪些基金适合定投 / 237
        8.3.2　基金何时止盈 / 239
    8.4　定投多久才赚钱 / 243
    8.5　春夏秋冬悟定投 / 250

第9章　实战全凭真功夫，各种武艺练起来 / 255
    9.1　业绩比较基准助你行 / 256
        9.1.1　百万基金月赚万 / 256
        9.1.2　凡事要量力而行 / 257

9.1.3 剖析业绩比较基准 / 258
9.2 基金分析天地人 / 266
　　9.2.1 基金分析体系中的"天地人" / 266
　　9.2.2 "天地人"分析之基金实战 / 268
9.3 基金投资看均线 / 271
9.4 应对震荡用布林 / 275
　　9.4.1 布林线百分比 / 277
　　9.4.2 带　　宽 / 277
9.5 基金解套有三招 / 278
　　9.5.1 波段操作 / 278
　　9.5.2 基金转换 / 279
　　9.5.3 基金定投 / 280

后记　让基金投资神采飞扬 / 282

第1章

一信激起千层浪，
基金岂是害人精

如果把投资比作一段旅行，我们要去一个有所期待的远方，请扪心自问：你希望这是一趟怎样的旅程？或者说你希望通过什么样的产品来达到财富增长的目标？根据数十年的实践和观察，我觉得基金是比较适合普通大众的投资工具。这个过程是一帆风顺还是一波三折呢？不同的人有不同的感受。有一句古老的格言："只有手艺差的木匠才会责怪他的工具。"

1.1 匿名信令我深思

2010年，我开始负责基金业务，信心爆棚。不久，一封匿名信通过Notes传遍单位，犹如当头棒喝，令我至今记忆犹新。

尊敬的领导：

每当基金业务分配下来，特别是拜读过你们下发的文章，我们都热血沸腾、跃跃欲试。可是最后，当客户打来电话询问"某某某，你推荐我买的××蓝筹、××宏利、××优势……现在怎么样了，我赚了多少啊？""你说××基金在低点建仓，为什么跑不赢老基金？那些老基金你不是说没有新基金好吗？"……我们立刻满脸羞愧、闪烁其词。

当亲人对我们说"家里没钱了，卖点基金吧"时，我们只能忍痛赎回、挥刀"割肉"，谈何长期持有？我们紧跟单位的号角一路走来，如今茫然不知路在何方。现在只想提几点希望：

一、不要每次看到的只是你们极力推荐新基金，能否在市场回调之际，建议我们买入一些老的优秀基金呢？

二、对于新基金开放赎回的时间，你们可以不必提醒我们，重要的是告诉我们是保留还是赎回。

三、在每篇激昂的推荐文章末尾，能否告知我们现在是买进还是卖出，不要总是让我们自己揣摩？我们的感觉就是，你们说的新基金好像完全没有风险，什么时候买新基金都是对的，但结果老是让我们和客户被套！我们自己，我们的亲人，我们的客户，损失惨重……

四、最实在、最急切的问题：诸如以往的××等基金，我们现在是继续持有还是立刻卖出？"赚钱才是硬道理"，我们希望领导能让我们的理财水平更上一个台阶，让客户购买我们推荐的产品后，买得放心，拿得安心，赚得开心。

…………

我认真阅读完这封匿名信，内心翻江倒海、五味杂陈。当时，信中所描述的现象并非虚言。

比如，基金公司高位发产品追求规模，销售机构推波助澜追求中间业务收入，投资者盲目追求热点，最终导致的结果是基金公司和销售机构赚得盆满钵满，而部分基民却亏损累累。

我不由自主地展开了反思：基金是害人精吗？俗话说："工欲善其事，必先利其器。"从此，我踏上了基金知识和投资技巧的培训分享之路。

1.2 掀起基金的盖头来

基金是一种证券投资的集合投资方式，以公开方式向社会公众投资者募集资金并以证券为主要投资对象，形成独立资产，由基金管理人管理和运用资金，由基金托管人托管基金资产。

购买了基金的个人就叫基金持有人，也就是我们通常所说的"基民"。而基金管理人是指负责基金发起设立、经营管理的专业性机构。在我国，按照有关法律法规的规定，基金管理人主要由基金管理公司担任。基金托管人则是对基金管理人进行监督并保管基金资产的机构，是基金持有人权益的代表，通常由有实力的商业银行或信托投资公司担任。

公募基金在我国采取契约型的组织形式，受政府主管部门的监管，有信息披露、利润分配、运行限制等行业规范方面的制约。

根据监管要求，商业银行不得担任自己设立的基金管理公司所管理的基金的托管人。例如，工银瑞信基金发行的产品不能由中国工商银行托管，农银汇理基金发行的产品不能由中国农业银行托管，控股子公司发行的产品不能由母公司托管，这样就可以建立有效的风险隔离制度，控制风险。所以基民的钱是安全的，不存在基金公司卷款跑路的问题。

需要注意的是，资金安全不代表买基金没有风险。买基金本身属于投资，投资都会有风险。风险不可怕，可怕的是失控的风险。

打个比方，如果炒股票是自己开车走山路，那么买基金就是雇人开车走山路。因此，通俗地讲，买基金就是把钱交给专业的团队、专业的人去投资证券市场。

有人或许会问：基金千千万，长相各不同，该如何分辨类型呢？

简单地理解，基金就像包子，口味有很多。至于风险有多大，得看里面包的是什么馅。

（1）股票型基金像"肉包子"：主要包"股票"，收益高，风险也高，跟随股市涨跌，适合打理长期不用的钱。

（2）债券型基金像"素包子"：主要包"债券"，风险和理财差不多，市场越不差钱，收益越高，适合打理中长期不用的钱。

（3）混合型基金像"什锦包子"：按照不同比例放入"股票"和"债券"，收益和风险均比股票型基金的低，适合打理长期不用的钱。

（4）货币型基金像"糖包子"：主要包"货币"，风险最低，适合打理短期不用的钱。

各类基金持有股债比例一览表如表1-1所示。

表1-1 各类基金持有股债比例一览表

仓 位	名 称						
	货 币 型	纯债基金	二级债基	可转债基	偏债混合	偏股混合	股 票 型
股票最低	0	0	0	0	0	50%	80%
股票最高	0	0	20%	20%	20%	95%	95%
债券最低	0	80%	80%	80%	50%	0	0
债券最高	—	95%	95%	95%	95%	45%	15%
总仓位最多	—	95%	95%	95%	95%	95%	95%

数据来源：笔者整理编制。

不难发现，从风险和收益依次递增的角度来看，货币型基金＜债券型基金＜混合型基金＜股票型基金。

公募基金秉承"受人之托、代人理财"的理念，坚持"组合投资、强制托管、公开披露、独立运作、严格监管"的制度特色，凭借长期积累的主动管理能力和风险控制能力，得到了长足发展，逐渐成为老百姓青睐的投资理财方式之一。

2022年5月15日，中国证券业协会发布的《2021年度证券公司投资者服务与保护报告》显示，截至2021年年底，我国个人股票投资者超过1.97亿人，基金投资者超过7.2亿人。显而易见，我国的基民人数已经大幅超过股民人数。

目前，市面上的公募基金数量超过1万只，远远超过A股市场的股票数量。100多家基金公司拥有长长的产品线，覆盖各类资产，我们每个人几乎都可以根据自己的风险承受能力与承受意愿来选择对应的产品。

例如，保守型的人可以选择货币型基金，稳健型的人可以选择债券型基金，平衡型的人可以选择混合型基金，激进型的人可以选择股票型基金。曾经盛极一时的"余额宝"就是货币型基金的代表。

打个比方，货币型基金好比是盐，债券型基金好比是酱，混合型基金好比是醋，股票型基金好比是油，在我们每个人拥有的资产这盘菜里，加点油、盐、酱、醋，才能让大家吃起来有滋有味，才能让生活丰富多彩。

抚今追昔，静观牛熊来去，笑看净值涨跌，幸福生活从"投"开始。这里提到的"净值"指的是基金净值，又称基金"单位净值"，是每份基金单位的净资产价值，等于基金的总资产减去总负债后的余额再除以基金全部发行的单位份额总数，用公式表示就是：

基金净值=（总资产−总负债）÷基金总份额

需要强调的是，开放式基金的申购和赎回都以这个净值进行。

与此相对应的概念叫"累计净值"（又称累计单位净值），就是从这只基金成立以来到现在共有多少收益，包括分红和拆分的部分，主要用来查看这只基金的历史表现。

假设基金单位净值刚开始是1元/份，在分红0.15元/份后，单位净值就变成了1−0.15=0.85（元/份）。如果基金净值上涨10%，那么单位净值就是0.85×1.1=0.935（元/份）。由于单位净值没有考虑基金分红，所以，虽然基金净值上涨了，但单位净值还不到1元/份。

而累计净值假设基金持有人都选择了"现金分红"，虽然分红了0.15元/份，但累计净值依然是1元/份（0.85+0.15）。需要注意的是，如果基金净值上涨10%，则累计净值就是0.85×1.1+0.15=1.085（元/份），算式中前面部分是基金净值，后面加上的是每份0.15元现金分红。

在实际操作中，分红还包括"红利再投资"这一方式，而在累计净值里面并没有反映红利再投资的回报，这就引出了"复权净值"的概念。

复权净值又称复权单位净值，考虑了红利再投资，对基金的单位净值进行了复权计算，也就是将"单位净值+分红"再投资进行了复利计算。在上例中，复权净值就是1.1元/份，拆分来看就是0.85×1.1+0.15×1.1=1.1（元/份）。

三种净值的计算情况如表1-2所示。

表1-2　三种净值的计算情况

名　称	单位净值	累计净值	复权净值
时点1：初始时点	1元/份	1元/份	1元/份
时点2：分红0.15元/份	0.85元/份	1元/份	1元/份
时点3：基金净值上涨10%	0.935元/份	1.085元/份	1.1元/份

例如，基金净值（单位净值）就好似我们拿到手的工资，累计净值就是工资加上住房公积金和企业年金，复权净值就是工资加上住房公积金和企业年金及它们滋生的利息。简而言之，基金净值是投资者参与交易的价格，累计净值和复权净值是衡量基金历史表现的依据。

需要指出的是，在募集期内购买基金叫"认购"，俗称"买新基金"。新基金一般规定有最长三个月的封闭期，过了封闭期，开放之后进入经营期再购买叫"申购"，俗称"买老基金"。

大家无论认购或申购了多少基金，在卖出份额时统称"赎回"。

我们平常接触最多的基金是开放式基金，其特点是：规模不固定，基金公司可随时向投资者出售，投资者也可随时赎回。这就涉及买卖基金的价格问题——未知价，这是基金的一大关注点。

因为开放式基金的申购和赎回价格是建立在基金单位资产净值基础上的，而资产的价值在交易中是不断变化的，所以只有等到当天交易全部结束，通过基金管理人和托管人的会计机构对基金资产净值进行核算以后，才能予以确认。

新基金在募集的时候按1元/份的价格认购，而老基金则按照"未知价"交易，即投资者在申购、赎回时并不知道当天的单位净值。基金净值跟股票价格不同，并不是实时更新的，每天只变动一次，下午3点就是分割线，即投资者在每个证券交易日下午3点之前买入，按当日的净值来算；在下午3点之后买入，按下一个交易日的净值来算。

由此催生了"净值估算"这项服务，即在当天交易收盘前，各大网站根据基金历史披露持仓情况和指数走势，预估当日净值数据，供交易者参考。但这并不构成投资建议，实际上仍要以基金公司披露的净值为准，估算的净值只能作为参考。

在此需要特别指出的是，对于货币型基金而言，是按照"确定价"交易的，即当天交易的价格大家是知道的，基金资产净值永远是1元/份，基金管理人会逐日计算投资者收益（每天进行收益分配），投资者每天的资金将随着基金的收益率而变化。

货币型基金具有"定期的利息，活期的便利"这样的特点，反映其收益的指标有万份收益和7日年化收益率。大家在购买时究竟该参考哪个指标呢？

货币型基金主要投资于国债、央行票据、银行定期存单、同业存款等低风险的短期有价证券（一般期限在一年以内，平均期限为120天），其收益率的背后是货币市场利率。究竟该参考哪个指标，取决于你的目的。万份收益是持有货币型基金每天所产生的实实在在拿到手的收益；7日年化收益率是测算出来的近7日平均收益率，可用于比较历史收益。故大家可以记住这个口诀："持有看万份，选基看7日。"

有人或许会问：除了货币型基金，买基金，净值越低越划算吗？

俗话说："好货不便宜，便宜没好货。"例如，主动管理型基金在成立的时候净值是从1元/份开始的，之后导致净值下跌的原因主要来自三个方面：第一，基金分红；第二，大额赎回；第三，重仓股大跌。

前面已经讲过，公募基金在每个证券交易日下午3点收市前申购只有一个净值叫单位净值，自然是越低越好，而反映基金赚钱能力的指标是累计净值，它是没有剔除基金分红的，完完全全体现了基金的盈利能力，自然是越高越好。就像一棵苹果树，年年岁岁结的苹果越多，其身价也就越高。只要园丁对这棵树多加呵护，就会结出累累硕果。好基金亦同此理，给点时间，净值也会创出新高。

因此，基金净值的高低与投资这只基金划不划算其实并没有必然的联系。需要特别注意的是，如果一只基金的累计净值和单位净值长期低于1元面值，历史上一路在亏损，那么这只基金肯定不值得投资。

任何事物都有两面性，对于基金投资者而言也是这样的：当市场冷淡时，可能意味着投资机会的降临，要积极主动一些；当市场火爆时，投资者则要保持一分清醒和冷静，要时刻牢记投资有风险，要注重风险控制。谨慎能捕千秋蝉，小心驶得万年船。

历史证明，基金作为一种低风险、高收益的大众金融投资工具，拥有比储蓄、国债等理财产品更丰厚的回报，从而受到绝大多数投资者的关注和追捧。

投资比的不是智商，而是谁更理性。投资基金也不可能一劳永逸，必须定期回顾和总结，并适时对持有的基金或基金组合进行调整，该出手时要出手，这样才能避免来来回回"坐电梯"。

1.3 炒股票不如买基金

对于广大投资者而言，投资渠道相对狭窄，要想让手上的钱值钱，能够跑赢通货膨胀，就要选择投资权益性资产，要么炒股票，要么买基金。如果一个人自认为厨艺高超，能够做出满汉全席，那么他完全可以自己炒股票，当股民；如果觉得自己厨艺一般，那就应该选择厨师来做满汉全席，也就是买基金参与证券市场，当基民。

炒股票很辛苦，往往付出与收入不成正比。有比较才有鉴别，我们可以看看下面两个例子。

2007年，中国石油（股票代码为601857）在A股上市的时候，散户蜂拥而至，在48元/股左右的位置买入，后来股价一路下跌，一直跌到4元/股左右。

同样在2007年，南方全球、华夏全球精选、嘉实海外中国股票、上投摩根亚太优势4只QDII基金发行，认购场景异常火爆，均是发售日一日售罄，参与者要排队购买并实行了配售。结果是高位发基，又遇上金融海啸，这些基金在出海之后纷纷跌破1元/份面值，在经风历雨之后，南方全球和华夏全球精选在2019年浮出水面，嘉实海外中国股票和上投摩根亚太优势在2020年浮出水面，全部实现盈利，如表1-3所示。

上面提到的QDII（Qualified Domestic Institutional Investor，合格境内机构投资者）基金，即投资境外市场的证券基金，是经国家批准的，在国内从事美股、欧洲股市等境外证券投资的基金。

表1-3 2007年首批QDII基金业绩情况

基金代码	基金名称	成立时间	基金规模（亿元）（2020年年底）	累计净值（年底）（元/份）		
				2018年	2019年	2020年
202801	南方全球	2007/9/19	29.26	0.836 0	1.064 0	1.245 0
000041	华夏全球精选	2007/10/9	35.89	0.908 0	1.073 0	1.402 0
070012	嘉实海外中国股票	2007/10/12	41.69	0.763 0	0.905 0	1.163 0
377016	上投摩根亚太优势	2007/10/22	43.31	0.693 0	0.858 0	1.096 0

数据来源：Wind。

由于境外证券市场和境内证券市场常常在走势上存在一定的差异，因而配置一定比例的QDII基金可以规避单一市场的系统性风险。

对于个人投资者而言，炒股票有四座大山难以逾越：第一座大山是复杂的财务和法律法规知识；第二座大山是深入的行业研究能力；第三座大山是信息获取与处理能力；第四座大山是成熟的投资心态。

而买基金就不一样了，基金公司是团队作战的，内部分工明确，有负责市场调研的，有负责投资的，有负责督查的，有负责运营的……专业的人做专业的事。由于基金投资的是一揽子证券，包括股票、债券、货币市场工具、大宗商品等各类资产，万一不幸"中枪"，大都有惊无险，一般不会全军覆没。

对于个人投资者而言，投资基金门槛低，操作简单，转化能力强。根据实战的结果，越来越多的人得出这样一个结论：买股票常常一失足成千古恨，买基金往往守得云开见月明。

回首2005—2015年，期间经历过大牛市和大熊市。根据Wind资讯数据统计，在这11年间，基金的平均年化收益率为19.2%，而且除了2008年和2011年公募基金的平均收益率为负（亏损），其余9年平均收益率均为正（盈利）。

市场上有很多存续时间超过10年、累计净值超过10元/份的公募基金，比如2004年成立的华夏大盘精选A（基金代码为000011），在2005年12月31日至2012年5月4日近6年半的时间里，该基金的表现格外突出，总回报达1 198.91%，年化回报达49.77%，超越基准回报1 066.13%。

累计净值超过10元/份是什么概念呢？每只基金发行时的单位净值都

是1元/份，如果持续持有这只基金，那么，当净值达到10元/份时，就实现了10倍的资产增值；如果持有时间是10年，那么这只基金的平均年化收益率就是25.89%，故长期持有基金是能够赚钱的。

但是，为什么很多投资者没有赚到钱呢？主要原因是买的时间不对，买的品种不对，买的方法不对。突出表现为三点：第一是买贵了；第二是选错了；第三是卖早了。

所谓"买贵了"，就是这个产品买在了高位，高处不胜寒。所谓"选错了"，就是这个产品或者基金管理人有问题，找错了对象。所谓"卖早了"，就是因恐惧而抛售，卖出这个产品太快了。

春有百花秋有月，夏有凉风冬有雪。市场不是走直线的，而是走N字形路线的。

一般A股市场三年一个风格周期。例如，2013年中小创开始走强，蓝筹被压制；2016年风格发生逆转，中小创走弱，蓝筹当道；2019年下半年风格逐渐回归，中小创再度走强，蓝筹虽然还在上涨，但势头减弱。

假如是因为"买贵了"而亏钱的，就应该坚持定投下去；假如是因为"选错了"而亏钱的，就要考虑腾笼换鸟、改弦更张；假如是因为"卖早了"而亏钱的，就要克服自己的恐惧心理，修身养性，坚定持有。

许多案例告诉我们，躺在原地等待基金解套并不是最好的方式。与其被动躺着解套，不如在低位持续加仓，或者采取定投的方式来减少亏损，这样回本的速度相对会快。从历史经验来看，在高位被套过程中，坚守加上良好的补救操作会使投资者早日迎来回本和盈利时刻。

1.4　基金交易百事通

俗话说："精打细算，有吃有穿。"

基金公司不可能将全部投资所得到的收益统统转化为投资者的收益，因为基金的运作和经营也需要人力和物力，也会产生费用，这些费用当然要由投资者承担了。

大家有没有想过：基金公司和代销机构为什么热衷于发产品呢？为什么有些人总喜欢去买新基金呢？

例如，某基金公司全渠道（银行、券商、网络平台等）发行一只股票型基金，募集规模为200亿元，假设日平均保有量（基金资产净值）也是这么多，管理费率一般是1.5%，那么该基金公司每年可以收取管理费3亿元。显而易见，基金管理费是基金管理人的主要收入来源。

如果这200亿元中有150亿元是W银行募集的，新基金认购费率按1.2%算，那么W银行可获得中间业务收入（认购费）1.8亿元。倘若这只基金放在W银行托管，日平均保有量（基金资产净值）为200亿元，托管费率一般按0.25%算，那么W银行每年将收取托管费5 000万元。

基金管理费、托管费的计提标准、计算方法及支付方式如表1-4所示。

表1-4 基金管理费、托管费的计提标准、计算方法及支付方式

基金管理费	计提标准	①基金管理费率通常与基金规模成反比，与风险成正比
		②股票型基金大部分按照1.5%的比例计提基金管理费
		③债券型基金的管理费率一般低于1%
		④货币市场基金的管理费率一般不高于0.33%
	计算方法	$H=E \times R \div 当年天数$
		H为每日应计提的基金管理费，E为前一日的基金资产净值，R表示年费率
	支付方式	基金管理费按前一日基金资产净值的一定比例逐日计提，按月支付
基金托管费	计提标准	①基金托管费收取的比例与基金规模、基金类型有一定关系，通常基金规模越大，基金托管费率越低
		②股票型封闭式基金按照0.25%的比例计提基金托管费
		③开放式基金根据基金合同的规定比例计提，通常低于0.25%
		④股票型基金的托管费率要高于债券型基金和货币市场基金的托管费率
	计算方法	$H=E \times R \div 当年天数$
		H为每日应计提的基金托管费，E为前一日的基金资产净值，R表示年费率
	支付方式	基金托管费按前一日基金资产净值的一定比例逐日计提，按月支付

资料来源：《证券投资基金基础知识》。

这两笔费用对W银行来说无须承担投资风险。

对于基金公司而言，公募基金与其他金融工具相比是监管最透明的，需要不断创新，而创新肯定要通过新发产品去布局，这样更容易契合政策导向。新发基金容易上量，也比较好宣传。另外，从产品的布局、基金经理的培养、渠道的拓展合作等方面来讲，基金公司也需通过新发基金来实现。新发基金一般最长有三个月的封闭期，资金相对稳定，没有历史仓位负担，便于基金经理把握投资机会。当行情轮动时，新发基金可以更好地迎合大众需求，更好地留住投资者。

对于代销机构特别是商业银行而言，新发基金手续费一般不打折，而老基金手续费一般都打折，所以在银行的考核和奖励机制中，新发基金优于老基金。另外，在基金公司收取的管理费当中，将按一定的比例以尾随佣金的方式返还给代销机构，增加代销机构的中间业务收入，而新基金的尾随佣金分成比例一般高于老基金的尾随佣金分成比例。

对于投资者而言，新基金可以蹭热点，有新鲜感，更契合当前的政策导向，可以形成新的购买刺激。

那么，与投资者相关的费用有哪些呢？

1.4.1 基金的费用

我们将基金整个运作过程中涉及的所有费用统称为基金的费用，具体名称有认购费、申购费、赎回费、托管费、转换费、销售服务费、信息披露费、份额持有人大会费和证券交易费用等。

不要看名目繁多，其实这些费用按用途可以分为两大类。

第一类是发生在基金的销售和交易过程中，由投资者直接承担的费用，即"交易费用"，也称"直接费用"，主要包括认购费、申购费、赎回费、转换费等。

第二类是发生在基金的管理过程中，由基金资产承担的费用，即"管理运作费用"，也称"间接费用"，主要包括审计费、律师费、上市年费、分红手续费、份额持有人大会费、银行汇划手续费等。这些费用都要从基金资产中列支，参与基金的会计核算，间接地由投资者承担。

不言而喻，基金公司公布的净值是扣除了基金管理运作费用和交易费用的。

1.4.2 基金的交易费用

投资者直观感受最密切的是基金的交易费用。不同基金有不同的交易方式，即使是同一基金也会因为交易时间和地点的不同，有着不同的交易费用。

例如，按照能否在证券交易所里交易，基金可以分为场内基金和场外基金。像封闭式基金、上市的定开型基金、ETF（交易型开放式指数基金）、LOF（上市型开放式基金）等所有可以在场内交易的基金，它们的交易费用主要包括和股票交易类似的交易佣金、过户费、经手费、证管费；而场外开放式基金是指只能在银行、券商、第三方销售平台等场外渠道进行申购、赎回的基金，缴纳的是各种手续费。

这两种交易费用有着本质的区别，费率也各不相同。例如，同样是一只开放式基金，在募集期购买，采用的是认购方式；而在经营期买入，采用的是申购方式。虽说买入的是同一只开放式基金，但是费用待遇却是不同的，一般地，股票型基金的销售费用最高，债券型基金的销售费用次之，货币型基金没有销售费用。另外，认购费用要比申购费用低，这也算是给募集期参与的投资者的一种优惠吧。

1.4.3 基金交易知识入门

以基金的购买来说，在募集期购买叫"认购"，在经营期购买叫"申购"。

开放式基金的认购发生在基金的初始募集阶段，基金合同还未成立。投资者在此时购买开放式基金称为开放式基金的"认购"。

开放式基金的"申购"和"赎回"是发生在开放式基金的日常经营过程中买卖基金份额的行为。申购是买入，赎回是卖出。

当基金成立，由封闭期打开进入经营期之后，投资者在此时购买就叫"申购"。

大家也许听过"金额申购，份额赎回"这种说法，指的是在买的时候根据你投入的资金计算能买多少基金份额，因为资金是确定的，而买到的基金份额不确定；在卖的时候根据你持有的基金份额计算能赎回多少资金，因为基金份额是确定的，而得到的资金不确定。由于是未知价申赎，有点儿像拆"盲盒"，只有在打开之后才知道答案。

无论是认购还是申购，在购买时按照金额采取差别费率，金额越大，享受的费率水平越低；在赎回时不论金额大小，而根据持有基金时间的长短采取差别费率，时间越长，享受的费率水平越低，甚至为零费率。

与此同时，在购买时选择不同的收费模式，对基金的买卖也会产生不同的影响。例如，选择前端收费模式相当于坐高铁出行，先付钱买票后上车，即在你买基金的时候就支付费用；选择后端收费模式相当于打的出行，到目的地再付钱，即在你卖基金的时候再支付费用。

为了便于大家了解，可参考某债券型基金的收费表，如表1-5所示。

表1-5 某债券型基金的收费表

费率种类	金额（M）	前端认购费率	前端申购费率
费率结构A/B类			
认购/申购费率（A类）	$M<100$万元	0.60%	0.80%
	100万元$\leq M<300$万元	0.40%	0.50%
	300万元$\leq M<500$万元	0.20%	0.30%
	$M\geq 500$万元	1 000元/笔	1 000元/笔
费率种类	持有期限（Y）	后端认购费率	后端申购费率
认购/申购费率（B类）	$Y<1$年	0.80%	1.00%
	1年$\leq Y<2$年	0.60%	0.70%
	2年$\leq Y<3$年	0.20%	0.30%
	$Y\geq 3$年	0	0
赎回费率（A/B类）	持有期限（Y）	赎回费率	
	$Y<1$年	0.10%	
	1年$\leq Y<3$年	0.05%	
	$Y\geq 3$年	0	
费率结构C类			
认购费率	0		
申购费率	0		
赎回费率	持有期限少于30日的基金份额，赎回费率为0.75%		
	持有期限不少于30日（含30日）的基金份额，不收取赎回费用		
销售服务费率	0.35%		
A、B、C三类份额的基金管理费率和托管费率			
基金管理费率	0.70%		
基金托管费率	0.20%		

A类：在投资者认购/申购时收取前端认购/申购费用，在投资者赎回时根据持有期限收取赎回费用。
B类：在投资者赎回时收取后端认购/申购费用和赎回费用。
C类：从本类别基金资产中计提销售服务费，不收认购/申购费用，但对持有期限少于30日的本类别基金份额的赎回收取赎回费用。

资料来源：某基金公司产品宣传折页。

1. 认购费、申购费和份额的计算

计算基金认购/申购费用及份额一般有外扣法和内扣法两种。以前国内基金公司在计算认购/申购费用及份额的时候采用的是内扣法。2007年3月，中国证券监督管理委员会（以下简称"证监会"）发出《关于统一规范证券投资基金认（申）购费用及认（申）购份额计算方法有关问题的通知》，要求基金管理人在通知下发之日起三个月内将基金认购/申购费用及份额的计算方法统一调整为"外扣法"。

这两种方法没有本质上的好坏之分，区别在于两者的计算公式不同，外扣法的申购费用收取的是真正用来买基金的那部分费用的申购费，内扣法的申购费用收取的是总的申购金额的申购费。打个比方，外扣法相当于打折促销，内扣法相当于实价销售，在同等金额的条件下，采用外扣法比采用内扣法收取的费用少，投资者可以多获得一些基金份额。因此，现在统一使用外扣法来计算基金的认购/申购费用及份额。

基金申购费用的计算公式如下：

前端申购费用=申购金额−申购金额÷（1+申购费率）

后端申购费用=赎回份额×申购日基金净值（基金份额面值）×后端申购（认购）费率

假设某投资者申购10万元该基金，当日基金净值为1元/份，选择前端收费模式，申购费率为0.8%，则计算过程如下：

净申购金额=申购金额÷（1+申购费率）

＝100 000÷（1+0.8%）=99 206.35（元）

申购费用=申购金额−净申购金额=申购金额−申购金额÷（1+申购费率）

＝100 000−99 206.35=793.65（元）

申购份额=净申购金额÷申购日基金净值

＝99 206.35÷1=99 206.35（份）

认购费的计算方法与申购费的计算方法相同，唯一的区别在于投资者的认购资金在认购期产生的利息收入会在基金成立时折算成份额确认给投资者。

例如，此投资者在结束募集前10天认购，这笔10万元款项就会产生利息，我们称为认购利息，一般按银行活期存款利率计算。假设银行活期存款利率是

0.35%，那么这10天的利息应该是：

认购利息=本金×利率×时间

=100 000×0.35%×10÷365=9.59（元）

认购费用=认购金额-认购金额÷（1+认购费率）

=100 000-100 000÷（1+0.6%）=596.42（元）

认购份额=（认购金额-认购费用+认购利息）÷基金份额面值

=（100 000-596.42+9.59）÷1=99 413.17（份）

申购费率和认购费率都会按照购买金额逐级递减，超过一定金额（比如500万元）就会变成固定的按笔收取（如1 000元/笔）。所以，对于拥有大额资金的投资者而言，申购费和认购费常常可以忽略不计。

2. 赎回费和赎回金额的计算

基金赎回费用的计算公式如下：

基金赎回费用=赎回份额×赎回日基金净值×赎回费率

假设之前申购的10万元债基持有时间超过1年，赎回费率为0.05%，基金净值涨到1.10元/份，在这时候赎回，计算过程如下：

赎回费用=赎回份额×赎回日基金净值×赎回费率

=99 206.35×1.10×0.05%=54.56（元）

赎回金额=赎回份额×赎回日基金净值×（1-赎回费率）

=99 206.35×1.10×（1-0.05%）=109 072.42（元）

一般基金持有时间越久，赎回费率越低，很多基金如果持有期超过一定时间（比如两年），那么赎回费率变为0。

需要提醒大家的是，如果投资者先后多笔购买某只基金，那么赎回份额是按照先进先出法计算的，即先赎回较早申购的份额，再赎回后期申购的份额，系统根据持有期不同分别收取赎回费。

在通常情况下，股票型基金的认购费率最高，一般在1%~1.5%；债券型基金的认购费率次之，一般在1%以下；货币型基金的认购费率、申购费率、赎回费率一般为0。股票型基金和混合型基金的申购费率一般在0.6%~1.8%，浮动范围比较大，主要看基金管理人的规定。

1.4.4 债券型基金名称尾缀字母的含义

我们经常可以看到名称一模一样的基金后面跟着不同的字母A、B、C，这有什么区别呢？

其实，它们是同一只基金，只是采取的收费模式不一样。

A：大部分表示前端收费模式。

B：大部分表示后端收费模式。

C：不收取申购费，大多持有一定时间（如30天）就免除赎回费，但会摊入销售服务费中。

由此可以看出，三者的区别在于申购费。设置A、B的，B类为零费率；设置A、B、C的，C类为零费率。

这两种收费模式从表面上看似乎没有什么区别，只不过是一笔费用什么时候缴纳而已。前端收费模式是指在购买基金时就要求投资者支付费用的模式；后端收费模式是指在赎回基金时才要求投资者支付当初应该支付费用的模式。

显而易见，后端收费模式对投资者更有利，因为投资者在购买时可以获得更多的基金份额，从货币的时间价值角度考虑是划算的。另外，一些基金为了鼓励投资者长期持有，常常采用后端收费模式，并采用逐年递减的认购或申购费率，如在本例中，投资者越晚赎回，交易费用越低。

那么，大家到底该如何选择收费模式呢？

如果是长期持有，则选择A，在申购的时候一次性支付申购费，持有时间足够长就没有赎回费了。

如果是中短期投资，则选择C，没有申购费和赎回费，但会按照持有时间计收销售服务费（每日计提，反映在基金净值中），时间短可以忽略不计。

注意：目前只有货币型基金和一些债券型基金收取销售服务费，费率一般为0.25%。收取销售服务费的基金通常不收取申购费和赎回费。

天底下没有免费的午餐。由于资金是有时间成本的，故基金公司大力提倡长线投资，现在对持有A和C不满7天赎回的都有一个1.5%的惩罚性费用，大家需要注意。赎回费主要是为了"惩罚"基金持有人频繁买卖基金的行为，通常，基金持有期越长，其赎回费用明显降低。

当然，有些基金名称尾缀也会设成其他字母，其区别跟上面的介绍大同小异，像广发中债7—10年国开债指数基金A/C/E，其区别如表1-6所示。

表1-6　广发中债7—10年国开债指数基金A/C/E费率对比

项目名称		A类费率（基金代码为003376）		C类费率（基金代码为003377）		E类费率（基金代码为011062）	
申购费（前端）	适用金额	金额<100万元	0.50%	—		—	
		100万≤金额<200万元	0.30%	—		—	
		200万≤金额<500万元	0.15%	—		—	
		金额≥500万元	1 000元/笔				
赎回费	适用期限	期限<7日	1.50%	期限<7日	1.50%	期限<7日	1.50%
		7日≤期限<30日	0.50%	7日≤期限<30日	0.75%	期限≥7日	0
		30日≤期限<365日	0.10%	期限≥30日	0		
		365日≤期限<730日	0.05%				
		期限≥730日	0.00%				
运作费用		管理费（每年）	0.15%	0.15%		0.15%	
		托管费（每年）	0.05%	0.05%		0.05%	
		销售服务费（每年）	0	0.35%		0.10%	

数据来源：Wind。

需要再次提醒大家的是，债券型基金名称尾缀字母主要代表的是收费模式或费率的不同，赎回费用会按照赎回份额先进先出，并结合其持有时间和对应费率计算。因此，大家在投资之前务必先了解清楚这些情况，包括该类型基金如广发中债7—10年国开债指数基金E可以通过哪些渠道申赎。只有这样，谋定而后动，才能立于不败之地。

1.4.5　基金转换费用

基金转换业务是指基金份额持有人申请将其持有的某只基金的全部或部分份额转换为该基金管理人管理的其他基金份额的行为。

2016年，倪女士购买的10万元的银华领先策略混基（基金代码为180013）被套30%，向我咨询是否可以转换。我建议她转换成银华富裕主题混基（基金代码为180012）。后来，倪女士不仅解套，而且盈利30%。

那么，基金的转换费率是如何计算的呢？

转换费率=转出基金的赎回费率+两只基金的折扣前申购费补差

=转出基金的赎回费率+（转入基金折扣前申购费率−转出基金折扣前申购费率）

转出基金的赎回费率按持有年限递减，具体各基金的赎回费率可参照各基金的招募说明书或在基金购买信息（费率表）页面中查询，具体各基金转换费率的计算方法因基金公司的不同规定而略有差异。

如果把转出基金假设为A，把转入基金假设为B，那么转换费率存在如下三种情况：

（1）A的申购费＜B的申购费，转换费率=A的赎回费率+补差

（2）A的申购费＝B的申购费，转换费率=A的赎回费率

（3）A的申购费＞B的申购费，转换费率=A的赎回费率

第一种情况和第二种情况很好理解，第三种情况是转入基金B的费率小于转出基金A的费率，那么差值就是负的，天底下没有赔本的吆喝，出现这种负值的情况，那么基金公司就按0计算补差，所以转换费率就等于转出基金A的赎回费率。

在本例中，这两只基金采取的都是前端收费模式，转出基金银华领先策略混基的赎回费率是0.5%，两只基金的折扣前申购费率都是1.5%，因此，基金转换费率=0.5%+（1.5%−1.5%）=0.5%。

转换后的基金份额=转出基金份额×申请日转出基金净值×（1−转换费率）÷申请日转入基金净值

因为在购买银华领先策略混基时已经支付了申购费，成了沉没成本，如果现在先赎回银华领先策略混基，再申购银华富裕主题混基，那么不仅耽误时间，而且同样一笔资金要支付两笔费用，前者要支付一个0.5%的赎回费，后者还要支付一个1.5%的申购费，通过转换，只要支付0.5%的费用就可以了，真可谓"省下即赚到"。

但是，并不是所有基金都可以直接转换的，两只基金需要符合以下条件才能实现转换：

（1）两只基金是同一家基金公司发行的产品。

（2）两只基金由同一家销售机构销售。

（3）两只基金属于同TA（Transfer Agent，注册登记账户机构）产品。

（4）采取前端收费模式的开放式基金只能转换成采取前端收费模式的基金（申购费为零的基金默认采取前端收费模式），采取后端收费模式的开放式基金可以转换成采取前端或后端收费模式的基金。

（5）两只基金同处于可交易期，能正常办理申购、赎回业务。

（6）该基金公司开通了转换权限。

如果我们把喝茶简化为两个动作，一是端起，二是放下，那么基金转换也可以被简化为两个步骤，一是转出，二是转入。

至于哪些基金开通了转换功能，能够进行转换，我们可以通过购买基金的渠道查询。

根据我的实践和观察，基金转换是一把双刃剑，做好了可以化腐朽为神奇，做不好会让人二次受伤。

基金转换同基金的申购和赎回一样，遵循的也是"未知价"原则，是有一定风险的，并不是随时随地都可以操作的。所以，我们在进行基金转换时要合理把握时机。有如下两条原则可供参考：

第一，当市场趋势发生较大变化时，应时而动。例如，当股市趋势性上涨时，大家可以把手中的债券型基金或者货币型基金转换为偏股型基金，以便充分享受市场上扬带来的收益；相反，当市场震荡或者单边下跌时，大家应该及时把偏股型基金转换为债券型基金或货币型基金，避免因股市大幅下跌而造成损失。

第二，当个人的风险承受能力发生改变时，可以视情况而动。每个人的风险承受能力和风险承受意愿不是一成不变的，结婚、升职、加薪、喜事临门等情况的发生会让大家的心理承受能力和抗风险能力增强；相反，降薪、疾病和意外事故等灾祸则可能会导致大家的心理承受能力下降。

此外，随着年龄的增长、收入的减少，人们的抗压能力也会随之降低。当大家的风险承受能力提高时，可以将一部分收益较稳定的基金转换为风险较高、收益也更高的基金品种；反之，大家应及时将风险高的基金转换为风险较低的基金品种。

1.4.6 如何计算基金达到保本目标的净值

在购买了基金之后,大家都想知道这只基金的保本点在哪里,那如何计算呢?

以基金后端收费为例,假设用5万元申购买入某股票型基金,当日基金净值为1.565 6元/份,请问:何时能够保本?申购费率为1.5%,赎回费率为0.5%,不考虑申购费率打折(注:基金净值一般都计算到小数点后第4位,四舍五入)。

答案如下:

(1)计算申购基金份额。

申购基金份额=申购金额÷(1+申购费率)÷当日基金净值

=50 000÷(1+1.5%)÷1.565 6=31 464.67(份)

(2)反推出保本的基金净值。

保本的基金净值=申购金额÷基金份额÷(1−赎回费率)

=50 000÷31 464.67÷(1−0.5%)=1.597 1(元/份)

由此可见,在该例中,基金净值达到1.597 1元/份就能保本,超过1.597 1元/份就可以获利。

1.4.7 如何选择基金的分红方式

基金的分红方式有两种:一种是现金分红,另一种是红利再投资。现金分红就是将分红以现金的形式返还到投资者账户,而红利再投资则是将分红所得的现金按分红当天的基金净值购买这只基金,而且不收取申购费。简单来说,在基金分红后,选择前者多了"现金",选择后者多了"基金份额"。

《公开募集证券投资基金运作管理办法》第四章 基金的投资和收益分配 第三十八条规定:"基金收益分配应当采用现金方式,但中国证监会规定的特殊基金品种除外。开放式基金的基金份额持有人可以事先选择将所获分配的现金收益,按照基金合同有关基金份额申购的约定转为基金份额;基金份额持有人事先未做出选择的,基金管理人应当支付现金。"

按照规定,基金分红是指基金将收益的一部分以现金方式派发给基金投资人,这部分收益原来就是基金净值的一部分。这也就意味着,只有基金赚钱了,净值增长了,才能实现基金分红。

所以，大家不要误认为分红就是捡到了钱包，分红并不是额外的收益，只是基金净值增长的兑现而已。分红后基金净值会下降，但投资者的总资产没有变，相当于将左口袋里的钱装入了右口袋里，但口袋里的钱总数没变。分红并不是越多越好，基金分红与否以及分红次数的多寡并不会对大家的投资收益产生明显的影响。

例如，投资者购买了5万元基金，撇开费用不谈，基金净值增长了10%，资产总额变成了5.5万元，现在进行分红，基金净值就会下调，无论投资者选择何种分红方式，资产总额不会变化，还是5.5万元，变化的只是：选择现金分红方式，会增加现金；选择红利再投资方式，会增加基金份额。这是由于分红派发的基金收益是基金净值的一部分，分红后基金净值随之降低，所以资产总额不变，也就是说投资者的资产并没有增加。

那么，是不是等基金分红之后再购买比较划算呢？这取决于你对未来市场的走势研判，有点儿类似于现在究竟是买新基金还是买老基金。甚至有人认为基金分红是基金管理人不看好后市而主动做出的减仓行为，以此来兑现给基民，这是一种规避风险的策略。所以，很多事情需要一分为二来看，不能一概而论。

那么，我们究竟应该选择何种分红方式呢？简单地说，在熊市中选择现金分红方式，在牛市中选择红利再投资方式。具体操作起来，一看市场环境，二看投资目的和需求等。

例如，当投资者发现市场处于历史低位，并看好未来走势时，应该选择红利再投资方式，可以在低位以不需要申购费的方式获得更多的基金份额，等到市场回暖，相对现金分红来说能取得更好的收益；反之，在市场过热，预期未来行情会下跌的情况下，应该更多地考虑现金分红方式，及时落袋为安。如果是基金定投，出发点是长期持有，那么强烈建议选择红利再投资方式，赚到的钱可以再投入买到更多的基金份额，发挥复利效应。投资者如果希望从基金分红中获取稳定的现金流，则可以选择现金分红方式；如果不着急用钱，则可以选择红利再投资方式，自动把分红投入基金中。

"麻雀虽小，五脏俱全。"2021年10月13日，易方达裕丰回报债券型证券投资基金发布分红公告。在这里就以该基金（基金代码为000171）为例予以说明。

首先，我们来了解一下这只基金的概况。

易方达裕丰回报：混合型债券型二级债基，成立于2013年8月23日，业绩比较基准为中债新综合财富指数收益率×90%+沪深300指数收益率×10%，风险等级为中等。

据Wind资讯统计，截至2021年10月15日，易方达裕丰回报自成立以来总回报为117.17%，高于同类平均水平，年化收益率为9.18%，同类排名为22/165。该基金在各区间的表现如表1-7所示。

表1-7 易方达裕丰回报业绩表现

年 份	收益率	同类排名
2018年	4.32%	81/402
2019年	11.76%	146/455
2020年	12.54%	142/508
2021年（截至10月15日）	5.22%	206/611

2021年6月底，该基金规模为391.98亿元，各类资产占总值比情况分别为：债券占79.06%，股票占17.25%，现金占0.80%，其他资产占2.89%。该基金的基金经理是张清华和张雅君。历史上，该基金最差连续6个月回报−1.76%，最高连续6个月回报22.37%，2021年3月24日当年最大回撤为−4.44%。

基金经理张清华是物理学硕士，任易方达基金管理有限公司固定收益基金投资部总经理，是易方达"固收+"产品的代表人物。该基金亦曾多次获奖。

其次，我们来了解一下阅读基金分红公告的注意事项。

第一，要知道权益登记日；第二，要知道除息日。

基金管理人在进行红利分配时，需要定出某个日子，这一天登记在册的持有人可以参与分红，这一天就是权益登记日。

在预先确定的某日从基金资产中减去所分的红利总金额，这一天就是除息日。在除息日，基金份额净值按照分红比例进行除权。

现将易方达裕丰回报这次分红公告的主要内容摘录如下：

（1）本次分红方案是2.85元/10份基金份额。

（2）分红对象为权益登记日确认在册的该基金全体持有人。

（3）权益登记日为2021年10月14日。

（4）除息日为2021年10月14日。

（5）现金红利发放日为2021年10月15日。

（6）选择红利再投资的持有人所得的基金份额按除息日的基金份额净值计算确定，红利再投资所得份额的持有期限自红利发放日开始计算，从2021年10月18日起可以查询、赎回。

（7）基金向投资者分配的基金收益暂不征收所得税。

（8）本次分红免收分红手续费；投资者选择红利再投资所得的基金份额免收申购费用。

（9）权益登记日申请申购或转换转入的基金份额不享有本次分红权益，权益登记日申请赎回或转换转出的基金份额享有本次分红权益。

（10）如需修改分红方式的，务必在权益登记日前一工作日的交易时间结束前到销售机构办理变更手续，否则提交的修改分红方式申请对本次分红无效。

百闻不如一见。我是这样操作的：

2021年6月29日，我拿5万元申购易方达裕丰回报，成交净值是2.168 0元/份，优惠后费率是0.10%，确认份额为23 039.69份。

按照此次分红公告，2021年10月15日，我可以获得现金红利23 039.69份×2.85元/10份=6 566.31（元）。

如果我要进行分红方式的修改，就必须在权益登记日（10月14日）之前的交易日即10月13日下午3点前提交修改申请，改为红利再投资，否则本次还是按照现金分红方式。

如果修改成功，则按照10月14日除息日净值1.886 0元/份计算，那么本次红利再投资所得份额为6 566.31元÷1.886 0元/份=3 481.61份。10月18日可以查到上述份额。

那么，究竟是选择现金分红方式还是红利再投资方式呢？当时，很多人倾向于选择红利再投资方式，而我的观点恰恰相反。

该基金是一只二级债基，80%的底层资产投资债券，不超过20%的资产投资股票。从6月29日买入至10月12日，区间涨幅为−0.11%，振幅为2.41%，最大回撤为−2.19%。在利率没有发生太大变化的情况下，其业绩波动主要是由于基金持有股票而引起的。

通过查看季报，可以发现该基金重仓持有海康威视、福斯特、隆基股份、长春高新、药明康德、古井贡酒、华鲁恒升、金域医学、贝达药业、扬龙化工等股票,主要涵盖信息技术、医疗保健等领域,从长期投资的角度来看应该没有太大问题,但从中短期投资的角度来看会面临调整,这些股票中的相当一部分缺乏短期强劲上涨的动力,中间会产生反弹而不是反转,这是由当时A股市场结构性行情轮动的特点和经济基本面欠佳的情况决定的。

因此,我决定选择现金分红方式,等市场后期调整之际,待该基金回撤大于−1%时进行补仓。该基金持有时间不满7天赎回费率是1.50%,超过30天不到364天赎回费率是0.10%。当时,我的持仓处在微利当中,要想大幅获利出局,手上就要有现金,抓住该基金进攻型仓位即持有股票的波动时机,而这次分红刚好提供了契机,原本5万元基金(债券+股票)的仓位变成了5万元(债券+股票+现金6 566元)的结构,相当于让自己多了一次动态调整平衡的机会。

总结一下:从市场情况来看,我们可以从市场环境是高估还是低估来分析。当市场处在高估时,最优选择是现金分红方式,因为整体市场风险已经很大,现金分红可以降低投资风险,将收益安全地收入囊中;当市场处在低估时,最优选择是红利再投资方式,可以享受未来基金收益的复利效应,让自己的投资收益最大化。

从自身情况来看,我们可以从短期投资与长期投资去衡量。如果这只基金是作为短期投资的,在3~6个月内可能会动用这笔钱,那么建议选择现金分红方式;如果是作为长期投资的,资金是专款专用的,那么建议选择红利再投资方式,去追求长期的回报。

从基金产品来看,我们可以从基金经理投资的方向和领域及风格去观察。针对划过天空的流星,我们可以选择现金分红方式;针对冉冉升起的新星,我们可以选择红利再投资方式。

知识可以学习,经验需要积累。基金分红方式虽不复杂,但需要结合实际情况进行思考。

1.4.8 不同基金的申赎效率有何不同

2014年的一天,我接到一通求助电话,有人询问:"吴老师,我赎回了中银全球策略(基金代码为163813),5天过去了,份额不见了,可钱为什么到现在还没到账呢?"

这就涉及一个问题：不同基金的申赎效率是不同的。

通常，普通开放式基金的申购流程如下：

T日下午3点以前进行的申购，T日晚上公布当日净值（申购成本价），T+1日基金公司确认申购份额，T+2日份额到账，到账后可随时进行赎回操作；T日下午3点以后进行的申购，则各项顺延到下一个交易日。

需要特别提醒大家注意的是QDII基金，由于境外市场与A股市场存在时差，T日申购，T+1日才公布T日的净值（申购成本价），T+2日基金公司确认申购份额，T+3日份额到账，此后可随时进行赎回操作。不过有个别投资港股的基金，部分基金公司已经可以做到T日晚上公布当日净值，效率可以做到和普通开放式基金的效率一样高了。

不同类型的基金赎回，到账时间区别很大，具体时间参考如下。

（1）货币型基金：T+1日到账，有些货币型基金在特定渠道支持T+0实时到账，但有额度限制。

（2）债券型基金：T+3~T+4日到账居多，有些短债基金最快可以做到T+1或T+2日到账。

（3）混合型基金：T+3~T+4日到账居多。

（4）股票型基金：T+3~T+4日到账居多。

（5）QDII基金：T+7~T+10日到账居多。

（6）FOF基金：T+4~T+7日到账居多，取决于底层基金的流动性。FOF（Fund of Funds，基金中的基金）绝大部分仓位并不直接投资股票或债券，而是投资其他基金，通过持有基金而间接持有各类证券资产。

因此，对于同一只基金，通过直销渠道（基金公司销售平台）赎回可能会比通过代销渠道赎回的到账时间更早。

对于大部分基金而言，投资者申赎基金的成本价就是申赎日当天晚上公布的净值。而有些QDII基金的净值发布日期会延后1天，投资者在T日下午3点前申请赎回，实际成本则是T+1日晚上公布的净值，而这一净值的对应日期仍旧是T日。

另外，现在很多基金公司都支持客户在赎回非货币型基金的时候指定到账形式为同一公司旗下的货币型基金（通过基金转换）。在一般情况下，这样到账时间会更早，投资者可以在货币型基金到账后立即进行赎回，缩短到账时间，提高效率。

而中银全球策略既是一只FOF基金，又是一只QDII基金，所以基金赎回到账时间自然较长。在《中银全球策略证券投资基金（FOF）更新招募说明书（2011年第1号）》中有这样的表述："投资人赎回申请成功后，基金管理人将在10个工作日内通过基金注册登记机构及其相关基金销售机构将支付赎回款项划往基金份额持有人的银行账户，但中国证监会另有规定的除外。"

因此，赎回中银全球策略基金的钱到账日为T+10日。5天过去了，投资者还没有收到钱，显然是很正常的事。

"T+10"日，这里的"T"指的是"交易日"，"10"明确指明是"工作日"而不是"自然日"。需要特别注意的是，证券公司的"工作日"跟我们普通大众的工作日略有不同，应当理解成"交易日"更为贴切。

今后大家遇到类似的问题不要紧张，可以拨打基金公司客服电话询问，也可以上网查看这只基金的招募说明书，都可以得到答案。

1.5 黄山归来谈基金

2012年3月，我应邀去安徽黄山给某银行的几十位员工做基金知识讲座，回家之后不久就收到了一封邮件。

吴老师：

您好！正在我非常困惑的时候，终于迎来了您的讲座。非常感谢您的指导，非常认同。再次感谢！

废话不多说了，我目前特想让吴老师帮助的是基金方面。我做了三张表格，三个客户，不同时间买的，都被套牢了。吴老师能帮我看看应该转换为其他基金还是割肉呢？如果转换，转换为什么基金呢？

客户一是非常忠实的客户；客户二有点儿理财意识，但不能和他经常见面，他一般在外地做事；客户三没什么理财意识，但交际面广，擅长跟人打交道，目前跟我关系挺好，希望她以后能帮到我什么或教会我什么，所以我特别想帮她减少损失。

吴老师，三个客户简单介绍完了，能给我一点建议吗？拜托了，谢谢了。

客户一：这个客户大概是2008年买的。

基金代码	基金名称	基金份额	本　金
163808	中银中证100指数增强	247 289.32份	25万元

客户二：这个客户是2011年年初买的。

基金代码	基金名称	基金份额	本　金
070005	嘉实债券	37 100.35份	5万元
163813	中银全球策略	98 817.73份	10万元
180010	银华优质增长	26 044.77份	5万元

客户三：这个客户大概是2007年买的。不是在我手上买的，客户自己也不知道本金是多少，我也不知道。

基金代码	基金名称	基金份额	本　金
290002	泰信先行策略	19 058.63份	?
460001	华泰柏瑞盛世中国	2 128.98份	?

2012年3月31日

答复如下：

第一位客户：中银中证100指数增强，该基金成立于2009年9月4日，2010年1月21日每10份分红0.1元，2012年3月底的净值是0.717 0元/份，客户亏损30%以上。该基金属于指数型，近年来表现强于同类，两年以上无赎回费，可适当补仓，高抛低吸，扭亏为盈。

第二位客户：嘉实债券（债券型基金）2012年3月底的净值是1.355 0元/份，一年以上赎回费率为0.15%，两年以上无赎回费。客户现在处在保本微利状态，加上2012年处于降息通道中，客户可继续持有。

中银全球策略为QDII基金，2012年3月底的净值为0.882 0元/份，客户亏损13%，无法直接转换，可考虑赎回买入中银中小盘成长（基金代码为163818）、中银中国精选（基金代码为163801）或中银中证100指数增强。

银华优质增长为股票型基金，2012年3月底的净值1.298 2元/份，客户亏损

30%，一年以上赎回费率为0.2%，该基金近年来表现较差，建议用定投方式扭亏。

第三位客户：华泰柏瑞盛世中国成立于2005年4月27日，2012年3月底的净值为0.507 2元/份。该产品表现较差，逢高可全部清仓，建议先买一点儿债券型基金，如嘉实信用A（基金代码为070025）或嘉实信用C（基金代码为070026），让客户增加投资的信心。

泰信先行策略成立于2004年6月28日，属于混合型基金，2012年3月底的净值为0.454 4元/份。建议转换为泰信中小盘精选（基金代码为290011）试试。

总体而言，近期基金可关注博时主题行业（基金代码为160505）、景顺长城核心竞争力A（基金代码为260116），上升趋势较强，获利概率较大。

2012年4月4日

首先谢谢老师的回信。有一些小问题想再问一下。

第一个客户：适当补仓，高抛低吸，扭亏为盈。客户万一问我真能盈利吗？我不敢打包票。不要说客户了，就连我自己要是亏损那么多，再让我投入，恐怕再补也补不回来了。如果补，那么是否也得再投入25万元左右？

第二个客户：银华优质增长采取定投方式，那么一个月定投多少金额合适呢？本金可是5万元？

期待您的回音。谢谢！辛苦您了！

2012年4月5日

答复如下：

做投资是讲大概率的，要懂点技术分析或者性价比，这样才能提高胜算。你可以上网或买些书看看，最起码要知道点趋势战法，否则，脚踩西瓜皮——滑到哪里算哪里，注定是要失败的。

第一位客户共投了25万元买指数型基金，我在前面的答复中已经提到两年以上无赎回费，这个条件可以利用，只要在这个范围内补仓（基金份额内），就不会产生新的赎回费用，如果3月30日买入10 000份，今日赎回，肯定是赚钱的，成本就降低了，但总量没变，心态会慢慢好起来。至于具体补多少，你要根据客户的情况和意愿，灵活把握，或1万元，或3万元，或5万元，均可。循环往复，先让投资者看到赚钱或减亏的希望，一切问题都会迎刃而解。在2012年内整个市场不太可能出现单边上扬的大行情，但会有局部行情。总体原则就是：利空出来，大跌时补仓；利好出来，大涨时走人。指数型基金盯住上证指数就行了，下午2:45之后操作即可。一定要学会逆向思维，否则不要去投资。

第二位客户：银华优质增长可采取定投方式，那么一个月定投多少金额合适呢？本金原是5万元，如果客户想在一年内见成效，那就每个月投4 200元；如果客户想在两年内见成效，每个月就投2 100元，以此类推。在上课时我介绍过，如每个月投4 200元，可设定上、中、下三旬各扣款1 400元，这样又将风险降低了。只要扭亏为盈或减少亏损，就算见成效了。

2012年4月5日

吴老师：

您好！

谢谢您在百忙之中的指点，辛苦您了！

我认为自己在具体理财方面还是挺欠缺的，特别是对政治、经济的敏感度不够，还有自己本身的基础知识不全面，所以在帮客户理财时（对自己也是一样的），投资基本上以保证本金为主，像什么定投、股票型基金这样，有风险的不敢投，生怕让客户的资金亏了。这也是上次给你的那三个老大难客户给我的启示，搞得我现在都不好意思再跟客户说基金了。

以上是我目前的心境，有点儿悲观。再次谢谢指点。

2012年5月22日晚

答复如下：

知识可以学习，经验需要积累，智慧仰仗觉悟。实践出真知，空谈则无益。不要"一朝被蛇咬，十年怕井绳"。客户买基金即使被套，也不是你的过错，风水是轮流转的，有跌有涨才叫市场，不要背思想包袱。多学习、多总结、多改进，相信你的水平会不断提高。

2012年5月23日

对于金融从业人员而言，不论市场风云如何变幻，帮助客户理好财，应当是大家义不容辞的使命。对于中、低收入者而言，可以用时间换空间，让投资保值、增值；对于高收入者而言，可以在全球配置资产，重点出击机会产品。

只要我们坚持向身边优秀的人学习、坚持专业化提升、坚持心志修炼，长期从这三个方面努力，就能不断提升自己的实战本领，可以让投资者的资金账户拉长阳。

祝：身体健康！工作顺利！

2012年8月6日

综上所述，我把上面提到的基金2012—2015年的业绩表现总结为表1-8，供大家参考。投资就是做大概率的事、做性价比高的事，买卖基金亦是如此。

表1-8 案例中基金2012—2015年的业绩表现

基金名称	基金代码	年度涨跌情况			
		2012年	2013年	2014年	2015年
中银中证100指数增强	163808	11.24%	-10.63%	51.54%	0.68%
嘉实债券	070005	6.06%	0.47%	9.68%	10.06%
中银全球策略	163813	4.46%	-0.69%	0.47%	-23.03%
银华优质增长	180010	2.17%	32.32%	11.17%	35.61%
泰信先行策略	290002	-0.34%	27.15%	6.68%	41.22%
华泰柏瑞盛世中国	460001	0.21%	18.53%	20.10%	31.63%
中银中小盘成长	163818	-5.89%	11.56%	20.91%	44.18%
中银中国精选	163801	11.47%	20.96%	4.34%	36.61%
泰信中小盘精选	290011	9.23%	9.53%	47.91%	42.06%
博时主题行业	160505	17.16%	2.56%	61.36%	21.10%
景顺长城核心竞争力A	260116	31.70%	21.17%	30.77%	35.95%
泰信蓝筹精选	290006	16.56%	8.69%	42.17%	39.08%
泰信周期回报	290009	11.91%	3.26%	9.40%	11.00%
万家稳健增利A	519186	8.34%	2.44%	16.61%	12.34%

数据来源：Wind。

1.6 提高认知再行动

没有谁能够赚到认知以外的钱。

从心理上进行剖析，某人拒绝基金产品，从表面上看是意愿问题，实质上是能力问题。就像我们在没有拿到驾照开车之前，可能对马路上各式各样的汽车不感兴趣；一旦开车上路了，就会主动研究形形色色的汽车，如结构、性能。人们只有提高了自己的认知能力，才会和基金交朋友。

基金被称为大众投资理财的工具。在现实生活中，有人认为只要专业人士推荐一个6位数的基金代码，自己就可以稳操胜券了。

事实并非如此。买什么？何时买？怎么买？卖什么？何时卖？怎么卖？每一步都蕴含着窍门。选择基金要坚持"五看"：一看业绩；二看基金经理；三看基金公司；四看投资风格；五看波动率。只有这样，才能获得理想的收益。

从长期来看，A股肯定是向好的，但是短期市场存在很大的不确定性。对于新、老基金而言，没有本质上的好坏之分，成也萧何，败也萧何，其根本原因就在于基金的仓位。

如果投资者对于未来市场上涨有着强烈的预期，就应该选择申购成熟运作的老基金，因为老基金有合同规定的仓位要求，可以有效地跟随市场获得相应的收益，而新基金没有来得及建仓或者仓位很低，无法迅速跟随市场上涨的步伐。

如果投资者对于短期市场仍然存有疑虑，但对于3~6个月之后的市场长期上涨非常有信心，就应该选择认购新发的基金，因为老基金有合同规定的仓位制约，比如股票型基金最低投资于股票市场的资产不能低于80%，即使基金经理再怎么减仓，也无法规避市场下跌造成的损失，根据《公开募集证券投资基金运作管理办法》，"基金管理人应当自基金合同生效之日起六个月内使基金的投资组合比例符合基金合同的有关规定。这期间，基金的投资范围、投资策略应当符合基金合同的约定。"这六个月就是基金的建仓期，在建仓期内是不受基金合同规定的最低仓位要求限制的。基金经理可以根据自己对市场的判断来控制建仓的速度，甚至不建仓，可以运用自身的智慧和能力来规避短期风险。

因此，究竟是认购新基金还是申购老基金，不要等量齐观，而要对症下药。如果销售机构一股脑儿地推荐新基金，则很可能是渠道为了增加中间业务收入，基金公司为了扩大规模而多收管理费，普通投资者要理性思考。

相比炒股票"一盈二平七亏损"而言，投资基金的盈利面要大许多。即便如此，投资基金依然要讲究方式方法。实践证明，基金是理财的工具，而非赌博的工具。以债券型基金为例，由于它与利率挂钩，因此债券型基金的净值常常随着市场利率的变化而变化。当市场利率上升时,债券价格下跌,债券型基金的净值可能会降低;而当市场利率下降时,债券价格上升,债券型基金的净值可能会上涨。债券型基金不仅投资于国债,还投资于企业债和可转债,具有较稳定的回报,其收益和风险相对较小,比较适合风险承受能力较低的投资者。

投资者可以去代销银行网点或网上银行购买基金,也可以到证券公司或基金公司直销网点或网上第三方平台购买基金。为了降低投资成本,投资者通常可以采用网上直销、基金转换、后端收费等方法来节省基金投资中的费用。在赎回偏股型基金时可以通过货币型基金搭桥,即先将偏股型基金转换为货币型基金,再通过货币型基金赎回。上述操作方法不仅可以少花钱,有的还缩短了赎回时间,而且能提高投资收益。

第2章

我对基金不感冒，买对基金可加薪

"天下熙熙，皆为利来；天下攘攘，皆为利往。"意思是：天下人为了利益蜂拥而至，为了利益各奔东西。

有人说："买股票就是买公司的未来，买基金就是买国运。"目前，中国已经成为世界第二大经济体，我们的生活发生了翻天覆地的变化，祖国日益强盛，人民日益安康。

基金作为大众投资理财的工具，"忽如一夜春风来，千树万树梨花开"，走入了广大投资者的视野。

2.1 基金的"出生入死"

一只新基金的募集成立就像男女青年结婚组建家庭，得符合一些要求。例如，公募基金募集成立一般需要满足以下两个条件：

（1）基金募集份额总额不少于2亿份，基金募集金额不少于2亿元人民币。

（2）基金份额持有人数不少于200人。

但发起式基金不受上述条件限制（后面专门介绍）。

不仅如此，新基金的募集期不能超过三个月。一旦市场形势不好，基金发行困难，就会出现三个月连2亿元规模都募集不到的情况，那就意味着基金募集失败。

站在当下观察，要求基金份额持有人数至少达到200人，这是公募基金产品和私募基金产品的分界线，好比楚河汉界。私募性质的基金产品无论是基金专户还是私募基金，都不得超过200人，而公募性质的基金产品则通常必须超过200人。

近年来，由于机构定制的委外基金（银行委托外部机构做投资的一种形式）层出不穷，许多基金的机构投资者占比过高，在特定时期机构资金同进同出可能会对基金的流动性产生负面影响。2017年，证监会发布了《公开募集开放式证券投资基金流动性风险管理规定》第十四条明确了以下要求：

"基金管理人新设基金，拟允许单一投资者持有基金份额超过基金总份额50%的，应当采用封闭或定期开放运作方式且定期开放周期不得低于3个月（货币市场基金除外），并采用发起式基金形式，在基金合同、招募说明书等文件中进行充分披露及标识，且不得向个人投资者公开发售。

交易型开放式指数基金及其联接基金可不受前款规定的限制。"

在此基础上，证监会又对客户占比进行了更严格的修订。例如，一些基金公司被要求在基金产品成立备案时，若采用非定制、非发起式基金形式或存在单一机构投资者持有比例超过30%的情况，则需一并提交承诺函。具体要求包括：当基金持有比例超过30%时，其持有期限不得短于三个月；在基金运作过程中，若出现机构投资者大额申购、赎回给其他投资者造成损失的，则基金公司要承诺将以自有资金弥补其他投资者的损失。此外，若出现因机构投资者赎回导致单一投资者持有基金份额占比超过50%的情形，则需要在相关指定信息披露媒体上刊登公告，并暂停向个人投资者募集。

从实践来看，除了"2亿元+200人"这条被写入《中华人民共和国证券投资基金法》，变动不会太大，其他"补丁"会随着市场环境的变化而不断被修订。

那么，上文中提到的发起式基金是什么意思呢？

发起式基金是指基金管理人在募集基金时，使用公司股东资金、公司固有资金、公司高级管理人员或者基金经理等人员资金认购基金的金额不少于1 000万元人民币，且持有期限不短于三年的基金。

发起式基金把基金公司、投资人员的利益和基民的利益捆绑在一起，这是监管机构鼓励的发展方向。同时，由于不需要满足"2亿元+200人"的门槛限制，因而发起式基金的发行难度较小，基金公司可以自掏腰包进行更多的创新与尝试。

有出生就有死亡。那么，基金的清盘需要满足什么条件呢？

《公开募集证券投资基金运作管理办法》第二章　基金的募集　第十二条规定："基金募集份额总额不少于两亿份，基金募集金额不少于两亿元人民币；基金份额持有人的人数不少于二百人。

发起式基金不受上述限制。发起式基金是指，基金管理人在募集基金时，使用公司股东资金、公司固有资金、公司高级管理人员或者基金经理等人员资金认购基金的金额不少于一千万元人民币，且持有期限不少于三年。发起式基金的基金合同生效三年后，若基金资产净值低于两亿元的，基金合同自动终止。"

《公开募集证券投资基金运作管理办法》第五章 基金转换运作方式、合并及变更注册　第四十一条规定："按照本办法第十二条第一款成立的开放式基金，基金合同生效后，连续二十个工作日出现基金份额持有人数量不满二百人或者基金资产净值低于五千万元情形的，基金管理人应当在定期报告中予以披露；连续六十个工作日出现前述情形的，基金管理人应当向中国证监会报告并提出解决方案，如转换运作方式、与其他基金合并或者终止基金合同等，并召开基金份额持有人大会进行表决。

按照本办法第十二条第二款成立的发起式基金，在基金合同生效三年后继续存续的，依照前款规定执行。"

从2014年汇添富理财28天债券型基金（基金代码为472028）成为首只清盘的基金起，越来越多的基金公司开始以平常心看待清盘一事（注：该基金于2012年

10月18日成立运作，从2014年9月18日起进入清算期，托管人为交通银行），此后公募基金清盘逐渐成为常态。随着市场变化及监管趋严，如今每年都会有几十只甚至上百只基金清盘，优胜劣汰成为必然。

2017年9月19日，德邦锐祺债券基金（基金代码为004425）正式发布清盘公告，成立仅90天就走到了尽头，成为史上最"短命"的公募基金。

公开资料显示，该基金首募规模为2.04亿元，有效认购总户数为308户，符合定制基金的特征。该基金自当年7月中旬开始建仓，此后净值就一直处于下跌状态。

德邦锐祺债券基金发布公告称："截至2017年9月18日，本基金已出现连续60个工作日基金资产净值低于5 000万元的情形，已触发《基金合同》中约定的本基金终止条款。为维护基金份额持有人的利益，根据《基金合同》有关规定，无须召开基金份额持有人大会，本基金将终止并依据基金财产清算程序进行财产清算。"

从发展的眼光来看，基金业绩不好遭到清盘实属正常，但业绩优秀也会遭到清盘难免令人唏嘘。例如，中邮尊享一年定开灵活配置混合型基金（基金代码为002223）2018年的投资收益高达16.31%，位居混合型基金第一名，但触发了清盘条款，令人尴尬。

中邮基金于2018年12月26日发布公告称，根据《中邮尊享一年定期开放灵活配置混合型发起式证券投资基金基金合同》"第五部分　基金备案"及"第十九部分　基金合同的变更、终止与基金财产的清算"等条款约定，出现基金资产净值低于2亿元的情形，基金将被清盘。该基金于2015年12月25日成立，截至2018年12月25日，资产规模约为1.31亿元，低于2亿元，出现触发基金合同终止的情形，最终走向清盘。

2018年先后诞生了战略配售基金、养老目标基金等创新品种，股票型ETF规模井喷，较年初增长超过1 000亿份额。但同样是在这一年里，以股票型基金为代表的众多基金产品不幸录得2012—2018年以来最差纪录，更有超过600只基金被清盘，成为当时历史上基金清盘数量最多的一年。

眼睛看到的是过去，心灵感知的是未来。由于清盘流程漫长，对投资者的资金会造成一定的占用，所以大家在选择基金的时候，应尽量选择规模较大的基金，远离接近5 000万元清盘线的"迷你型"基金，也不要买入机构资金占比过高的产品，避免净值大幅波动。

2.2 理性看基金广告

从前消费者选择商品的重要因素是感官、经验和信用。虽然这三个因素在现代消费者进行商品选择时也发挥了重要作用，但面对特殊的金融商品——基金，这三个因素未必能够发挥作用。

首先，感官具有不可靠性，基金无法通过嗅觉、味觉、触觉去感知，只能通过视觉激发购买欲望；其次，经验和信用都需要日积月累，而基金的发行不可能等待经验尚浅的基民。在这样一个快速消费的时代，依靠经验和信用选择基金将浪费投资者大量的时间和精力，增加交易成本，所以，真实的广告给投资者提供了一条选择基金的重要通道，从而大大降低了交易成本。广告和商品经济紧密结合，在经营者与金融投资者之间搭建了一座信息的桥梁。

俗话说："看书看皮，读文读题。"因此，广告既要真实，具有一定的客观性，又要进行适当的修饰和夸张，但一旦夸张过度就会涉嫌虚假宣传，需要投资者时刻保持警惕。

人是群居动物，往往喜欢从众、随波逐流，很多人投资基金也是这样的。

2021年8月有多只双创ETF联接基金发行，我随机抽取几条基金公司的宣传用语给大家展示一下。按理说，这些文案在绝大多数情况下应该是没有问题的，但有些审核过的文案也会存在瑕疵或谬误，希望投资者在挑选基金时睁开慧眼，谨慎认购。

案例一：嘉实基金短信模板。

【嘉实基金】硬核科技，两板精华，优中选优！嘉实中证科创创业50ETF发起联接【认购代码：A类013315，C类013316】8月9日重磅首发！中证科创创业50指数精选创业板、科创板50家市值较大的硬核科技上市公司，涵盖新一代信息技术、高端装备制造、新材料、生物技术、新能源、新能源车、节能环保、数字创意等产业正快速崛起的新势力，一键布局"A股版纳斯达克"，投资价值显著。购买前请详阅《基金合同》《招募说明书》《产品资料概要》，基金投资须谨慎。（退订回×××）

广告点评：上文中的"重磅首发""投资价值显著"这些提法是否存在诱导金融消费者购买的成分有待商榷。

案例二：华宝公司发布的中证科创创业50ETF联接基金模板。

『创业板+科创板』至尊"双拼"

全面覆盖八大战略新兴行业

新一代信息技术、高端装备制造、新材料等产业尽收囊中

ETF大厂华宝基金巅峰力作——

"华宝双创龙头ETF（588330）"已收获万千关注

场外投资佳音来到！

该ETF联接基金——

华宝中证科创创业50ETF联接基金

8月9日至8月20日火热发售！

A类代码013317

C类代码013318

所挂钩ETF紧密跟踪中证科创创业50指数

百分百新锐力量，战略新兴完美载体！

上交所"十佳ETF管理人"华宝基金重磅出品

广告点评：上文中的"至尊'双拼'""巅峰力作""已收获万千关注""佳音来到""火热发售""百分百新锐力量""完美载体"等词汇是不是涉嫌违反《中华人民共和国广告法》？是不是涉嫌误导金融消费者？

大家可以仔细推敲上面两家基金公司制作的宣传用语，在表面上没有承诺保本保收益，即便嘉实公司在短信末尾提到了"基金投资须谨慎"，相关标识说明也不够显著，根本无法引起投资者的注意，从某种程度上讲，其行为可以说是"免责条款无效"。

基金公司全然不提或少提投资风险，却把投资者的收益预期调得很高，一旦购买之后遇到市场下跌、资产缩水，基民怨声载道，那时基金公司又开始建议大家长线持有，不要焦虑。

因此，我们要清醒地认识到，投资基金跟男女谈恋爱其实差不多，贯彻适当性原则很重要。首先，并不是所有人都适合买基金，要有所选择；其次，要有好的体验；最后，才能上升到不离不弃。

我不禁想起了一件往事。2018年8月13日至9月7日发行景顺长城量化先锋混

合A（基金代码为006201），基金公司营销人员发来的微信宣传是这样的：

产品卖点：

（1）主动量化捕捉市场投资机会：对标中证800指数，通过量化投资方法，力争获得超越业绩比较基准的投资回报。

（2）充分挖掘中证800投资价值：该指数综合反映A股市场大中市值公司的股票价格表现，行业覆盖面广、代表性强；风格均衡，兼顾价值和成长；当前估值低于历史平均，长期投资价值显著。

（3）第五届英华奖·量化投资最佳基金经理（三年期）获奖人、景顺长城量化投资领头人黎海威倾力打造（获奖信息来源：中国基金报，2018年5月）。

大家仔细阅读后可以发现，上面所说的都是好的一面，绝口不提基金经理亏钱时刻或投资风险。

其实，量化基金是针对不同市场设计的数量化的投资管理模型，以计算机运算为主导，排除人为干扰因素，通过计算机制定买入卖出操作策略的基金。一旦策略失灵，投资者必然遭受损失。

詹姆斯·西蒙斯是世界级的数学家，他依靠对数学模型的深刻理解，一手打造了公司旗舰产品大奖章基金（Medallion Fund），从1998年成立一直到2010年西蒙斯退休，该基金的年均回报率高达35%。

西蒙斯的成功是通过捕捉市场大量异常瞬间机会得来的。在美股市场上适用的方法，在A股市场上未必适用，原因在于市场成熟度不同、参与者不同、交易规则也不同。

正因如此，我认为量化策略不是万能的，千万不要将其神化。基于当时的市场行情，我判断大额认购被套概率极大，参与者难以有好的体验。我坚信市场的力量是巨大的，任何获奖的基金经理，即便是有过国际投资管理工作经历的基金经理，在市场这位老师面前也仅仅是一位学生而已。

我坦言了自己的观点，基金公司营销人员又发来微信："的的确确目前的市场环境比较差，不过大的投资机会往往都是在市场底部出现的。其实现在这个点位对于布局产品而言真的是非常不错的时点。上半年购买沪深300增强的客户的确承受了较大的亏损，不过在这个既定事实下其实是建议进行一定的补仓操作的。现在量化先锋对标中证800，是300+500指数的组合，其风险相较沪深300的风险还要更低一些。眼下发行这个产品也是考虑到市场在底部，进行产品布局其实非常有利。"

公募基金追求的是相对收益，也就是说，如果大盘下跌30%，而基金经理管理的基金下跌20%，就认为其跑赢了业绩比较基准，进而判定基金优秀。作为一名投资者，你对这种结果满意吗？

我根据当时的盘面，回复如下："2017年9月市面上发行了一只量化基金，名叫华泰柏瑞量化阿尔法（基金代码为005055），大家不妨去看看现在的净值（2018年的回报为-21.03%），基金成立之后几个月都不敢建仓，建仓之后就跌破了面值。该基金经理同样有海外量化投资背景，也有过辉煌的经历，前车之鉴，后事之师，所以我会考虑在景顺长城量化先锋混合型基金跌破面值以后再介入。"

景顺长城量化先锋混合型基金于2018年9月12日成立，同年12月31日净值是0.8913元/份，当年亏损幅度超过10%，如图2-1所示，市场验证了我的预见。

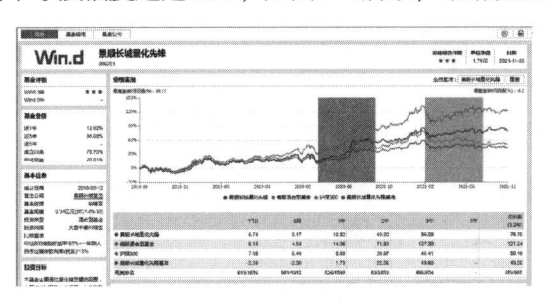

图2-1　景顺长城量化先锋混合A基金业绩表现

投资的目的是盈利，而不是赶潮流，跌破面值再申购，是不是比认购收益更高、体验感更好？有兴趣的读者可以透过后视镜查看，景顺长城量化先锋混合型基金2019年的回报为38.80%，2020年的回报为35.33%，而2018年的回报是-10.87%。

每个人都喜欢说自己过五关斩六将，又有谁愿意说自己败走麦城呢？但对于基金公司和代销机构而言，对亏损避而不谈意味着违背告知义务，因为金融投资者享有知情权。

当前景顺长城量化先锋混合型基金的规模只有0.34亿元（截至2021年9月30日），已面临清盘风险。大家可以仔细想一想，如果基民的体验感良好，那为什么会有那么多人选择赎回呢？前文已有介绍，每只公募基金成立伊始的规模至少是2亿元，而现在规模大幅缩水至0.34亿元，是不是要引起我们的反思？难道有人愿意跟钱过不去？

上面提到的ETF联接基金是指将其绝大部分基金财产投资于目标ETF，追求跟踪偏离度和跟踪误差最小化，采用开放式运作方式的基金。它与目标ETF之间是如影随形的关系。双创ETF联接基金A类可以满足长期投资者的需要，C类可以满足短期投资者的需要。

面对朋友圈里纷至沓来的基金广告，我们是不是应该三思而后行？

双创ETF联接基金从科创板和创业板中精选50家新兴产业公司进行跟踪，两个板块优势互补，覆盖信息技术、高端制造、生物、新能源、数字创新等板块。

我们在决定基金投资金额之前，先要思考一个问题：一支专业的球队如何能够赢得比赛？其中最为关键的两点就是攻守兼备和团队协作。

成本和风险是获得高回报的应有付出，但当大家还没有能力来支付这些成本和风险的时候，盲目地去追逐高回报，可能会付出更多，带给大家的将是意想不到的烦恼和痛苦。

在做双创ETF联接基金这类投资之前，我们是不是也要做到攻守兼备，才能更好地控制风险？简而言之，控制仓位，控制风险。例如，先用一半资金做底仓，剩下的一半资金等过了基金封闭期再分批购买。这样一来，涨了不会懊恼，因为没有空仓；下跌不会恐惧，因为没有满仓。

无巧不成书。2021年8月，华夏中证科创创业50ETF联接A（基金代码为013310）全渠道发行，我就针对想购买的投资者指出：根据当时的盘面，中长线可看好，但短期会有波动，在认购的时候千万不要全仓投入，预留一部分资金用来补仓，这样可以掌握主动权，改善投资体验。

华夏中证科创创业50ETF联接A于2021年8月24日成立；9月23日结束封闭期可以申购，当日净值是0.970 8元/份；10月12日净值是0.955 2元/份，最大回撤为−4.48%；11月3日净值是0.992 5元/份。大家可以看看该基金的业绩表现，如图2-2所示，自己评判一下当初设定的投资策略是否比全仓投入更好。

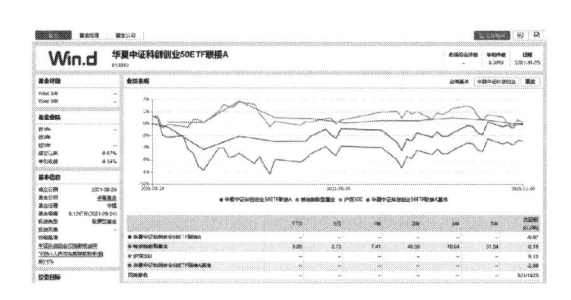

图2-2　华夏中证科创创业50ETF联接A业绩表现

我在网络上看到两句话很受用：第一，不要过度消费一位优秀的基金经理，这对于投资人和投资者都不是好事；第二，理性、客观是财富市场里应该有的最大善意，而鼓动市场情绪是对投资者的极大恶意。

2.3　投资给力胜储蓄

媒体报道过一个故事：一位老太太拿着一张老存单去银行取钱，这张存单是44年前存下的1 200元，44年过去了，这张1 200元的存单究竟能支取多少钱呢？经过银行计算确认，在支取日这张存单本息合计为2 684.04元，其中利息为1 484.04元。有人会问："44年前的1 200元相当于现在的多少钱呢？"44年前的1 200元可以买一套房子，可是现在呢？如果买了基金，那么情况可能就不同了。

基金投资的是证券市场，是专业化运作的，自然有散户不可比拟的优势，如资金、信息、投研、风控等方面的优势。

当遇到牛市行情的时候，优秀的基金当仁不让。例如，2015年前5个月，汇添富移动互联、富国低碳环保、汇添富社会责任、国联安优选行业、易方达科讯、融通领先成长六只基金均创造了净值增长超过192%的业绩，给投资者带来了良好的回报。

当遇到熊市行情的时候，基金也会有出色的表现。例如，2018年上半年，富国精准医疗、中欧医疗健康A、汇添富医疗服务三只基金的净值增长均超过23%，领跑市场。纵观2018年全年，偏股型基金大都陷入了亏损，但排名前20的债券型基金均取得了10%以上的收益率：鹏华丰融当年的收益率为16.79%，位居榜首；东方永兴18个月A以13.81%的收益率位列第二名；融通增益A以12.74%的收益率位列第三名。

我经过一番研究发现，富国低碳环保（基金代码为100056）是一只混合型基金，它并不是投资环保概念股的行业主题基金，我们不能"望文生义"；景顺沪深300是一只指数增强型基金，与证券市场上的沪深300指数构成了正相关关系；债券型基金跟深信用债、深公司债、企债指数、中高企债、公司债指有着密切联系，主要容易受到利率政策的影响。如此这般，就可以独辟蹊径，提高胜算。

2013年年初，我应邀参加一个投资理财方面的讲座，重点谈到在"基"情燃烧的岁月里，如何做一名理性投资者？

在散场的时候，有一位60多岁的退休女士跟我说："吴老师，我买基金从来没有挣过钱。"

我当场告诉她："您现在拿出1万元，可以去××银行买长盛电子信息产业A，基金代码是080012，基金经理叫王克玉，是上海交通大学毕业的，我们忽略中间波动，到年底看看收益，好吗？"

到了年底，我主动给她打电话，告诉她这只基金给她带来了64%的收益。她非常开心，并告诉我马上还有5万元理财产品到期，问我能买什么基金。

良好的体验胜过任何说教。这个故事说明一个人的投资意愿和习惯是可以培养的，关键是要找到赚钱的感觉。大家不妨思考一下：如果你拿出年终奖5万元去投资一只类似的基金，一年下来给你带来的收益是64%，意味着全年可以给你增加32 000元的收入，平摊到12个月，每个月将增加收入2 666.67元，你是不是很开心？

试想一下：如果这5万元你不拿来投资，只做储蓄，按一年期银行存款利率1.5%计算，那么收益是750元；如果你运气好，赶上银行搞活动，利率上浮40%，达到2.1%，那么收益是1 050元；如果你碰巧买到收益率为4%的理财产品，那么预期收益是2 000元。但二者相比，依然是天壤之别。

面对各种各样的行业主题基金，我们有必要了解一下它们的秉性和特点，这样才能更好地投资。

2.4 消费基金带你飞

2020年12月11日,国家首提"需求侧改革",强调"形成需求牵引供给、供给创造需求的更高水平动态平衡"。

那么,如何理解"需求侧改革"这一概念?它会给我们的投资带来哪些机会呢?

2.4.1 "需求侧改革"风起

要说明"需求侧",首先得弄清楚什么是"需求"。经济学中讲的"需求"是指在一定的价格和一定的时间内,消费者愿意购买的某种商品或服务数量。在生活中,"柴米油盐酱醋茶"是需求,"琴棋书画诗酒花"也是需求。

一个完整的经济循环包括生产、分配、流通、消费四个环节。供给与需求是循环的两端,供给侧与需求侧分别对应社会经济循环的起点和终点。从这个角度来说,供给侧改革与需求侧改革的主要发力点完全不同,供给侧改革更加注重优化生产结构使其匹配终端需求,而需求侧改革则反之。

回顾过往,2015年开展的供给侧改革简单来讲就是产业出清,煤炭、钢铁小厂关闭,龙头集中。而需求侧改革的重点则在于优化国内需求结构,通过扩大内需潜力来承接国内产能,提高国民经济的抗风险能力,进而推动内部大循环的稳定前行。其目的是实现有效需求的释放,而不是需求总量的扩张。具体来说就是,一方面通过"打通堵点"来积极释放国内消费需求潜力,坚持"房住不炒"政策基调,稳地价、稳房价、稳预期,缓解高房价对居民消费的挤出效应;另一方面坚持收入分配体制改革,优化税收转移支付等"补齐短板"政策。

由此观之,需求侧改革有三个关键点:第一是正确引导,转变大家的消费观念;第二是增加居民收入,提高大家的消费能力;第三是加大社会公共福利,减少大家的后顾之忧。三者相辅相成,缺一不可。

"需求侧改革"有望引领"十四五"期间(2021—2025年)的投资主线。那么,我们应该如何把握这次投资机会呢?

2.4.2 消费迭代谱新篇

从人类发展史来看，影响经济的长期因素是消费。媒体上常说的拉动经济增长的"三驾马车"即消费、投资和进出口，应当说只是形式的不同、提供者的不同、消费对象的不同，其本质从某种意义上讲都是消费需求。

打个比方，"消费"指的是国内的消费；"投资"指的是政府的消费；"进出口"指的是世界人民跨时空的消费。

从欧、美、日等发达国家和地区的经验来看，从投资驱动向消费驱动的转变是经济发展的必然。在国家政策助力内需潜力加快释放的背景下，全方位推动消费升级是大势所趋，服务消费提升空间巨大。

在这里，消费升级可以从两个方面来理解。

一方面是对实物商品的消费升级。比如我们使用的手机、家用电器的更新换代，我们在日常生活中对食品需求的不断升级，由此可以推断：像华为手机、格力电器、金龙鱼、海天味业、五粮液、伊利牛奶、三只松鼠等知名产品的市场空间将会越来越大。实物消费升级，在必需消费中体现为追求高品质和健康，在可选消费中体现为关注品牌和质量等。

另一方面是人们对服务的需求不断提升。其中，以医疗保健、文化娱乐等为代表的服务消费的上升趋势确定、空间比较大，如片仔癀的名品中药、恒瑞医药的最新化学制药、华熙生物的医美产品、抖音的短视频、腾讯的社交平台、万达院线的电影等。这些知名产品都将在需求侧改革中获得更大的发展空间，其公司业绩也将有望获得大幅提升。

放眼眺望，我国新一轮消费升级正经历从"量变"到"质变"的过程，生存类消费占比逐渐下降，发展类需求逐步成为消费的核心，人们更愿意为"健康""娱乐"等付出相应的溢价。一句话概括就是，消费升级方兴未艾。

可以预见，在政策的刺激下，市场对消费领域的风险偏好有望进一步增强，市场有可能迎来消费带动的慢牛行情。可选消费、必选消费、消费龙头在未来依然有很大的上涨空间。像恒瑞医药、伊利股份、五粮液、中国中免、海天味业、海尔智家、片仔癀、通威股份、上汽集团等业绩优异而且具有成长性的公司依然值得我们关注。

2.4.3 消费基金伴你飞

随着我国居民可支配收入的增加、新生消费群体的崛起、城镇化的提速,都将带来巨大的消费需求,人口老龄化的趋势会导致劳动力成本的上升,经济结构转型势在必行。新的经济发展方式将更多依赖内需经济发展,消费占GDP的比重有望继续上升。

1. 消费板块相关基金的概况

据Wind数据统计,截至2020年年底,市面上以"消费"命名的基金达到170只。其中,农银汇理消费主题A、汇添富全球消费(QDII)、华夏新兴消费A、交银消费新驱动、华夏新兴消费C五只基金当年的收益率达到103%以上。

从早晨吃的牛奶、面包、鸡蛋到出门乘坐的汽车、高铁、飞机,从日常穿的休闲衬衫到聚会时喝的酒水饮料,这些覆盖我们日常生活方方面面的要素大多来自消费板块。所以消费行业主题非常广泛,以常规的食品饮料行业为内核,向外延伸可以扩展到医疗保健、休闲娱乐、信息电子甚至金融地产等。

食品饮料是消费主题下的主流行业,相关基金在2020年取得了优异的成绩,如天弘中证食品饮料A(基金代码为001631)上涨92.51%、国泰国证食品饮料(基金代码为160222)上涨88.37%。除此之外,鹏华中证酒ETF(基金代码为512690)上涨125.21%、招商中证白酒(基金代码为161725)上涨113.34%,大放异彩。

据统计,贵州茅台是机构持有最多的股票,也是外资持有最多的股票,还是价值投资最有代表性的股票。

消费行业历来是产生大牛股的温床。需求侧改革的号角既然已经吹响,那么大家就要继续关注消费领域的投资机会。

我们通常所说的大消费行业基本上可以划分为三类:必需消费品、可选消费品、其他消费品。

必需消费品包括日常生活中必须满足的物质消费,如农林牧渔、食品饮料、医药生物。

可选消费品就是出去聚个餐、结伴拍个照、旅游买个包这种日常生活中不必需但有总比没有好的消费,如纺织服装、家用电器、商业贸易、信息服务、运动健身。

其他消费品是指部分行业提供的产品或服务，虽然不能称为标准含义的消费品行业，但是其已经基本具备消费品的行业属性，即可直接联动于下游终端消费品的行业，如消费电子、建筑装饰、轻工产品、航空航运、金融服务、乘用车。

2. 消费行业指数及基金

指数是反映复杂现象总体数量上的变动指标，即按约定的规则在市场中抽取成分股或样本，计算出统计数据，一方面可以成为衡量资本市场交易价格波动和景气度情况的风向标，另一方面可以成为投资者作出决策的重要依据。

就像我们去体检，血压、血糖、血脂这些指标就构成了人体的健康指数，可以反映我们的身体是否健康。

股市上的指数也应运而生，可以反映最近股市是否健康。例如，指数缓慢上涨，就代表心肺功能健全；指数急促下跌，就代表有些头疼脑热。

我将市场上主要的消费行业指数2015—2020年的涨跌情况归纳成表，如表2-1所示。可以看到，区间上涨前三名分别是沪深300主要消费指数、中证消费50指数、中证主要消费指数，上涨幅度均在328%以上，表现最好的沪深300主要消费指数的上涨幅度超过486%；区间上涨后三名分别是中证智能消费主题指数、上证可选消费行业指数、中证全指可选消费指数，上涨幅度均在91%以下，特别是垫底的中证全指可选消费指数的上涨幅度只有32.81%。

表2-1 消费行业指数2015—2020年的涨跌情况

消费行业指数	指数代码	2015年	2016年	2017年	2018年	2019年	2020年	区间涨幅
沪深300主要消费指数	000912	22.54%	8.40%	81.02%	-22.37%	79.32%	75.09%	486.06%
中证消费50指数	931139	26.01%	1.33%	66.25%	-22.27%	60.76%	63.47%	333.66%
中证主要消费指数	000932	26.49%	0.64%	55.98%	-23.09%	64.72%	70.16%	328.02%
上证主要消费行业指数	000036	24.11%	1.10%	43.81%	-19.27%	47.48%	81.64%	290.23%
中证消费龙头指数	931068	25.50%	-0.60%	58.49%	-25.06%	59.98%	57.40%	273.08%
中证全指主要消费指数	000990	34.27%	-1.90%	29.21%	-21.82%	59.38%	67.84%	255.99%

续表

消费行业指数	指数代码	2015年	2016年	2017年	2018年	2019年	2020年	区间涨幅
中证内地消费主题指数	000942	22.74%	-6.00%	49.79%	-26.89%	55.75%	65.28%	225.26%
国证消费100指数	399364	29.70%	-9.30%	33.60%	-25.66%	54.20%	51.19%	172.41%
上证消费80指数	000069	27.97%	-8.65%	31.13%	-24.55%	35.36%	65.57%	159.18%
申银万国消费品指数	801260	55.00%	-9.30%	8.46%	-27.63%	44.01%	49.12%	136.97%
中证下游消费与服务产业指数	000963	33.72%	-14.18%	23.69%	-26.77%	44.16%	49.40%	123.86%
中证消费服务领先指数	000806	23.92%	-11.85%	25.55%	-23.03%	41.83%	49.30%	123.53%
沪深300可选消费指数	000911	26.76%	-16.56%	28.43%	-30.14%	37.84%	54.75%	102.43%
中证智能消费主题指数	930648	51.08%	-16.83%	14.17%	-33.61%	48.10%	35.29%	90.84%
上证可选消费行业指数	000035	28.50%	-17.19%	7.49%	-28.77%	15.23%	55.27%	45.79%
中证全指可选消费指数	000989	52.61%	-18.27%	0.41%	-35.05%	23.81%	31.88%	32.81%

数据来源：Wind。

仁者见仁，智者见智。为了便于大家查找比对，我将上述主要消费行业指数大致的情况和所涉及的有代表性的基金简单介绍如下。

（1）上证可选消费行业指数，指数代码为000035，由中证指数有限公司于2003年12月31日发布，成分股数量为50只。该指数由上海证券市场可选消费行业股票组成，以反映该行业公司股票的整体表现。

相关有代表性的消费基金暂无。

（2）上证主要消费行业指数，指数代码为000036，由中证指数有限公司于2003年12月31日发布，成分股数量为30只。该指数由上海证券市场主要消费行业股票组成，以反映该行业公司股票的整体表现。

相关消费基金有华夏上证主要消费ETF，基金代码是510630。

（3）上证消费80指数，指数代码是000069，由中证指数有限公司于2003年12月31日发布，成分股数量为80只。该指数由沪市A股中规模大、流动性好的80只主要消费、可选消费和医药卫生类公司股票组成，以反映沪市A股中消费类股票的整体表现。

相关消费基金有招商上证消费80ETF，基金代码是510150。

（4）沪深300可选消费指数，指数代码为000911，由中证指数有限公司于2004年12月31日发布，成分股数量为27只。该指数由沪深300指数样本股中的可选消费行业股票组成，以反映该行业公司股票的整体表现。

相关有代表性的消费基金暂无。

（5）沪深300主要消费指数，指数代码为000912，由中证指数有限公司于2004年12月31日发布，成分股数量为21只。该指数由沪深300指数样本股中的主要消费行业股票组成，以反映该行业公司股票的整体表现。

相关有代表性的消费基金暂无。

（6）中证全指可选消费指数，指数代码为000989，由中证指数有限公司于2004年12月31日发布，成分股数量为448只。该指数从中证全指样本股可选消费行业内选取流动性和市场代表性较好的股票构成指数样本股，以反映沪、深两市可选消费行业公司股票的整体表现。

相关消费基金有广发中证全指可选消费ETF，基金代码是159936。

（7）中证全指主要消费指数，指数代码为000990，由中证指数有限公司于2004年12月31日发布，成分股数量为136只。该指数从中证全指样本股主要消费行业内选择流动性和市场代表性较好的股票构成指数样本股，以反映沪、深两市主要消费行业公司股票的整体表现。

相关消费基金有融通消费升级（混合型基金），基金代码是007261。

（8）中证主要消费指数，指数代码是000932，由中证指数有限公司于2004年12月31日发布，成分股数量为54只。该指数由中证800指数样本股中的主要消费行业股票组成，以反映该行业公司股票的整体表现。

相关消费基金有汇添富中证主要消费ETF，基金代码是159928。

（9）中证内地消费主题指数，指数代码是000942，由中证指数有限公司于2004年12月31日发布，成分股数量为50只。该指数反映我国证券市场、中新能源、消费、基建、自然资源等股票的整体走势，为指数化投资产品提供标的。

相关消费基金有交银消费新驱动（股票型基金），基金代码是519714。

（10）中证消费服务领先指数，指数代码是000806，由中证指数有限公司于2004年12月31日发布，成分股数量为100只。该指数以中证全指为样本空间，由食品饮料业、服装及其他纤维制品制造业、文教体育用品制造业、医药生物制品业等行业中总市值排名前100的股票构成，以反映沪、深两市A股中消费服务类股票的整体表现。

相关消费基金有汇丰晋信消费红利（股票型基金），基金代码是540009。

（11）中证下游消费与服务产业指数，指数代码是000963，由中证指数有限公司于2004年12月31日发布，成分股数量为200只。该指数从中证800指数样本股中挑选规模大、具有下游消费与服务产业特征的公司股票组成样本股。

相关消费基金有国投瑞银中证下游，基金代码是161213。

（12）中证消费龙头指数，指数代码是931068，由中证指数有限公司于2004年12月31日发布，成分股数量为50只。该指数由沪、深两市可选消费与主要消费中规模大、经营质量好的50只龙头公司股票组成，以反映沪、深两市消费行业龙头公司股票的整体表现，为指数化产品提供新的标的。

相关消费基金有华宝中证消费龙头A（LOF），基金代码是501090。

（13）中证消费50指数，指数代码是931139，由中证指数有限公司于2004年12月31日发布，成分股数量为50只。该指数由沪、深两市可选消费与主要消费（剔除汽车与汽车零部件、传媒子行业）中规模大、经营质量好的50只龙头公司股票组成，以反映沪、深两市消费行业50家龙头公司股票的整体表现，为指数化产品提供新的标的。

相关消费基金有富国中证消费50ETF，基金代码是515650。

（14）中证智能消费主题指数，指数代码是930648，由中证指数有限公司于2012年6月29日发布，成分股数量为100只。该指数选取电信业务、可选消费、信息技术、医药卫生、主要消费等行业内与智能消费相关的公司，包括但不限于智能穿戴、智能家居、互联网医疗、智能汽车，以及其他受益于智能消费发展的代表性沪、深A股作为样本股，以反映智能消费公司的整体表现。

相关消费基金有博时智能消费ETF，基金代码是515920，于2020年12月30日成立。

（15）申银万国消费品指数，指数代码是801260，由申万研究于2011年8月22日发布，成分股数量为942只。该指数从农林牧渔、家用电器、食品饮料、纺织服装、轻工制造、医药生物、商业贸易、餐饮旅游8个申万一级行业上市公司的A股中选取样本,以表征消费品上市公司整体股价表现。

相关消费基金有广发消费品精选A(混合型基金),基金代码是270041。

(16)国证消费100指数,指数代码是399364,由深圳证券信息有限公司于2009年8月3日发布,成分股数量为100只。该指数成立的目的是反映A股市场中消费主题上市公司的整体表现,并为投资者提供更丰富的指数化投资工具。

相关消费基金有弘毅远方国证消费100ETF,基金代码是159986。

消费行业指数及相关消费基金如表2-2所示。

表2-2 消费行业指数及相关消费基金

消费行业指数	指数代码	2020年涨幅	相关消费基金	基金代码	2020年涨幅
上证可选消费行业指数	000035	55.27%	—	—	—
上证主要消费行业指数	000036	81.64%	华夏上证主要消费ETF	510630	95.99%
上证消费80指数	000069	65.57%	招商上证消费80ETF	510150	81.21%
沪深300可选消费指数	000911	54.75%	—	—	—
沪深300主要消费指数	000912	75.09%	—	—	—
中证全指可选消费指数	000989	31.88%	广发中证全指可选消费ETF	159936	38.73%
中证全指主要消费指数	000990	67.84%	融通消费升级(混合型基金)	007261	75.85%
中证主要消费指数	000932	70.16%	汇添富中证主要消费ETF	159928	72.80%
中证内地消费主题指数	000942	65.28%	交银消费新驱动(股票型基金)	519714	103.24%
中证消费服务领先指数	000806	49.30%	汇丰晋信消费红利(股票型基金)	540009	62.84%
中证下游消费与服务产业指数	000963	49.40%	国投瑞银中证下游	161213	53.98%
中证消费龙头指数	931068	57.40%	华宝中证消费龙头A(LOF)	501090	70.30%
中证消费50指数	931139	63.47%	富国中证消费50ETF	515650	70.78%
中证智能消费主题指数	930648	35.29%	博时智能消费ETF	515920	处于封闭期
申银万国消费品指数	801260	49.12%	广发消费品精选A(混合型基金)	270041	59.06%
国证消费100指数	399364	51.19%	弘毅远方国证消费100ETF	159986	42.14%

数据来源:Wind。

3. 消费基金怎么买

当下,我国正从一个"世界工厂"向"世界市场"转变。在构建以国内大循环为主体、国内国际双循环相互促进的新发展格局的背景下,培育从投资驱动向消费驱动的高质量发展模式已是大势所趋。

纵观市场，以食品饮料为代表的消费行业受经济周期的影响程度相对较小。无论经济如何低迷，我们都离不开基础的必需消费品，所以消费行业成为典型的防御性避险板块。

需要注意的是，在消费行业细分下，必需消费和可选消费，其活跃的程度又有所差别。必需消费针对基础消费品，也就是人们维持生活所必需的消费品，其防御特性更为突出，受经济周期的影响较小。可选消费则在必需消费品之外，其对经济因素的敏感度更高，但产品的盈利回报性相对较好。

从实战来看，必需消费品扮演防御角色，牛市是卖点，应降低配置；熊市是买点，应加大配置。可选消费品需求随周期波动，进攻属性明显，牛市可以增配，熊市可以低配。一句话概括："可选"为剑，"必需"为盾。

在场外，消费主题名下近5年收益较为稳健的基金有汇添富消费行业、交银消费新驱动、华安安信消费服务、南方新兴消费A、嘉实新消费、易方达消费行业、工银瑞信消费服务、汇丰晋信消费红利等。

对于操作技术比较娴熟的投资者来说，产品的投向越精准，操作起来就越得心应手。

打个比方，如果你认为个人的消费习惯一时半会儿改变不了，绝大多数人除必需消费外，不会有太多的奢求，那么你可以选择汇添富中证主要消费ETF（基金代码为159928）；如果你认为可选消费的弹性更大，那么你可以选择广发中证全指可选消费ETF（基金代码为159936）；如果你认为未来消费企业会向龙头聚集，白马龙头股会占有更多的优势，那么你可以选择华宝中证消费龙头A（LOF）（基金代码为501090）；如果你认为必需消费和可选消费左右开弓，都应该配置，那么你可以选择富国中证消费50ETF（基金代码为515650）。

有人曾经这样调侃："吃喝拉撒睡，没有人能离开消费。"

可见，消费与我们的生活密切相关，是大家最容易感知价格变化的。无论经济周期处于何种阶段，消费行业总有活跃的机会，所以消费主题基金或许会成为我们投资理财的好帮手。一把钥匙只能开一把锁，没有必要与别人攀比，适合自己的产品就是最好的。

除此之外，对于喜爱基金投资的人而言，还可以关注华夏上证主要消费ETF（基金代码为510630）、招商上证消费80ETF（基金代码为510150）、国泰中证全指家电ETF（基金代码为159996）、嘉实新消费（基金代码为001044）、易方达消费精选（基金代码为009265）、中欧消费主题A（基金代码为002621）。

在这里给大家分享一种看社会消费品零售总额这个数据（以下简称"社零数据"）买卖基金的方法。

由于社零数据只涉及消费，基本上能够反映出大家花钱消费的意愿，那么我们就可以利用其特点，观察卖出基金避险的时机。也就是说，我们只要关注社零数据从高位回落就可以考虑赎回基金。一般社零数据从高位回落都会对消费行业产生较大的影响，比如2021年年初社零数据从高位回落，重仓白酒、食品饮料和家电的消费主题基金普遍表现不好。但在其他时间段，社零数据的变动并不能指导消费品行业的投资。因为消费与我们的生活息息相关，所以大家通常可以长期保留消费主题基金的仓位，除非社零数据从高位回落，那时可将基金赎出来避险，然后开启新一轮的基金定投或网格化交易。

像易方达消费股基（基金代码为110022）于2010年8月20日成立，规模大，与社零指标转向契合度高，具有风向标的作用，时任基金经理是萧楠、王元春，大盘成长风格，业绩比较基准是中证内地消费主题指数收益率×85%+中债总指数收益率×15%，自成立以来年化回报超过10%。该基金2016—2022年的回报情况如表2-3所示。

表2-3 易方达消费股基2016—2022年的回报情况

年　份	2016年	2017年	2018年	2019年	2020年	2021年	2022年
当年回报	7.21%	64.97%	-23.47%	71.36%	72.52%	-11.19%	-13.66%

数据来源：Wind。

经验告诉我们，参考社零数据，在高点滑落时出来，在低点不破后入场，坚持长线投资，会得到好的回报。

2.5 新能源汽车动起来

汽车改变了我们的生活，为我们的出行提供了便利。就传统汽车而言，我们很难超越美、日、欧等国家和地区，但时代的车轮滚滚向前，新能源汽车给我们创造了弯道超车的契机。

汽车行业主要包括整车制造、零部件生产、汽车经销三大板块，其中整车制造和零部件生产板块是汽车行业研究的核心。

整车主要包括乘用车和商用车。乘用车是指载运乘客及其随身行李或临时物品的汽车，比如家用轿车、SUV、MPV、家用皮卡等；商用车是指用于商业用途运送人或货物的汽车，可细分为货车（重卡/中卡/轻卡/微卡）和客车（大客/中客/轻客）等。

传统汽车零部件组成部分主要包括：发动机、底盘（传动、转向、行驶、制动）；车身（内饰、外饰）；电气设备（电源、用电设备）。

当前，我国经济的发展正由过去的"地产+基建"模式向"消费升级+科技制造+创新经济"模式转型。对于投资者而言，新能源汽车行业是值得关注的。

那什么是新能源汽车呢？新能源汽车是指采用非常规的车用燃料作为动力来源，综合车辆的动力控制和驱动方面的先进技术，形成的具有新技术和新结构、技术原理先进的汽车。

新能源汽车和传统汽车的区别在于三电技术——电驱、电池、电控，其中电池最受关注。新能源汽车多采用三元锂和磷酸铁锂两种电池，前者的优势在于储能密度高且抗低温，故三元锂电池在冬季的衰减小于磷酸铁锂电池的衰减；后者的优势在于安全性高，循环寿命更长，制造成本更低。

我们现在提到的新能源汽车从定义上讲指的是广义新能源汽车，又称"代用燃料汽车"，既包括纯电动汽车、燃料电池电动汽车这类全部使用非石油燃料的汽车，也包括混合动力汽车、乙醇汽油汽车等部分使用非石油燃料的汽车。当前存在的所有新能源汽车都包括在这一概念里，具体分为混合动力汽车（HEV）、纯电动汽车（BEV）、燃料电池电动汽车（FCEV）、氢发动机汽车、燃气汽车、醇醚汽车六大类。

2.5.1 我国新能源汽车的发展现状

2003年，中国的新能源汽车开始起步；2010年，新能源汽车被确定为七大战略性新兴产业之一；2018年，新能源汽车各项补贴新规出台。不难看出，国家在大力支持新能源汽车发展的背后付出了巨大心血，而新能源汽车也有望成为实现强国发展和弯道超车的新赛道。

放眼全球,主要车企如大众、宝马、奔驰、丰田都已将新能源汽车作为重要战略逐渐加大了布局与投入,市场未来将随着特斯拉产能的提升及全球主流车企的新能源车型集中投放而进入新一轮快速增长期。新能源汽车已从政策驱动型市场向消费驱动型市场转型。

我国新能源汽车发展势头强劲,在车型配套、技术研发和新能源汽车消费市场方面发展迅速,具有其他国家无法比拟的优势。全国已有近百家车企投入新能源汽车的研发当中。不仅是汽车生产厂家,能源供应商、配套设施建设企业和技术研发企业也投入新能源汽车配套建设的热潮之中。

在如此良好的发展背景之下,我们也要清醒地认识到当前新能源汽车行业仍然存在一些问题,如核心技术有短板、产业缺乏规模效应、生产成本过高、电池续航时间短、充电还不够便捷等。但是,随着市场的进一步发展,我们相信这些问题终将被攻克。从新能源汽车行业发展的趋势来看,随着电池性能、续航里程的持续提升,以及在无人驾驶和智能化方向上的技术迭代升级,新能源汽车有望受到更多消费者的青睐。未来,新能源汽车行业的市场占有率进一步提升将成为大概率事件,整个行业充满巨大的想象空间。

2.5.2 如何投资新能源汽车

在"房住不炒"的背景下,资金将流向何方呢?对标房地产的超长产业链,我认为流入新能源汽车行业的可能性比较大。

通过前面的分析,我们发现,新能源汽车是一个成长性较好的板块,符合国家的产业政策及未来的发展方向。2020年,大家更是发现,新能源汽车行业作为一条庞大的产业链,能提供相当多的、长期的就业岗位,这在经济发展过程中显得尤为重要。以新能源为序幕,伴随5G、无人驾驶、车联网技术的发展,通过软、硬件技术的变革和结合,真正的智能汽车、智慧出行时代有朝一日终将会来临。

如果燃油车在未来注定要因为能源和环境因素成为历史,那么新能源汽车的"未来"就充满了想象。新能源汽车已经和高科技挂上了钩,而高科技产品首先就是资本热衷追逐的对象。社会资本的快速流通将这股热情迅速带向了国内,自然会有越来越多的消费者愿意买单。

在如此广阔的市场前景下，新能源汽车为我们提供了足够的投资空间。想参与新能源汽车板块，但不具备选股能力的投资者可以考虑选择新能源汽车主题基金。

那么，市面上有哪些新能源汽车主题基金值得我们关注呢？

在这里，我选取了18只新能源汽车主题基金，被动指数型和主动管理型各9只，其中，混合型基金有6只，股票型基金有3只；场内交易的有6只，其中，ETF有3只，LOF有3只，如表2-4所示。

表2-4 新能源汽车主题基金简表

基金名称	基金代码	基金类型	成立时间	业绩比较基准
国泰中证新能源汽车ETF	159806	被动指数型	2020/3/10	中证新能源汽车指数收益率
国泰国证新能源汽车LOF	160225	被动指数型	2016/7/1	国证新能源汽车指数收益率×95%+银行人民币活期存款利率（税后）×5%
华夏中证新能源汽车ETF	515030	被动指数型	2020/2/20	中证新能源汽车指数收益率
平安中证新能源汽车产业ETF	515700	被动指数型	2019/12/31	中证新能源汽车产业指数收益率
汇添富中证新能源汽车产业A（LOF）	501057	被动指数型	2018/5/23	中证新能源汽车产业指数收益率×95%+银行人民币活期存款利率（税后）×5%
汇添富中证新能源汽车产业C（LOF）	501058	被动指数型	2018/5/23	中证新能源汽车产业指数收益率×95%+银行人民币活期存款利率（税后）×5%
富国中证新能源汽车	161028	被动指数型	2015/3/30	中证新能源汽车指数收益率×95%+银行人民币活期存款利率（税后）×5%
国泰中证新能源汽车ETF联接A	009067	被动指数型	2020/4/3	中证新能源汽车指数收益率×95%+银行人民币活期存款利率（税后）×5%
国泰中证新能源汽车ETF联接C	009068	被动指数型	2020/4/3	中证新能源汽车指数收益率×95%+银行人民币活期存款利率（税后）×5%
东方新能源汽车主题	400015	混合型	2011/12/28	中证新能源汽车指数收益率×80%+银行人民币活期存款利率×20%
工银瑞信新能源汽车A	005939	混合型	2018/11/14	中证新能源汽车指数收益率×70%+中债综合财富（总值）指数收益率×30%
工银瑞信新能源汽车C	005940	混合型	2018/11/14	中证新能源汽车指数收益率×70%+中债综合财富（总值）指数收益率×30%
申万菱信新能源汽车	001156	混合型	2015/5/7	中证新能源汽车指数收益率×50%+中证综合债指数收益率×50%
融通新能源汽车A	005668	混合型	2018/6/15	中证新能源汽车指数收益率×70%+中债综合全价（总值）指数收益率×20%+中证香港100指数收益率×10%
融通新能源汽车C	009835	混合型	2020/7/29	中证新能源汽车指数收益率×70%+中债综合全价（总值）指数收益率×20%+中证香港100指数收益率×10%

续表

基金名称	基金代码	基金类型	成立时间	业绩比较基准
国泰智能汽车	001790	股票型	2017/8/1	中证新能源汽车指数收益率×80%+中证综合债指数收益率×20%
创金合信新能源汽车A	005927	股票型	2018/5/8	中证新能源汽车产业指数收益率×90%+银行人民币活期存款利率（税后）×10%
创金合信新能源汽车C	005928	股票型	2018/5/8	中证新能源汽车产业指数收益率×90%+银行人民币活期存款利率（税后）×10%

资料来源：Wind。

1. 相关基金及业绩比较基准

需要注意的是，有5家基金公司拥有同一款两种不同收费方式的产品。例如，工银瑞信新能源汽车A与工银瑞信新能源汽车C，二者唯一的区别就是收费方式不同，A类有申购费，持有时间低于两年的有赎回费；C类没有申购费，但有销售服务费，持有时间低于30天有赎回费。在同等情况下，长期投资者建议选A，短期投资者建议选C。

这些基金的业绩比较基准分别是：①中证新能源汽车指数；②中证新能源汽车产业指数；③国证新能源汽车指数。其中两个指数由中证指数有限公司编制，一个指数由国证指数公司编制。

在上面列举的18只基金中，跟踪中证新能汽车指数的有12只，跟踪中证新能源汽车产业指数的有5只，跟踪国证新能源汽车指数的有1只。

（1）CS新能车指数（指数代码为399976），全称是中证新能源汽车指数，选取样本空间内与新能源汽车产业链相关的上市公司股票，包括锂电池、充电桩、新能源整车等。当新能源汽车相关的股票数量超过80只时，对所有股票按照过去一年日均总市值进行排序，选取排名前80的股票作为指数样本。目前成分股合计50只。

（2）新能源车指数（指数代码为930997），全称是中证新能源汽车产业指数，选取业务涉及新能源汽车产业的沪、深A股上市公司股票作为样本，以反映新能源汽车产业的整体表现。目前成分股合计59只。

（3）国证新能源汽车指数（指数代码为399417）用于反映沪、深两市新能源汽车产业相关上市公司的整体表现，向投资者提供更丰富的指数化投资标的，推进指数基金产品的开发。目前成分股合计50只。

新能源汽车主题三个主要指数近些年表现亮眼，如表2-5所示。

表2-5 新能源汽车主题三个主要指数业绩表现

指数名称	2019年回报率	2020年回报率	2021年回报率
CS新能车指数	45.51%	101.83%	42.02%
新能源车指数	29.83%	109.16%	44.91%
国证新能源汽车指数	27.25%	89.56%	33.99%

数据来源：Wind。

产生差异的主要原因是样本股的选取。按照Wind一级行业分类，整个新能源汽车产业可大致分为上、中、下游三个板块，上游主要是材料板块，包括锂、钴、钼等金属和正、负极材料等；中游主要是工业板块，包括电池、电机、电控系统制造企业；下游是可选消费板块，主要包括整车企业。

对比三个指数成分行业分布可以发现，CS新能车指数偏向于上游的材料板块（占比40.9%）和中游的工业板块（占比39.6%），而下游的整车及充电服务板块权重则相对较小（占比13.6%）；中证新能源汽车产业指数和国证新能源汽车指数在整条产业链中的选样比例则相对均衡，上、中、下游的比例均在30%左右。

由此可以发现，三个新能源汽车指数具有较高的相关性，相对而言，CS新能车指数的成分股更加集中，股票持仓均为各细分行业的龙头，而且更加偏好市值较大的公司，并且大部分权重持仓布局于电池材料和汽车零部件领域，成长性更好，更值得布局。

2. 如何筛选出较好的新能源汽车基金

针对上述18只基金，我们从基金公司、基金规模、跟踪指数、业绩回报、市场回撤、二级市场交易活跃度、成立时间等方面进行综合比较，得出以下结论：

就被动指数型基金而言，场内可以考虑华夏中证新能源汽车ETF（基金代码为515030）。该基金隶属于华夏基金公司，于2020年2月20日成立，业绩比较基准是中证新能源汽车指数收益率。

场外被动指数型基金可以考虑汇添富中证新能源汽车产业A（基金代码为501057）。该基金隶属于汇添富基金公司，于2018年5月23日成立，业绩比较基准是中证新能源汽车产业指数收益率×95%+银行人民币活期存款利率（税后）×5%。

就主动管理型的新能源汽车主题基金而言（在这里把偏股混合型与股票型放

在一起统称为偏股型基金进行比较），建议可以关注国泰智能汽车（基金代码为001790）。该基金隶属于国泰基金公司，于2017年8月1日成立，业绩比较基准是中证新能源汽车指数收益率×80%+中证综合债指数收益率×20%。

新能源汽车的行业前景无疑是巨大的，值得投资者长期关注。需要提醒大家注意的是，随着注册制的推广和退市制度的完善，讲故事、炒概念、蹭热点的公司将日益被淘汰，未来A股市场的行情一定是由业绩驱动的。大家都去抢的东西再好，通常肯定是贵了，东西贵了并不代表价格不能上涨，但风险明显加大。所以我们要学会逆向思维，根据业绩增长情况和估值匹配度去寻找好行业、好公司、好价格，千万不要盲目跟风追涨。

一旦发现CS新能车指数的PE（市盈率）已处于历史高位，短期技术形态并不乐观（出现见顶信号），那么前期买入者可以继续持有基金，空仓者即便看好这个行业和赛道，也不要着急去追高，可以耐心等待其拉回安全区域再分批买入，或者以定投的方式去参与。

彼得·林奇说过："当你持有好公司的时候，时间就是最大的趋势，而你已经站在了趋势的一边。我投资组合最好的公司往往是购股三五年才利润大增而不在三五个星期之后。"

放得下是智慧，拿得起是能力。新能源汽车就像一个朝气蓬勃的青年，相信未来3~5年甚至10年是值得期待的。值得我们长期关注，但千万不要急功近利去漠视。投资就像狩猎，需要有耐心，胜利只属于少数独立思考的人。

2.5.3　科技创新轮轮赚

科技涉及生活中的方方面面，比如人工智能、数字经济、量子信息、集成电路、生命健康、电子通信等。在需求侧改革的思路之下，以地产、旧基建为主的需求刺激政策的重要性将进一步回落，而倡导消费升级和以科技创新、产业升级为主的新基建的重要性有望提升。

以电子行业为例，产业链可大致分为上游（芯片设计）、中游（零部件制造）、下游（封测、模组、组装等电子制造）三大环节。从子板块来看，可以将电子行业划分为半导体、被动器件、PCB、面板、LED、消费电子、安防七大板块，其中半导体和消费电子是电子行业的核心板块。

当前，芯片、材料、设备等电子核心领域的把控者依然是欧、美等国家和地区的企业。我国电子行业发展较晚，顺应全球分工化浪潮，当前主要参与电子制造环节。作为全球最大的消费电子产品生产国、出口国和消费国，我国电子行业在全球的产业地位与竞争力并不能与之匹配，产业发展仍需发力。

科技改变生活，科技引领未来，科技成长是长期主线。在这种背景下，以科技创新和产业升级为主的"新基建"投资将成为我国供给结构优化的关键。鉴于此，与之相关的新一代网络信息技术、新能源汽车、光伏、半导体、芯片、大数据、云计算、信息安全、高端制造、绿色电力等板块前景光明。

对于投资者而言，可以配置符合国家产业政策且历史业绩相对优秀的基金产品，如华泰柏瑞中证科技100ETF（基金代码为515580）、易方达科技创新（基金代码为007346）、嘉实科技创新（基金代码为007343）、鹏华先进制造（基金代码为000778）、汇添富中国高端制造A（基金代码为001725）。

纵观投资市场，先知先觉者吃肉，后知后觉者喝汤，最后到来者买单，历来如此。我们只有放大自己的格局，抓住大趋势，忽略中间波动，跟上时代的步伐，才能在投资中获得成功。

2.6 医药基金连连看

《黄帝内经》一书中提及："上医治未病，中医治欲病，下医治已病。"健康，我所欲也；民生保障，亦我所欲也。

从总体来看，医药行业可以分为医药制造、医药流通和医疗服务等板块，每个板块又可以继续细分，例如，医药制造板块包含药品（化学药、中药、生物药）和器械等板块，医药流通板块包含医药分销和零售药店等板块，医疗服务板块包含连锁医疗机构和CRO（医药研发合同外包服务机构）等板块。由于医药行业相对复杂，因而挑选医药股里的牛股并不是一件容易的事。那么，我们应当如何投资医药行业呢？

投资医药行业有两种方法：一是如果不能确认龙头股或者无法把握细分行业的介入时机，则可以选择医药主题的指数型基金，获取行业平均收益；二是寻找技术领先的细分行业龙头，在医药指数基金的前十大权重股中进行选择。

2.6.1 指数型医药主题基金

指数型医药主题基金的投资标的为医药行业指数，行业属性较强，与医药行业走势的吻合度较高，波动也相对较大。

首先，我们需要知道下面这些相关指数及跟踪该指数的基金。这就如同上战场打仗，先要了解自家军火库里有哪些武器。

（1）沪深300医药卫生指数（指数代码为000913）：简称300医药，按照自由流通市值进行计算，选取沪深300中的医药卫生行业股前30名组成样本股。

跟踪该指数的基金主要有易方达沪深300医药卫生ETF（基金代码为512010）、易方达沪深300医药ETF联接A（基金代码为001344）、易方达沪深300医药ETF联接C（基金代码为007883）。

（2）中证全指医药卫生指数（指数代码为000991）：简称全指医药，选取中证全指中的医药卫生行业公司股票组成样本股，共有239只标的。

跟踪该指数的基金主要有广发中证全指医药卫生ETF（基金代码为159938）、广发中证全指医药卫生ETF联接A／C（基金代码为001180／002978）、银华中证全指医药卫生指数增强（基金代码为005112）。

（3）中证医药卫生指数（指数代码为000933）：简称中证医药，选取中证800中的医药卫生行业公司股票组成样本股，近似于沪深300医药和中证500医药的合集，共有79只标的。

跟踪该指数的基金主要有汇添富中证医药卫生ETF（基金代码为159929）、鹏华中证医药卫生A（基金代码为160635）、嘉实中证医药卫生ETF（基金代码为512610）、汇添富中证医药ETF联接A／C（基金代码为007076／007077）、西藏东财中证医药卫生A／C（基金代码为008551／008552）、鹏华中证医药卫生C（基金代码为010366）。

（4）中证申万医药生物指数（指数代码为000808）：简称医药生物，从A股中挑选日均总市值前100的医药生物行业公司股票组成样本股，以反映医药生物行业公司股票的整体走势。

跟踪该指数的基金有申万菱信医药生物（LOF）（基金代码为163118）。

（5）上证医药卫生行业指数（指数代码为000037）：简称上证医药，选取上海证券市场医药卫生行业公司股票组成样本股，以反映该行业公司股票的整体表现，共有35只标的。

跟踪该指数的基金有华夏上证医药卫生ETF（基金代码为510660）。

（6）国证医药指数（指数代码为399394）：简称国证医药，参照国证行业分类标准，选取归属于医药卫生行业的规模和流动性突出的80只股票组成样本股，以反映沪、深两市医药卫生行业上市公司的整体收益表现。

跟踪该指数的基金有国泰国证医药卫生（LOF）（基金代码为160219）。

（7）中证医药100指数（指数代码为000978）：简称医药100，选取医药卫生和药品零售行业中市值较大的100只股票组成样本股，以反映医药相关行业公司股票的整体走势。

跟踪该指数的基金主要有国联安中证医药100A／C（基金代码为000059／006569）、天弘中证医药100A/C（基金代码为001550／001551）。

（8）中证医药50指数（指数代码为931140）：简称医药50，选取沪、深两市医药卫生行业中规模大、经营质量好的50只龙头公司股票组成样本股，以反映沪、深两市医药卫生行业龙头公司股票的整体表现。

跟踪该指数的基金有富国中证医药50ETF（基金代码为515950）。

（9）中证800制药与生物科技指数（指数代码为000841）：简称中证800医药，选取中证800样本股中制药与生物科技行业上市公司股票组成样本股，共有61只标的。

跟踪该指数的基金有中信保诚中证800医药（LOF）（基金代码为165519）。

（10）中证创新药产业指数（指数代码为931152）：简称CS创新药，选取主营业务涉及创新药研发的上市公司股票作为待选样本，按照市值排序选取不超过50家最具代表性的公司股票组成样本股，以反映创新药产业上市公司的整体表现。

跟踪该指数的基金主要有银华中证创新药产业ETF（基金代码为159992）、广发中证创新药产业ETF（基金代码为515120）、易方达中证创新药产业ETF（基金代码为516080）、南方中证创新药ETF（基金代码为159858）、建信中证创新药ETF（基金代码为159835）、工银瑞信中证创新药ETF（基金代码为516060）。

（11）中证中药指数（指数代码为930641）：简称中证中药，以中证全指为样本空间，选取涉及中药生产与销售等业务的上市公司股票作为成分股，以反映中药概念类上市公司的整体表现，共有45只标的。

跟踪该指数的基金有汇添富中证中药A／C（LOF）（基金代码为501011／501012）、鹏华中证中药ETF（基金代码为159647）。

（12）国证生物医药指数（指数代码为399441）：简称生物医药，以A股市场归属于生物医药产业的相关上市公司股票为样本空间，根据市值规模和流动性的综合排名，选取前30只股票组成样本股（数量不足时按实际数量选入），以反映生物医药行业的整体运行情况。

跟踪该指数的基金主要有招商国证生物医药A（LOF）（基金代码为161726）、汇添富国证生物医药ETF（基金代码为159839）、天弘国证生物医药A／C（基金代码为011040／011041）。

（13）中证生物医药指数（指数代码为930726）：简称CS生医，选取提供细胞医疗、基因测序、血液制品、生物技术药物、疫苗、体外诊断等产品和服务的上市公司股票组成样本股，采用自由流通市值加权方式，并对单只股票设置5%的权重上限，以反映生物医药上市公司的整体表现。

跟踪该指数的基金有国泰中证生物医药ETF（基因代码为512290）、国泰中证生物医药ETF联接A／C（基金代码为006756／006757）。

（14）中证医药主题指数（指数代码930791）：简称CS医药TI，选取医药卫生与药品零售行业内沪、深A股作为样本，采用自由流通股本加权方式，设置10%的权重上限，有成分股200只。

跟踪该指数的基金有富国中证医药主题指数增强（LOF）（基金代码为161035）。

（15）中证细分医药产业主题指数（指数代码为000814）：简称细分医药，将制药、生物科技与生命科学等行业归为细分医药主题，从细分产业中选取过去一年内日均成交额前80%、日均市值排名前50的股票组成样本股。

跟踪该指数的基金主要有华安中证细分医药ETF（基金代码为512120）、华安中证细分医药ETF联接A／C（基金代码为000373／000376）。

（16）中证医疗指数（指数代码为399989）：简称中证医疗，选取医疗器械、医疗服务和医疗行业的股票，采用自由流通调整市值加权方式，由41只样本股组成。

跟踪该指数的基金主要有华宝中证医疗ETF（基金代码为512170）、华宝中证医疗ETF联接A（基金代码为162412）、国泰中证医疗ETF（基金代码为159828）。

（17）中证精准医疗主题指数（指数代码为930719）：简称CS精准医，选取从事疾病筛查与诊断、数据解读、个性化治疗与用药及其他与精准医疗相关的代表性沪、深A股组成样本股，以反映精准医疗产业公司的整体表现。

跟踪该指数的基金有汇添富中证精准医疗A／C（LOF）（基金代码为501005／501006）。

（18）中证生物科技主题指数（指数代码为930743）：简称中证生科，选取涉及基因诊断、生物制药、血液制品及其他人体生物科技的上市公司股票作为成分股，采用自由流通市值加权方式，并对单个样本股设置10%的权重上限，以反映生物科技类上市公司的整体表现，由43只标的组成。

跟踪该指数的基金主要有华夏中证生物科技主题ETF（基金代码为516500）、易方达中证生物科技主题ETF（基金代码为159837）、汇添富中证生物科技A／C（LOF）（基金代码为501009／501010）、招商中证生物科技主题ETF（基金代码为159849）。

（19）中证万得生物科技指数（指数代码为399993）：简称CSWD生科，选取生物科技相关业务（研究、开发、制造及销售基于基因分析和遗传工程的产品）收入或者利润占比超过30%的股票作为备选样本股，由49只标的组成。

跟踪该指数的基金有易方达中证万得生物科技A／C（LOF）（基金代码为161122／010572）。

（20）中证健康产业指数（指数代码为H30344）：简称健康产业，以全部A股为样本空间，选取医疗保健、食品安全、环保三大产业中市值最大的100只股票组成样本股，并以等权重加权。

跟踪该指数的基金有前海开源中证健康（基金代码为164401）。

（21）中证互联网医疗主题指数（指数代码为930720）：简称CS互医疗，

选取为医疗信息化、智能化提供硬件、软件或服务的代表性沪、深A股组成样本股，以反映互联网医疗主题相关公司的整体表现，由19只标的组成。

跟踪该指数的基金有汇添富中证互联网医疗A／C（LOF）（基金代码为501007／501008）。

接着，我们根据Wind提供的数据（截至2022年2月22日），把上述医药指数列表进行对比，如表2-6所示，看看哪些指数值得我们重点关注。

表2-6 医疗指数简表

指数简称	指数代码	发布日期	基日以来回报	基日以来夏普比率
中证生科	930743.CSI	2015/8/26	17.58%	0.74
CS创新药	931152.CSI	2019/4/22	13.50%	0.58
医药50	931140.CSI	2019/3/20	17.43%	0.73
CS精准医	930719.CSI	2015/8/5	14.52%	0.61
CS生医	930726.CSI	2015/8/5	14.17%	0.62
医药100	000978.CSI	2011/3/18	17.41%	0.71
国证医药	399394.SZ	2012/10/29	16.33%	0.68
医药生物	000808.CSI	2012/2/17	15.85%	0.67
CS医药TI	930791.CSI	2016/3/22	16.23%	0.68
300医药	000913.SH	2007/7/2	15.98%	0.67
中证医药	000933.SH	2009/7/3	15.61%	0.66
全指医药	000991.SH	2011/8/2	15.97%	0.67
细分医药	000814.SH	2012/4/11	15.51%	0.66
中证800医药	000841.CSI	2012/12/21	15.34%	0.65
中证医疗	399989.SZ	2014/10/31	15.69%	0.62
生物医药	399441.SZ	2015/1/20	12.56%	0.55
CSWD生科	399993.SZ	2015/5/8	12.81%	0.56
上证医药	000037.SH	2009/1/9	—	0.55
中证中药	930641.CSI	2015/5/19	15.46%	0.65
CS互医疗	930720.CSI	2015/8/5	13.15%	0.57
健康产业	H30344.CSI	2014/6/6	5.58%	0.30

我的体会是，考察某个指数有无生命力，仅仅比较回报率是不行的，还要衡量取得每份回报需要承担多大的风险，比如看夏普比率，也就是回报—波动率比率。一般来说，夏普比率数值越高，说明这只基金承受一定风险时预期获取的超

额收益越多；相反，夏普比率数值越低，代表这只基金所承受的风险能够获得的回报越低。当夏普比率为负值时，没有参考意义。夏普比率=（年化收益率−无风险利率）÷组合年化波动率，衡量的是基金相对无风险利率的收益情况。

从基日以来回报和基日以来夏普比率两个维度进行筛选，结果发现中证生科和医药50这两个指数值得我们重点关注。

那么，这两个指数都有哪些成分股呢？

（1）中证生科十大权重股样本为迈瑞医疗、恒瑞医药、药明康德、智飞生物、沃森生物、长春高新、泰格医药、复星医药、凯莱英、康泰生物。

（2）医药50十大权重股样本为迈瑞医疗、恒瑞医药、片仔癀、爱尔眼科、智飞生物、沃森生物、长春高新、复星医药、新和成、云南白药。

从中不难发现，迈瑞医疗、恒瑞医药、智飞生物、沃森生物、长春高新、复星医药是这些指数的标配。

这里为大家整理了有代表性的指数型医药主题基金，如表2-7所示。结合前面介绍的方法，相信投资者可以筛选出心仪的医药指数基金。

表2-7 医药指数跟踪基金对照简表

指数简称	指数代码	相关跟踪基金	基金代码
300医药	000913	易方达沪深300医药卫生ETF	512010
全指医药	000991	广发中证全指医药卫生ETF	159938
		广发中证全指医药卫生ETF联接A	001180
		广发中证全指医药卫生ETF联接C	002978
		银华中证全指医药卫生指数增强	005112
中证医药	000933	汇添富中证医药卫生ETF	159929
医药生物	000808	申万菱信医药生物（LOF）	163118
上证医药	000037	华夏上证医药卫生ETF	510660
国证医药	399394	国泰国证医药卫生（LOF）	160219
医药100	000978	国联安中证医药100A	000059
		国联安中证医药100C	006569
		天弘中证医药100A	001550
		天弘中证医药100C	001551
医药50	931140	富国中证医药50ETF	515950
中证800医药	000841	中信保诚中证800医药（LOF）	165519

续表

指数简称	指数代码	相关跟踪基金	基金代码
CS创新药	931152	银华中证创新药产业ETF	159992
		广发中证创新药产业ETF	515120
		易方达中证创新药产业ETF	516080
		南方中证创新药ETF	159858
		建信中证创新药ETF	159835
		工银瑞信中证创新药ETF	516060
中证中药	930641	汇添富中证中药A（LOF）	501011
		汇添富中证中药C（LOF）	501012
		鹏华中证中药ETF	159647
生物医药	399441	招商国证生物医药A（LOF）	161726
		汇添富国证生物医药ETF	159839
CS生医	930726	国泰中证生物医药ETF	512290
		国泰中证生物医药ETF联接C	006757
		国泰中证生物医药ETF联接A	006756
CS医药TI	930791	富国中证医药主题指数增强（LOF）	161035
细分医药	000814	华安中证细分医药ETF	512120
中证医疗	399989	华宝中证医疗ETF	512170
		华宝中证医疗ETF联接A	162412
		国泰中证医疗ETF	159828
CS精准医	930719	汇添富中证精准医疗A（LOF）	501005
		汇添富中证精准医疗C（LOF）	501006
中证生科	930743	易方达中证生物科技主题ETF	159837
		汇添富中证生物科技C（LOF）	501010
		汇添富中证生物科技A（LOF）	501009
		华夏中证生物科技主题ETF	516500
		招商中证生物科技主题ETF	159849
CSWD生科	399993	易方达中证万得生物科技A（LOF）	161122
健康产业	H30344	前海开源中证健康	164401
CS互医疗	930720	汇添富中证互联网医疗A（LOF）	501007
		汇添富中证互联网医疗C（LOF）	501008

资料来源：Wind。

2.6.2 主动管理型医药主题基金

医药行业本身具有消费属性和科技属性，未来产业升级趋势明确。结合医疗医药消费升级和社会人口老龄化的大背景，医药可以分为三条核心赛道：一是医疗器械；二是生物科技；三是创新药。

从历史上看，医药板块是长跑之王，是孕育牛股的沃土。更重要的是，随着人们生活水平的提高，人们的健康意识不断增强，医药健康行业仍然具有广阔的成长空间和市场潜力；同时，人们对于医药健康的诉求不仅是救治型医疗和康复型医药，更是预防保健及健康的生活方式。

以上都是支撑我们投资医药的重要因素，也是支撑我们长线投资的源动力。

主动管理型基金在个股选择、仓位控制方面相较指数型基金都更加灵活，可以带来更高的超额收益，所以在医药主题基金中，无论在资产规模上还是在产品数量上，采用主动管理策略的基金都远远高于被动管理型（指数型）产品。

我从市面上100多只主动管理型医药主题基金中筛选出16只进行分析，如表2-8所示，供大家参考。

表2-8 主动管理型医药主题基金节选

基金代码	基金名称	成立时间	投资类型	基金经理	基金规模（亿元）	年度回报率				
						2017年	2018年	2019年	2020年	2021年
000452.OF	南方医药保健A	2014/1/23	灵活配置型	王峥娇	37.15	9.64%	-9.19%	44.69%	76.20%	-0.42%
001717.OF	工银瑞信前沿医疗A	2016/2/3	普通股票型	赵蓓	176.25	24.80%	-19.30%	69.29%	98.96%	11.74%
000913.OF	农银汇理医疗保健主题	2015/2/10	普通股票型	梦圆	26.36	-3.45%	-14.41%	79.53%	77.93%	-6.44%
003095.OF	中欧医疗健康混合A	2016/9/29	偏股混合型	葛兰	340.52	33.76%	-16.01%	75.23%	98.85%	-6.55%
004851.OF	广发医疗保健A	2017/8/10	普通股票型	吴兴武	116.78	13.82%	-18.12%	82.95%	99.09%	-7.86%
005805.OF	华泰柏瑞医疗健康A	2018/6/25	偏股混合型	谢峰	6.41	—	-15.82%	71.73%	91.71%	1.22%
000220.OF	富国医疗保健行业A	2013/8/7	偏股混合型	孙笑悦	16.74	-0.89%	-3.94%	58.53%	81.98%	-5.69%
004075.OF	交银医药创新A	2017/3/23	普通股票型	楼慧源	38.00	11.65%	-8.63%	72.67%	96.29%	-1.69%
161616.OF	融通医疗保健行业A	2012/7/26	偏股混合型	蒋秀蕾	18.22	-13.79%	-13.25%	58.60%	98.93%	-4.66%
001766.OF	上投摩根医疗健康	2015/10/21	普通股票型	方钰涵	13.77	6.44%	-4.34%	70.17%	79.24%	-4.50%
000960.OF	招商医药健康产业	2015/1/30	普通股票型	李佳存	34.69	8.16%	-12.51%	65.83%	94.10%	-7.38%
399011.OF	中海医疗保健	2012/3/7	普通股票型	梁静静	14.55	32.67%	-9.03%	57.11%	59.13%	-6.94%
050026.OF	博时医疗保健行业A	2012/8/28	偏股混合型	张弘	51.53	5.41%	-19.49%	84.10%	84.39%	-1.90%
110023.OF	易方达医疗保健	2011/1/28	偏股混合型	杨桢霄	43.22	27.45%	-14.40%	58.30%	74.21%	-3.83%

续表

基金代码	基金名称	成立时间	投资类型	基金经理	基金规模（亿元）	年度回报率				
						2017年	2018年	2019年	2020年	2021年
006113.OF	汇添富创新医药	2018/8/8	偏股混合型	郑磊	104.78	—	-6.34%	70.52%	85.00%	-11.57%
005453.OF	前海开源医疗健康A	2018/1/19	灵活配置型	曲扬，范洁	14.56	—	-13.91%	50.91%	121.61%	-21.28%

数据来源：Wind，截至2021年12月31日。

由于医药主题基金具有波动大、弹性足、专业性强的特点，所以找到一位经验丰富的"司机"就显得非常重要了。

俗话说："三岁看大，六岁看老。"医药是一个有技术壁垒的行业，对于主动管理型医药主题基金而言，那些了解这个行业、具备行业背景的基金经理相对更有优势。因此，在购买基金之前，我们应当关注基金产品管理人的从业经历（这里特指担任基金经理的工作时间）。

例如，管理南方医药保健A的基金经理王峥娇，毕业于哈尔滨工业大学，管理学硕士，2015年8月加入南方基金，负责医药行业研究，自2018年7月起任南方医药保健A的基金经理。她目前管理南方医药保健A、南方创康医药、南方医药创新A三只基金。

管理工银瑞信前沿医疗A的基金经理赵蓓，具有药学和金融学双专业背景，2010年加入工银瑞信基金，现任基金经理兼高级研究员。她目前管理工银瑞信医疗保健行业、工银瑞信养老产业A、工银瑞信前沿医疗A、工银科技创新6个月A、工银瑞信成长精选A 5只基金。

管理农银汇理医疗保健主题的基金经理梦圆，本科毕业于北京大学，硕士毕业于英国雷丁大学，自2021年2月24日起任农银汇理基金的基金经理。她目前管理农银汇理医疗保健主题和农银汇理创新医疗两只基金，其管理水平有待观察。

而管理中欧医疗健康混合A的基金经理葛兰可谓大名鼎鼎，她是清华大学工程物理专业学士，美国西北大学生物医学工程专业硕士、博士，2014年10月加入中欧基金，自2015年1月起任中欧基金的基金经理。她目前管理中欧医疗健康混合A、中欧明睿新起点、中欧医疗创新A、中欧阿尔法A、中欧研究精选A 5只基金。

取得良好的业绩，有的人靠的是实力，有的人靠的是运气。2018年A股遭遇了熊市，我们来看看上述基金在至暗时刻的表现，例如：南方医药保健A下跌9.19%；工银瑞信前沿医疗A下跌19.30%；农银汇理医疗保健主题下跌14.41%；中欧医疗健康混合A下跌16.01%；而同期沪深300下跌26.33%。

医药基金属于行业主题基金，既会受到政策等大环境的影响，也会受到行业增长性的影响，在历史上也遭遇过净值较大的回撤，例如：2019年1月，中欧医疗健康混合A回撤-38.47%；2021年1月，南方医药保健A回撤-28.81%；2021年3月，农银汇理医疗保健主题回撤-28.61%，工银瑞信前沿医疗A回撤-23.81%。

因此，我们在投资医药主题基金的时候，既要学会享受净值大幅上涨的快乐，也要学会防范净值大幅下跌的风险。除了选择长期业绩优秀的基金，那些经历了大幅回撤后回血较快的基金产品更值得我们信赖。

如果把单笔买入比喻成阵地战，那么定投相当于运动战。医药主题基金涨起来猛、跌起来狠，常常处于高估值状态，所以我们有必要采取"定投+单笔买入"的方式，坚持长线投资，这样有助于提高获得良好收益的体验感。

由于医药行业关乎消费者的生命健康和安全，因而该行业无疑也是受到政策监管极为严格的行业。近年来，国内医药行业各项政策密集颁布，主要围绕保证药品供应、加强质量控制、鼓励企业创新、加大医保控费等方面，这些都可能对医药行业股票产生影响，进而影响医药主题基金的业绩表现。公司股价下跌可能源自杀估值、杀业绩、杀逻辑，只要整体投资逻辑没有改变，我们就可以耐心等待均值回归，否则选择放弃。

路遥知马力，日久见人心。医药是很好的赛道，像基金经理杨桢霄管理的易方达医疗保健、李佳存管理的招商医药健康产业等基金，时间都超过5年，经历过风雨考验，而且规模适中（尚未达到50亿元），只要医药投资的逻辑不变，我们就可以长期关注。

投资就像一场修行，只有放大自己的格局，才能获得良好的收益。

心变宽了，事就小了。人生最曼妙的风景是内心的淡定与从容。高薪不如会理财，理财投资有基金，买对基金为自己加薪。

第3章

资产配置有门道，和你聊聊"固收+"

清代顾嗣协有诗云："骏马能历险，犁田不如牛。坚车能载重，渡河不如舟。舍长以就短，智高难为谋。生才贵适用，慎勿多苛求。"

按照字面翻译大意是：骏马能够飞奔历险，但在田里犁地就不如牛；坚固的车子能够装载重物，但在渡河的时候就不如船。舍弃事物的长处而用它的短处，就是再聪明的人也没有办法。天下万物贵在量才使用，不要求全责备。

由此我想到了投资理财，每类资产既有属于自己的高光时刻，也有属于自己的低落凡尘。在市场的跌宕起伏中，我们通过组合不同类别的资产，取长补短，就能取得较好的效果。

第3章 资产配置有门道,和你聊聊"固收+"

3.1 你懂资产配置吗

凡是接触过投资理财的人都对"资产配置"这个词不陌生,通俗的解释就是"不要把鸡蛋放在一个篮子里",这里的"一个篮子"可以代指同一位基金经理、同一家基金公司、同样的投资风格、同样的市场环境等,但在实战中,大家做到了吗?投资者真的明白资产配置的核心要义吗?答案是"未必"。

3.1.1 八选四,谁晋级

2020年6月18日,有朋友问:"吴老师,我有8只基金,是不是配置太乱了?"

我让她把基金名称发过来看看,只见这些基金如下:民生加银城镇化混合A、民生加银景气行业A、广发双擎升级A、大摩领先优势、中欧时代先锋A、华安智能生活A、中欧消费主题A、鹏华新兴产业。

好家伙,不多不少正好8只。其实,作为普通投资者,完全没有必要持有这么多基金,我的观点是一般不要超过5只,最多不要超过7只,否则你不就成了指数基金经理吗?

生活的智慧,最重要的就是守住本心、回归初心。因此,对于这位朋友,我给出的建议首先就是精简数量,合并同类项。

查看Wind资料得知,在这8只基金中,除了中欧时代先锋A和中欧消费主题A都是股票型基金、属于同一家公司,余下的6只都是混合型基金。我们逐一看看当时它们各自的规模和投资风格。

在两只普通股票型基金中,中欧时代先锋A的规模是142.29亿元,投资风格为大盘平衡型;中欧消费主题A的规模是2.5亿元,投资风格为大盘中盘平衡型。后者略占优势。

6只混合型基金的规模和投资风格如表3-1所示。

表3-1 案例中6只混合型基金的规模和投资风格

序 号	基金名称	基金规模(亿元)	投资风格
1	鹏华新兴产业	49.52	大盘中盘平衡型
2	广发双擎升级A	143.82	大盘平衡型
3	华安智能生活A	88.88	大盘平衡型

续表

序　号	基金名称	基金规模（亿元）	投资风格
4	民生加银城镇化混合A	4.82	大盘平衡型
5	民生加银景气行业A	14.46	大盘平衡型
6	大摩领先优势	3.62	大盘平衡型

其中，鹏华新兴产业略占优势。

从年内阿尔法（超额收益）对比来看，华安智能生活A、民生加银景气行业A、中欧时代先锋A、大摩领先优势处于后4位。

从年内风险收益对比来看，华安智能生活A、民生加银景气行业A、中欧时代先锋A、大摩领先优势处于后4位。

经过综合对比分析，我建议保留鹏华新兴产业、中欧消费主题A、民生加银城镇化混合A、广发双擎升级A这4只基金。此后基金的业绩表现如表3-2所示，证明我当时的选择基本正确。

表3-2　案例中8只基金的业绩表现

基金名称	基金代码	基金类型	年度回报率			
			2017年	2018年	2019年	2020年
民生加银城镇化混合A	000408	混合型	19.24%	-26.74%	73.53%	74.35%
民生加银景气行业A	690007	混合型	20.14%	-15.88%	61.34%	67.78%
广发双擎升级A	005911	混合型	—	-1.70%	121.69%	66.36%
大摩领先优势	233006	混合型	18.72%	-23.26%	24.34%	50.47%
中欧时代先锋A	001938	股票型	34.79%	-11.80%	65.53%	56.47%
华安智能生活A	006879	混合型	—	—	62.06%	19.90%
中欧消费主题A	002621	股票型	31.06%	-17.33%	71.43%	53.40%
鹏华新兴产业	206009	混合型	11.86%	-16.71%	44.01%	64.85%

数据来源：Wind。

变盘有征兆，转折有迹象。无论国际风云如何变幻，A股有其自身的运行规律。只要我们守住初心，就可以实现买对基金为自己加薪的目标。

3.1.2　300万元能否这样配置

2021年4月，某银行的朋友问："吴老师，我这边有位客户刚刚卖了房子，有300万元左右，您看如何进行资产配置？"

我问她："这位客户的年龄有多大？具有什么样的风险偏好？这笔资金大概

能放多久？客户的目标收益率大概是多少？他能够承受多大的回撤？"

她告诉我：这位客户与他们银行是初次打交道，可以接受基金产品，但按照他们行里的评级标准，风险评估只有4级，所以股票型基金不能推荐，除非投资者改风评。资金放上一年没问题。

于是，我让她先给出产品推荐建议，我帮着参谋一下。她很快拟出了草案：第一，现金类产品（建议比例为10%~20%）；第二，固收类产品（建议比例为40%~50%）；第三，权益类产品（建议比例为20%~30%）；第四，商品类产品（建议比例为5%~10%）。

我看了以后哑然失笑，虽然金融产品的底层资产主要是货币、债券、股票、大宗商品四大类，但资产配置并不是要面面俱到的。

对于以往没有接触过基金的人而言，推荐超过其风险承受能力的基金产品显然不太合适。在现实生活中，我们可以发现，资金少的人投资风格往往相对激进，资金多的人投资风格常常相对稳健。要想改变一个人的风险偏好，只能增加其认知能力。就像一个人刚刚拿到驾照，在初次开车上路时，车速一般是不会快的，只有慢慢熟练了，他才会按照不同的路段和路况选择不同的车速。同样，在一个人还没有掌握足够的金融知识之前，其投资风格会相对保守，我们应当允许这个人保持原有的投资方式。

在投资中有一个"100-年龄"法则，即在（100-年龄）后加上百分号等于风险投资比例。比如某人60岁，100-60=40，那么风险投资比例就是40%。按照这个法则，大家可以根据自身需求和承受能力来决定投资的比例。

各年龄段投资者的风险承受表现特征、投资回报期望值和产品配置建议如表3-3所示。

表3-3　各年龄段投资者的风险承受表现特征、投资回报期望值和产品配置建议

投资者	风险承受表现特征	投资回报期望值	产品配置建议
25岁以下或积极型投资者	不怕输	10%以上	侧重于权益类资产如股票
26~54岁或稳健型投资者	想要赢	6%~10%	债券与权益类资产（股票或偏股型基金）并重
55岁以上或保守型投资者	不能输	3%~5%	偏重债券（如国库券）

年龄是投资风险测量所要考虑的主要要素，但还要结合考虑其他承受要素。像这位投资者的投资风格相对稳健保守，资金只能放一年，又是初次打交道，故

推荐的产品可以是大额存单、结构性存款、定期储蓄、国债、理财产品、偏债混合型基金等。可以采取历史上保本基金的操作策略，先建一个安全垫，再用少量资金去投资风险略高的产品。

以这位投资者300万元的闲置资金为例，如果全部拿去买以往的保本理财产品，按4%的收益率计算，则可以获利12万元；如果全部投资风险资产，则赢亏不定，寝食难安。那怎么办？我们现在给他制订一份资产配置计划：拿出270万元购买保本理财产品，这样可以保证有10.8万元的收入；另外30万元用来购买基金。这样一来，这位投资者可接受的波动范围马上就变成了（-36%，+∞），也就意味着即使30万元投资亏损36%，300万元本金依然毫发无损，如果30万元投资基金按照单笔买入+定投的方式进行，最终获利36%，那么这笔组合投资的收益率将是7.2%，远远超过同期理财产品的收益率。这就是资产配置的魅力。

通过上述案例，大家可以思考一下：究竟什么是资产配置？

通俗地讲，资产配置是一种投资方法，是将资金科学地按照一定比例分配在股票、债券、货币、商品等不同资产类别上，形成资产组合的方法。资产配置既是一种投资理念，也是一种投资技巧，还是一种投资艺术。在很多人看来，它既简单又复杂。

我们可以把可投资资产进行品类和市场分类，首先是品类，比如股票、债券、房产；其次是市场，比如股市、债市、外汇市场、期货市场。在分好类之后，按一定的配比买入资产，这就是资产配置。

在投资中存在"不可能三角"，即不存在高收益、低风险、高流动性三者兼备的产品，正所谓"鱼和熊掌不可兼得"，我们需要进行取舍。例如，国债安全性高、流动性较好、收益较低；货币型基金安全性高、流动性好、收益低；股票安全性低、流动性好、收益高。因此，高流动性、低风险、高收益相互之间可以两两组合，但不能三者兼得。

因此，长期不用的钱可以用来投资股票等权益类资产，短期不用的钱可以通过货币型基金打理，未来特定时间有支出需求的钱可以用来配置国债。

虽然每个人的风险承受能力与风险承受意愿是不同的，但资产配置的理念适用于所有人。例如，不配置权益类资产则无法抵御货币贬值的风险；不配置保障类产品则无法抵御人生风险；不配置黄金类产品则无法抵御货币信用风险……

风险是什么？直白地说，风险就是不确定性，证券投资的风险就在于投资的收益具有不确定性。体育界有一句名言："足球是圆的。"这意味着比赛结果具有不确定性。因此，一支足球队既要有前锋，也要有中场，还要有后卫，更要有守门员，队员之间相互配合才能取得胜利。后卫不但可以防守，在全攻全守的踢法中，后卫还是隐藏在后面的进攻力量，伺机插上可以直接参与前锋线的进攻。从世界杯足球赛中可以发现，一支球队既要会进攻，也要会防守。唯有这样，才能立于不败之地。

基金按照资产配置的不同，可以分为股票型、混合型、债券型、货币型，它们就像足球队中的前锋、中场、后卫、守门员，组合起来才会获得好的结果。

《孙子兵法》有云："胜兵先胜而后求战，败兵先战而后求胜。"意思是说：胜利之师是先具备必胜的条件再交战的，而失败之军总是先同敌人交战，然后祈求从苦战中侥幸取胜。所以，我们要将资金分散到相关性较低的不同类型资产、不同区域资产、不同行业资产中去，跨行业、跨品种、跨市场、跨周期、跨公司，才能无惧牛熊，在弱市中获得好的结果。

3.2 体、面、线、点话配置

资产配置就像生活中既需要走路又需要坐车一样，走路相对安全，坐车相对便捷，要想安全、快捷地到达目的地，必须进行合理规划。投资理财也是这样的，而资产配置就是为了避免我们在路上走得太过激进或过于谨慎，让我们在安全、平稳的状态下尽早到达目的地。

3.2.1 财富帆船理论

现在市面上流行的资产配置理论有很多，令我印象深刻的是财富帆船理论、标准普尔家庭资产象限图、生命周期消费理论和美林投资时钟理论，这些理论对提高投资者自身的认知能力很有帮助。

以财富帆船理论（图3-1）为例，当我们有了一份工作或较稳定的薪金收入后，就开始驾驶自己的财富之舟航行在波涛汹涌的大海上。这个海浪就代表通货膨胀。

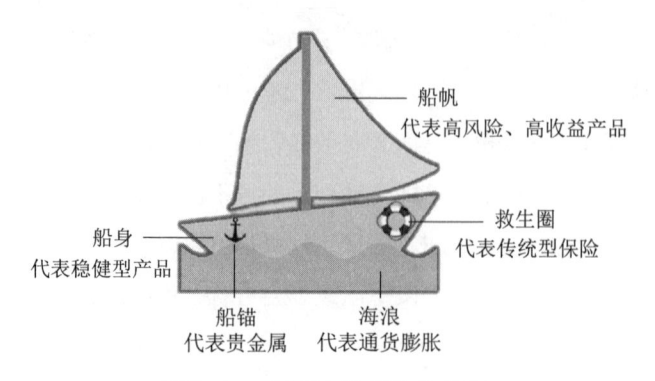

图3-1 财富帆船理论示意图

那什么是通货膨胀呢？简单地说，流通中的货币发行量超过流通中实际需要的货币数量，导致货币贬值，这就叫"通货膨胀"。由于货币是由国家发行并强制流通的价值符号，所以，只要发行流通货币，就会产生通货膨胀。通货膨胀就像一个"小偷"，悄悄地盗窃着我们的财富，侵吞着货币购买力。

假设你将10 000元以一年期储蓄的方式存入银行里，存款利率是1.5%，通货膨胀率是2.5%，从表面上看本金没有损失，实际上这笔钱是在贬值的。一年后，虽然本金10 000元加上利息变成了10 150元，但在通货膨胀率为2.5%的情况下，其实际购买力仅相当于9 896.25元，即10 150×（1-2.5%）=9 896.25（元）。

根据经济学上的定义，3%以下的通货膨胀叫"温和的通胀"，5%以上的通货膨胀就叫"恶性的通胀"。要使我们的财富不缩水，就要讲究投资理财，就要跑赢通货膨胀。

图3-1中的船身代表稳健型产品，如存款，假设将个人的资产全部存入银行里做储蓄，显然是跑不赢通货膨胀的，财富就会缩水，所以我们要给船加一个船帆，让船跑得快一些，船帆的大小就代表着我们承受风险的能力，可以放基金、股票、期货、权证等权益类资产。

人生的航船不可能一帆风顺，可能会遇到风险，一是意外，二是疾病，因此我们要给航船加一个救生圈。这个救生圈就代表保险。

此外，航船需要靠岸停泊、补充给养，所以还要加一个铁锚。这个铁锚就代表黄金。大家应当知道，货币的流通是建立在政府信用基础上的，如果发生地缘战争、政治动荡等，那么一麻袋的纸币可能没有用处，而黄金却能让你绝处逢生。因此，我们有必要配置一定数量的实物黄金，占家庭资产的5%~10%。

总结一下：在海浪（通货膨胀）的阻挠下，我们要打造一艘船身（固收类资产）稳固、船帆（权益类资产）大小得当，并配有救生圈（保障型资产）和铁锚（避险资产）的财富之舟，方能"长风破浪会有时，直挂云帆济沧海"。

3.2.2 标准普尔家庭资产象限图

如果说财富帆船理论（图）给人的感觉是立体的，那么标准普尔家庭资产象限图就是平面的，其特点就是把钱放在四个账户，合理分散投资，不混用，不串户，从而让日子过得有条不紊，如图3-2所示。

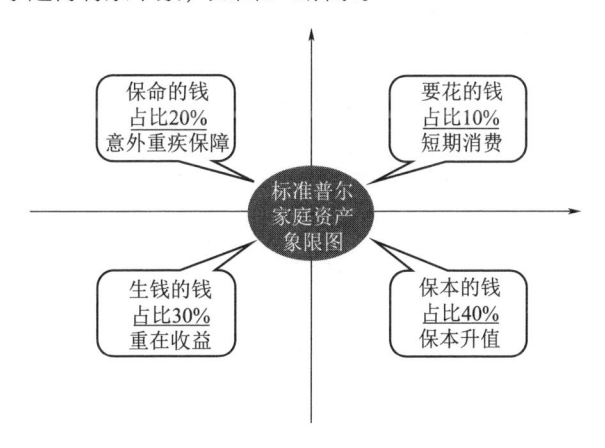

图3-2 标准普尔家庭资产象限图

第一个账户里（第一象限）是要花的钱，一般占家庭资产的10%，为家庭3~6个月的生活费，应对衣、食、住、行等日常开销。由于这个账户主要应对短期开支，随时要用，故产品建议为货币型基金、同业存单指数基金、银行的短期开放式理财产品、活期存款等。

第二个账户里（第二象限）是保命的钱，一般占家庭资产的20%，目的是以小博大（人寿保险），专门应对突发的大额开支，支援家庭意外。人间事情再大，莫过于生死。这个账户要专款专用，主要用来保障当家庭成员出现意外事故、重大疾病时，能有足够的钱来保命，故产品建议为意外伤害险和重大疾病保险。

第三个账户里（第三象限）是生钱的钱，一般占家庭资产的30%，通过风险投资为家庭创造收益，赚取高额回报。这个账户的关键在于合理控制风险，无论亏损多少，对家庭不能造成致命性的打击，这样才能从容面对未来，故产品建议为基金、股票、房产等。

第四个账户里（第四象限）是保本的钱，一般占家庭资产的40%，主要包括家庭成员的养老金、教育金等，用来保本升值。由于这个账户要保证本金安全，并能抵御通货膨胀的侵蚀，所以收益不一定要高，但要能持续增长，每年或每月有固定的钱进入这个账户里，能够积少成多，故产品建议为债券、银行一年期以内的封闭式理财、年金险、信托等。

俗话说："人无远虑，必有近忧。"标准普尔家庭资产象限图把家庭资产分成4个账户，这4个账户的作用不同，所以资金的投资渠道也各不相同。一句话概括就是：要花的钱、保命的钱、生钱的钱、保本的钱，比例是1∶2∶3∶4。

有些人质疑"标普图"并非出自标普公司，因为该图在该公司网站上没有出现过，其实这无关紧要。在我看来，关键在于我们要承认这个理论的可行性，将资金分成4个账户，按照合理的比例进行规划，平衡风险与收益的关系，这样就能保证家庭资产长期、持续、稳健地增长。

3.2.3 生命周期消费理论

如果把人生看成一条直线，以结婚、生子、子女成家、退休为重大节点，那么生命周期就可以分成家庭形成期、家庭成长期、家庭成熟期、家庭衰老期。

这4个周期的特点可以概括如下。

（1）家庭形成期：25～35岁，起点为择偶结婚，终点为子女出生。家庭支出增长，保险需求增加，股票基金定投，追求收入成长，避免透支信贷。

（2）家庭成长期：30～55岁，起点为子女出生，终点为子女独立。家庭支出固定，教育负担增加，保险需求高峰，购房偿还房贷，投资股债平衡。

（3）家庭成熟期：50～65岁，起点为子女独立，终点为夫妻退休。收入达到巅峰，支出逐渐减少，保险需求降低，准备退休基金，控管投资风险。

（4）家庭衰老期：60～90岁，起点为夫妻退休，终点为一方身故。稳健收入为主，医疗休闲支出，终身寿险节税，领用退休年金，固定收益为王。

针对不同家庭生命周期，资产配置情况可参见表3-4。

表3-4 不同家庭生命周期的资产配置情况

周期	形成期	成长期	成熟期	衰老期
夫妻年龄	25~35岁	30~55岁	50~65岁	60~90岁
保险安排	随家庭成员增加提高寿险保额	子女教育年金储蓄高等教育金	养老险或年金产品储备退休金	投保长期看护险受领即期年金
需求重点	购房置产	子女教育	退休安养	财富传承
基金配置	偏股型基金70%	偏股型基金60%	偏股型基金50%	偏股型基金20%
	债券型基金10%	债券型基金30%	债券型基金40%	债券型基金60%
	货币型基金20%	货币型基金10%	货币型基金10%	货币型基金20%
信贷运用	信用卡、小额贷款	房屋贷款、汽车贷款	还清贷款	无贷款

资料来源：笔者整理。

3.2.4 美林投资时钟理论

资产配置理论在投资领域最为成功的应用是"美林投资时钟"。

这是美国著名投行美林证券（Merrill Lynch，在2008年全球金融危机后成为美银美林）在研究了美国1973—2004年的30年历史数据之后，于2004年发表的著名的大类资产配置理论。

该理论如果画图来演示，那么水平横轴代表CPI（通货膨胀率），垂直纵轴代表GDP（经济增长率），也就是说，衰退期、复苏期、过热期、滞胀期以顺时针的方式顺序循环，如图3-3所示。这张图好像一座时钟，因此得名"美林投资时钟"。

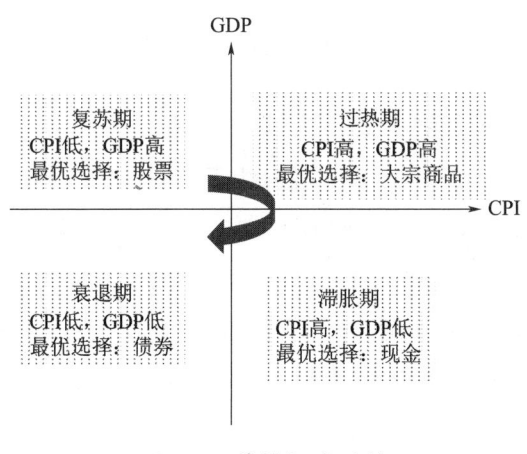

图3-3 美林投资时钟

我们在进行"大类资产"配置时，美林投资时钟理论起到了原则上的指引作用。该理论按照经济增长率（GDP）和通货膨胀率（CPI）这两个宏观指标的高和低，将经济周期分成了衰退期（CPI低+GDP低）、复苏期（CPI低+GDP高）、过热期（CPI高+GDP高）、滞胀期（CPI高+GDP低）4个阶段。经济周期从左下方的衰退期开始，4个阶段顺时针推进，在这个过程中，债券、股票、大宗商品、现金依次表现出优于其他资产的特性。

显而易见，美林投资时钟是将资产轮动与行业运转及经济周期联系起来的一种直观的方法，通过经济周期、通货膨胀周期与政策周期的划分和定位对大类资产轮动的规律进行了总结，简约而不简单地回答了"在经济处于某种情况时应该买什么"的资产配置问题。

（1）衰退阶段：经济增长减速，通货膨胀下行。中央银行削减短期利率以刺激经济恢复到可持续增长路径上来，进而导致收益率曲线急剧下行。在衰退阶段，就整体表现而言，债券>现金>股票>大宗商品，债券是最佳选择。

（2）复苏阶段：货币政策宽松，经济增长加速，通货膨胀尚未回升。企业盈利大幅上升，债券的收益率仍处于低位，但中央银行仍保持宽松的货币政策。这个阶段是股权投资者的"黄金时期"。在复苏阶段，就整体表现而言，股票>债券>现金>大宗商品，股票与股票型基金是最佳选择。

（3）过热阶段：企业生产能力增长速度减慢，经济减速，通货膨胀上行。中央银行加息以求将经济拉回到可持续增长路径上来。在过热阶段，就整体表现而言，大宗商品>股票>现金>债券，大宗商品（原油、钢铁、农产品等）是最佳选择。

（4）滞胀阶段：经济增速开始下降，通货膨胀却继续上升。企业的盈利恶化，股票表现糟糕。在滞胀阶段，就整体表现而言，现金>债券>大宗商品>股票，现金（如货币型基金）是最佳选择。

任何理论的使用都要因地制宜，不能全盘照搬。比如我国各类资产呈现出更为明显的顺周期性：当经济增速上行时，股票和大宗商品的超额回报最高；当经济增速下行时，债券类资产的回报会不断显现。

美林投资时钟理论最大的贡献在于确定了衰退、复苏、过热、滞胀4个经济周期和对应投资品种的收益排序，但其最大的问题是无法及时地找到经济周期发生变化时的拐点,这主要是由两个方面的原因造成的。

第一是连续性。美林投资时钟理论对于每个经济周期都要求其经济指标是连续上行或下行的,那么如何定义"连续"就成了关键问题。如果在一段时间内CPI处于上涨趋势,但是其中某个月的CPI有所下降,那么是否应该将其定义为拐点呢?

第二是数据的更新频率。宏观经济数据的更新频率是不统一的,以国内公布宏观经济数据的频率为例,CPI、PPI等通货膨胀类数据每个月更新一次,其连贯性和统一性比较容易跟踪;而GDP等经济增长类数据的更新频率为季度,这就造成投资者无法在短期内判断GDP的趋势是否发生改变,进而难以迅速判断拐点是否出现。

不过,凡事都不能钻牛角尖,看问题不能一根筋。我们只需要把握住经济周期的机理,明确经济周期存在的客观性,做到当经济上行时保持警惕,当经济下行时抱有希望,而不需要追求具体的周期长度。宁要"模糊的正确",不要"精确的错误"。事实上,我们仅仅需要知道现在经济运行大概率处在哪个阶段,顺势而为足矣。

简单概括一下:财富帆船理论是"体",解决的是投资风险比例,也就是"仓位"问题;标准普尔家庭资产象限图是"面",解决的是投资账户,也就是"资金"问题;生命周期消费理论是"线",解决的是投资节点,也就是"时间"问题;美林投资时钟理论是"点",解决的是投资对象,也就是"风口"问题。

人生路漫漫,选择很关键。资产配置可谓真知灼见,虽然不是包治百病的灵丹,但却是普通大众投资理财征途中的良药,可以帮助我们降低投资风险。

3.3 资产配置纵横谈

俗话说:"鱼生火,肉生痰,青菜豆腐保平安。"买基金也一样,要根据需要,合理搭配。

3.3.1 比较波动之方法

全球不良资产最大买家——橡树资本创始人霍华德·马克斯说过,"波动"不是风险,"永久损失"才是真正的风险。

我们一般会把投资收益率的不确定性称为风险,通常可以用方差和标准差进行衡量。

统计学中的方差(样本方差)是每个样本值与全体样本值的平均数之差的平方和的平均数,用于衡量源数据和期望值(均值)之间的偏离程度。方差越大,这组数据就越离散,数据的波动也就越大;方差越小,这组数据就越聚合,数据的波动也就越小。

方差的开平方即算术平方根就是标准差,也就是一组数据偏离其均值的离散程度。样本方差和样本标准差都是衡量一个样本波动大小的量,样本方差或样本标准差越大,样本数据的波动就越大。

可以用公式来这样表示:

$$方差 D('x') = \frac{\sum_{i=1}^{n}(x_i = \overline{x})^2}{n}$$

其中,x_i 表示个体,$\overline{x}$ 表示样本的平均数,n 表示样本的数量。

$$标准差\ \sigma = 方差的算术平方根 = \sqrt{D('x')} = \sqrt{\frac{\sum_{i=1}^{n}(x_i - \overline{x})^2}{n}}$$

举个例子,有一对双胞胎兄弟在同年级参加了6次数学考试,成绩如下。

哥哥:第一次95分,第二次85分,第三次75分,第四次65分,第五次55分,第六次45分。

弟弟:第一次73分,第二次72分,第三次71分,第四次69分,第五次68分,第六次67分。

哥哥和弟弟的数学平均分都是70分,但波动情况明显不同,前者的方差是291.67,后者的方差是4.67;前者的标准差是18.708,后者的标准差是2.366。这说明弟弟的成绩较哥哥的成绩波动要小,相对稳定。

如果置换成基金业绩,则说明前者起伏大,后者相对平缓。作为稳健型投资者,假设是一次性买入,那么可以考虑后者;假设是定投参与,则也可以考虑后者。

方差和标准差可以帮助我们衡量非货币型基金的波动情况。或许有人会觉得计算有点儿麻烦，这里用Excel表格轻松搞定。

（1）利用VAR函数计算方差。

打开Excel表格，选择单元格，输入"=VARP"，双击弹出框中的VARP，随后框选要计算的单元格区域，按下回车键即可计算出方差。

（2）利用STDEV函数计算标准差。

打开Excel表格，选择单元格，输入"=STDEVP"，双击弹出框中的STDEVP，随后框选要计算的单元格区域，按下回车键即可计算出标准差。

需要提醒大家注意的是，由于Excel版本原因或选取样本的不同，输入函数尾缀略有出入，会影响计算结果，但熟能生巧，这种方法对于比较基金波动显然是十分方便的。

一般而言，投资者希望收益率和流动性更高，而不希望方差太大，这就是资产配置努力的方向。

3.3.2 这句名言是谁最先说的

简单来说，资产配置就是资金在不同用途之间进行分配。

《塔木德》一书中就有关于资产配置的语句："每个人应该把自己手头的钱分为三等份，一份用来投资土地，一份用来投资生意，一份留做预备，应对不时之需。"

按照现代人的理解，一个人应当将其总资产分为三种形式：1/3，"土地"就是房地产；1/3，"生意"就是权益类资产；1/3，"预备"就是流动性资产。

大家可能并没有意识到这就是"分散投资"的思想，但有一句话耳熟能详，那就是"不要把所有的鸡蛋放在一个篮子里"。

引申去理解，这句名言告诫我们不要把所有的资金都投入一件事情上，应该做多手准备，防患于未然。此话之所以经典，是因为其中蕴含了一个非常重要的道理：分散投资，降低风险。

有人要问这句名言是谁最先说的，答案其实已经不重要了。

而今，资产配置早已广为人知。当然，对于不同类型的投资者而言，资产配置的含义也不尽相同。从理论上讲，市场风险可以分为系统性风险和非系统性风险。

系统性风险包括政策风险、经济周期性波动风险、利率风险、购买力风险、汇率风险等。如2020年疫情对全球经济与资本市场造成的影响，这是一种来自宏观的整体风险，虽然发生的概率较小，但这种风险不能通过分散投资相互抵消或者被削弱，所以被称为"不可分散风险"。

非系统性风险是一种与特定公司或者行业相关的风险，它与经济、政治和其他影响所有金融变量的因素无关，包括财务风险、经营风险、信用风险、偶然事件风险等。例如，2011年12月7日晚，重庆啤酒公布了历经13年的乙型肝炎疫苗研发项目失败了，由此连续收获了9个一字跌停。该事件只对重庆啤酒和重仓该股票的大成基金公司有影响，并没有扩散到其他行业。由于非系统性风险可以通过投资多样化被分散掉，所以也被称为"可分散风险"。

公说公有理，婆说婆有理。围绕资产配置这一理论的口水仗一直没有停歇，但我们发现当下市场的复杂程度超乎想象，所以资产配置的投资手段绝对不是用"聪明"或"愚蠢"就能一言以蔽之的。

纵观历史，迄今为止还没有一种只赚不赔的投资理论，资产配置理论也一样，它既是一门科学，也是一门艺术。随着投资者认知能力的提升，照样会涌现出无数忠诚的实践者。

3.3.3 资产配置关注相关性

有人认为资产配置就是"什么赚钱投什么""怎样赚得多就怎样来"。其实，这种理解是存在偏差的。资产配置的首要关键词是"平稳"，虽然不能保证赚的钱一定是最多的，但至少能确保鸡蛋不会同时碎在一个篮子里。简而言之，资产配置就是在一个投资组合中选择资产的类别并确定其比例的过程。所以，了解资产种类的收益率、方差、相关性等假设是进行资产配置必不可少的一个步骤。

当今世界，资产的类别可分为实物资产和金融资产。其中，实物资产包括房产、艺术品等，金融资产包括股票、债券、基金等。

当我们面对形形色色的资产，考虑应该拥有哪些资产、每种资产应占多少比重时，资产配置的决策过程就开始了。

在实践中，对于资产配置，大家更多地关注分散化和多样化，但往往忽视了另一个因素，那就是相关性。资产的相关性就是在同一时间和空间下，两种资产涨跌之间的关系。如果同涨同跌，那就是正相关；如果此涨彼跌，那就是负相关。

我们面临的挑战是要找到负相关、不相关或者至少弱相关的资产对象，否则我们依然无法化解风险。故有效利用资产之间的负相关才可以抵御资产波动带来的风险，比如我们最为熟知的股市和债市、美元和黄金、美元和石油、美元和日元等。

我们必须认识到，一个资产配置的组合能不能降低整体风险，仅仅把资产分散配置到不同种类中是不够的，还要取决于组合内各品种之间的相关性。将相关性较弱的资产配置到一个组合中是大有裨益的，这是因为在一种资产下跌时，另一种资产下跌的概率较小，所以组合的风险较小。这样，在发生市场大幅波动、甚至遇到金融危机等极端事件的情况下，投资组合的抗跌性要远远强于集中于少数资产或个别证券的组合的抗跌性。

用于衡量相关性的指标叫相关系数，相关系数在1和−1的区间内波动。相关系数越接近于0，相关性越弱；相关系数的绝对值越接近于1，相关性越强。在进行资产配置的过程中，一定要有不相关或至少弱相关的资产，避免正相关或正相关性较高的资产。例如，股票和国债的相关性通常弱于股票和股票型基金的相关性，农业主题型基金和军工主题型基金的相关性通常弱于创业板主题基金和新能源主题基金的相关性。

需要强调的是，资产的相关性是动态的，不是一成不变的，通过历史数据得出的相关系数具有一定的参考性，但不能迷信。

因此，我们既要选择风险与自己的风险承受能力相匹配的资产，也要选择相关性比较弱的资产，形成互补或对冲，避免同涨同跌，才能更好地满足资产增值、风险控制、时间跨度、资金流通等方面的需求。

3.4 与你谈谈"固收+"

2021年"五一"假期，我吃了一道很特别的菜，叫"腊味蒸白干"——最下面是层层白豆腐干，在白豆腐干上面铺一层腊肉，在腊肉上面再铺一圈香肠，出锅时再撒一点儿香葱。食材虽简单，但色、香、味俱全，感觉好极了。由此我联想到了"固收+"投资。

3.4.1 股债轮动可组合

我们都听过《龟兔赛跑》的故事，而市场里的"兔子"和"乌龟"是会相互转化的，这是由经济周期和行业景气度决定的。

风险是涨出来的，机会是跌出来的。历史数据表明，股票、债券、大宗商品等，市场上没有哪种资产是只涨不跌的，也没有哪种资产是只跌不涨的，所以在资产组合里就有一种动态再平衡策略，即卖掉一部分上涨快的资产（兔子），同时买入一部分下跌或者跑得慢的资产（乌龟）。实际上这就是一种"高抛低吸"的策略，通过纪律来约束自己的投资行为，从而达到卖高买低的效果，这既符合市场轮动的特点，又能够实现风险和收益的平衡。

2003—2020年上证综指和中证全债的表现为：同涨7次，同跌2次，互为涨跌9次。由此可见，股票和债券之间在绝大多数情况下是一个跷跷板的关系。这就给了我们一个启发：可以利用股债负相关性的特点构建投资组合，从而横跨牛熊，战胜通货膨胀。

以股债组合恒定比例为例，2003—2020年，按9∶1组合累计收益率为150.83%，按5∶5组合累计收益率为130.92%，按2∶8组合累计收益率为115.98%，均取得了平衡波动、实现收益的效果，如表3-5所示。

表3-5 股债组合收益率

年 份	上证综指涨跌	中证全债涨跌	年初恒定比例		
			9∶1组合	5∶5组合	2∶8组合
2003年	10.27%	1.19%	9.36%	5.73%	3.01%
2004年	-15.40%	-1.55%	-14.02%	-8.48%	-4.32%
2005年	-8.33%	11.83%	-6.31%	1.75%	7.80%
2006年	130.43%	2.81%	117.67%	66.62%	28.33%
2007年	96.66%	-2.41%	86.75%	47.13%	17.40%
2008年	-65.39%	15.94%	-57.26%	-24.73%	-0.33%
2009年	79.98%	-1.40%	71.84%	39.29%	14.88%
2010年	-14.34%	3.10%	-12.60%	-5.62%	-0.39%
2011年	-21.68%	5.88%	-18.92%	-7.90%	0.37%

续表

年 份	上证综指涨跌	中证全债涨跌	年初恒定比例		
			9：1组合	5：5组合	2：8组合
2012年	3.17%	3.52%	3.21%	3.35%	3.45%
2013年	-6.75%	-1.07%	-6.18%	-3.91%	-2.21%
2014年	52.87%	10.82%	48.67%	31.85%	19.23%
2015年	9.41%	8.74%	9.34%	9.08%	8.87%
2016年	-12.31%	2.00%	-10.88%	-5.16%	-0.86%
2017年	6.56%	-0.34%	5.87%	3.11%	1.04%
2018年	-24.59%	8.85%	-21.25%	-7.87%	2.16%
2019年	22.30%	4.96%	20.57%	13.63%	8.43%
2020年	13.87%	3.05%	12.79%	8.46%	5.21%
累计收益率	155.81%	106.02%	150.83%	130.92%	115.98%

数据来源：Wind。

值得庆幸的是，有经验的投资者可以通过股债再平衡保持资产组合的稳定性；而针对缺乏经验的投资者，市场上有一类基金可以帮助其实现愿望，其操作策略就叫"固收+"。

3.4.2 掀开"固收+"的面纱

那什么是"固收+"呢？

打个比方，"固收"就相当于一杯纯奶茶，"+"就是额外添加的珍珠、芋圆、花生、葡萄干、烧仙草……"固收+"概括成一句话就是：以债打底，多策略增强。

"以债打底"就是主要投资于债券类的固定收益资产，以此为底仓，力争获得稳定的票息收益，为组合增强操作提供安全垫。

"多策略增强"就是除了投资纯债，还运用股票投资、股指期货、国债期货、可转债、打新、定增、量化对冲、量化多因子、量化套利、大类资产配置、CTA（商品交易顾问策略）等多种策略，平抑波动，增加收益。

究竟哪些"固收+"基金值得我们关注呢？透过历史之窗，我筛选了一些代表，让大家来探一探"迷宫"，如表3-6所示。

表3-6 代表性"固收+"基金

基金类型	基金简称	基金代码	年度回报率				
			2017年	2018年	2019年	2020年	2021年
一级债基	招商产业A	217022	3.02%	8.64%	6.71%	4.17%	6.50%
	兴全磐稳增利债券A	340009	1.90%	5.13%	6.88%	2.12%	10.93%
二级债基	南方宝元债券A	202101	9.02%	-2.51%	15.21%	13.95%	4.46%
	易方达裕丰回报	000171	8.56%	4.32%	11.76%	12.54%	6.22%
	工银瑞信双利A	485111	-0.29%	9.61%	8.90%	7.02%	1.97%
	光大安和A	003109	9.82%	4.62%	8.75%	7.09%	2.93%
	鹏扬汇利A	004585	1.25%	5.76%	8.62%	4.63%	5.88%
灵活配置型	安信稳健增值A	001316	8.78%	5.10%	11.40%	5.79%	7.53%
	银华汇利A	001289	5.64%	5.86%	7.81%	8.10%	4.14%
	中欧琪和A	001164	6.39%	5.77%	5.81%	9.53%	6.18%
	易方达稳健收益A	110007	4.55%	1.33%	14.96%	6.13%	8.66%
	广发趋势优选A	000215	13.74%	2.25%	11.16%	7.69%	3.92%
	中银新回报A	000190	12.17%	0.75%	13.44%	18.01%	-0.23%
偏债混合型	长城新优选A	002227	9.27%	4.82%	10.83%	7.08%	3.94%
	泰康宏泰回报	002767	12.44%	1.78%	15.82%	13.84%	4.92%
量化对冲	海富通阿尔法对冲A	519062	9.14%	6.35%	8.26%	4.05%	2.10%
偏债FOF	兴全安泰平衡养老	006580	—	—	21.08%	26.89%	6.36%
	交银安享稳健养老一年	006880	—	—	3.61%	10.03%	4.51%

数据来源：Wind。

1. 混合债券型一级基金

混合债券型一级基金通过主要投资于债券品种（债券仓位不低于80%），为基金持有人创造较高的当期收益和总回报，实现基金资产的长期稳健增值。其投资范围为"固收+可转债"，投资特点为"可以参与一级市场新股申购，但不能主动参与二级市场股票交易"。有的一级债基名称里带有"添利""增利""稳健"等字样，如表3-7所示。

表3-7 代表性混合债券型一级基金简介

基金名称	成立时间	2021年年底规模	时任基金经理	2021年年底各类资产占总值比			
				债券	股票	现金	其他资产
招商产业A	2012/3/21	142.50亿元	马龙	98.08%	0	0.20%	1.72%
兴全磐稳增利债券A	2009/7/23	26.35亿元	张睿	94.82%	0	0.90%	4.27%

2. 混合债券型二级基金

混合债券型二级基金以债券投资为主,以股票投资为辅,其投资范围为"固收+可转债+股票",既可以参与一级市场新股申购,也可以参与二级市场股票交易。从理论上讲其风险大于一级债基的风险。该类型基金的目标是在保持投资组合低风险和充分流动性的前提下,确保基金安全及追求资产长期稳定增值,如表3-8所示。

表3-8 代表性混合债券型二级基金简介

基金名称	成立时间	2021年年底规模	时任基金经理	2021年年底各类资产占总值比			
				债券	股票	现金	其他资产
南方宝元债券A	2002/9/20	152.56亿元	林乐峰	72.21%	25.51%	0.81%	1.48%
易方达裕丰回报	2013/8/23	410.77亿元	张清华	82.64%	13.32%	0.58%	3.46%
工银瑞信双利A	2010/8/16	162.00亿元	欧阳凯	82.19%	16.02%	0.41%	1.38%
光大安和A	2017/1/5	11.56亿元	沈荣、詹佳	83.73%	11.02%	1.02%	4.23%
鹏扬汇利A	2017/6/2	87.29亿元	杨爱斌、焦翠	81.23%	15.64%	1.54%	1.60%

3. 灵活配置型基金

灵活配置型基金通过对债券、股票等不同资产类别的动态配置以及个券精选去争取超额收益。由于基金持仓比例相对灵活,这在很大程度上考验着基金经理的功力,需要投资者关注,如表3-9所示。

表3-9 代表性灵活配置型基金简介

基金名称	成立时间	2021年年底规模	时任基金经理	2021年年底各类资产占总值比			
				债券	股票	现金	其他资产
安信稳健增值A	2015/5/25	152.96亿元	张翼飞、李君	76.86%	11.21%	1.36%	10.56%
银华汇利A	2015/5/14	48.53亿元	赵楠楠、王智伟	89.11%	8.58%	0.82%	1.49%
中欧琪和A	2015/4/7	23.16亿元	黄华、蒋雯文	87.57%	10.60%	0.40%	1.43%
易方达稳健收益A	2005/9/15	196.32亿元	胡剑	85.83%	11.70%	0.31%	2.17%
广发趋势优选A	2013/9/11	57.05亿元	谭昌杰	82.35%	16.02%	0.43%	1.20%
中银新回报A	2015/7/17	45.14亿元	李建	81.34%	16.12%	1.09%	1.46%

4. 偏债混合型基金

在偏债混合型基金中,债基的占比在80%之上,其余部分会投资股票、打新甚至股指期货、国债期货等,令整只基金的风险和收益同步提升,如表3-10所示。

表3-10　代表性偏债混合型基金简介

基金名称	成立时间	2021年年底规模	时任基金经理	2021年年底各类资产占总值比			
				债券	股票	现金	其他资产
长城新优选A	2016/3/22	15.55亿元	马强	82.52%	12.83%	0.48%	4.17%
泰康宏泰回报	2016/6/8	29.13亿元	桂跃强、蒋利娟	84.84%	12.64%	0.93%	1.60%

5. 量化对冲基金

量化对冲基金的投资范围是"固收+可转债+股票+衍生品",通过灵活的投资策略,采取有效的风险管理措施,在降低波动风险的同时获取绝对收益,如表3-11所示。

表3-11　代表性量化对冲基金简介

基金名称	成立时间	2021年年底规模	时任基金经理	2021年年底各类资产占总值比			
				债券	股票	现金	其他资产
海富通阿尔法对冲A	2014/11/20	47.03亿元	杜晓海、朱斌全	4.66%	69.95%	17.65%	7.75%

海富通阿尔法对冲A是全市场最成功的量化对冲基金之一,尤其是在2018年大盘下跌24.59%的熊市中,它却逆势上涨6.35%,令人眼前一亮。该基金经历过多轮牛熊,成立7年来(至2021年)均取得了正收益。

6. 偏债FOF

偏债FOF是以追求"稳健"为目标的基金组合,实际上就是打包一堆偏债基金,也属于"固收+"的范畴,但涉及的风险和收益还是要具体情况具体分析的,如表3-12所示。

表3-12　代表性偏债FOF简介

基金名称	成立时间	2021年年底规模	时任基金经理	2021年年底各类资产占总值比				
				基金	债券	股票	现金	其他资产
兴全安泰平衡养老	2019/1/25	22.35亿元	林国怀	86.98%	6.63%	3.06%	0.89%	2.44%
交银安享稳健养老一年	2019/5/30	244.15亿元	蔡铮	93.47%	4.92%	0.57%	0.43%	0.60%

上述偏债FOF的投资范围为"固收+可转债+股票+基金",投资特点为"公募基金的仓位不低于80%,以获取绝对收益为目标"。

通过上面列举的基金,特别是通过历史持仓比例(如2021年年底各类资产占总值比),我们可以发现:形式只是壳,内核很重要。在严格的风控管理下,基金经理会根据基金的表现和市场情况进行加减乘除，在保守和激进之间求得平衡，力争在保本的前提下提高收益率。

这里提取了2017—2021年5个年度的收益增长率数据，利用Excel表格计算方差和标准差的方法，很容易得到结果，如表3-13所示，大家可以据此选择与自己风险承受能力相匹配的产品。从这个例子中可以发现，中欧琪和A（基金代码为001164）的标准差最小，为1.42%，年度平均增长率是6.74%，波动性相对较小。因此，站在这个角度看，稳健型投资者可以考虑选择中欧琪和A。

表3-13 代表性"固收+"基金年度收益增长率简表

基金简称	年度回报率					平均数	方差	标准差
	2017年	2018年	2019年	2020年	2021年			
招商产业A	3.02%	8.64%	6.71%	4.17%	6.50%	5.81%	0.04%	1.99%
兴全磐稳增利债券A	1.90%	5.13%	6.88%	2.12%	10.93%	5.39%	0.11%	3.34%
南方宝元债券A	9.02%	-2.51%	15.21%	13.95%	4.46%	8.03%	0.42%	6.50%
易方达裕丰回报	8.56%	4.32%	11.76%	12.54%	6.22%	8.68%	0.10%	3.15%
工银瑞信双利A	-0.29%	9.61%	8.90%	7.02%	1.97%	5.44%	0.15%	3.92%
光大安和A	9.82%	4.62%	8.75%	7.09%	2.93%	6.64%	0.07%	2.55%
鹏扬汇利A	1.25%	5.76%	8.62%	4.63%	5.88%	5.23%	0.06%	2.38%
安信稳健增值A	8.78%	5.10%	11.40%	5.79%	7.53%	7.72%	0.05%	2.25%
银华汇利A	5.64%	5.86%	7.81%	8.10%	4.14%	6.31%	0.02%	1.47%
中欧琪和A	6.39%	5.77%	5.81%	9.53%	6.18%	6.74%	0.02%	1.42%
易方达稳健收益A	4.55%	1.33%	14.96%	6.13%	8.66%	7.13%	0.21%	4.58%
广发趋势优选A	13.74%	2.25%	11.16%	7.69%	3.92%	7.75%	0.18%	4.30%
中银新回报A	12.17%	0.75%	13.44%	18.01%	-0.23%	8.83%	0.53%	7.27%
长城新优选A	9.27%	4.82%	10.83%	7.08%	3.94%	7.19%	0.07%	2.60%
泰康宏泰回报	12.44%	1.78%	15.82%	13.84%	4.92%	9.76%	0.30%	5.43%
海富通阿尔法对冲A	9.14%	6.35%	8.26%	4.05%	2.10%	5.98%	0.07%	2.61%
兴全安泰平衡养老	—	—	21.08%	26.89%	6.36%	18.11%	0.75%	8.64%
交银安享稳健养老一年	—	—	3.61%	10.03%	4.51%	6.05%	0.08%	2.84%

数据来源：Wind。

3.4.3 "固收+"产品的投资策略

"固收+"是基于产品风险预算的合理配置，所追求的不是"相对收益"，而是"绝对收益"，需要以时间换空间。"固收+"产品不适合短期持有或者波段操作，持有1~3年比较合适。

就拿"腊味蒸白干"来说吧，固收部分像白豆腐干，可以吸味吸油，属于底仓压箱石品种，需要的是稳定性和可持续性，在传统操作上，底仓可以通过向久期要收益、向杠杆要收益和向信用阿尔法要收益增厚利润；而"+"的部分就像腊肉、香肠，可以增加美味，属于风险资产，具有进攻性。由于在底层固收产品的基础上配置了风险资产，一方面，其收益高于纯债基金和以纯债为主要投资标的的理财产品的收益，但其收益的波动性也会比后两者收益的波动性相对更高；另一方面，其波动性小于权益类和普通的混合型基金产品的波动性，但由于其收益相对稳定，长期持有该产品的收益不见得比持有权益类产品的收益差。

由于购买"固收+"产品主要是为了求稳，所以要追溯回撤数据，并加以分析。例如，股票最大回撤按-30%，债券最大回撤按-1%，按此标准计算股债2∶8（均衡型）的产品最大回撤是-6.8%，同理，股债1∶9（防守型）的产品最大回撤就是-3.9%。从中可以发现，对回撤的控制主要来自资产的配置比例。按此标准去衡量我们所关注的"固收+"基金，看最大回撤是否超出标准，如果回撤幅度超标了，那就不是理想的品种。

经过对比，我们不难得出"固收+"产品的优势：一是不怕股市下跌；二是回撤幅度比较小。同时也可以发现其劣势，主要就是"固收+"产品由于大部分底仓都是债券，其市场定位主要是理财产品的替代，所以不适合对收益要求比较高的投资者。

Wind数据显示，截至2021年年底，"固收+"产品（主要包括偏债混合型基金及二级债基）数量达1 074只，总规模约为1.95万亿元。据测算，"固收+"产品的平均股票仓位约为17%。如果股票按年化10%~20%、债券按年化4%的标准，股债17∶83，那么年平均收益率区间为5.02%~6.72%，其中，17%×10%+83%×4%=5.02%，17%×20%+83%×4%=6.72%。

前面介绍过，选择基金通常可以采用"五看"法：一看基金业绩；二看基金经理；三看基金公司；四看投资风格；五看波动率。而选择"固收+"产品除了常规的考察点，还可以重点考察单年度／单季度的业绩，而不是近多少年的业绩，尤其要考察基金在熊市中是否取得了正收益或亏损幅度比较小；还要考察历史最大回撤，尽可能把考察期拉长，最大回撤最好控制在7%以内；同时要观察基金在特殊时期的抗跌能力和回正及创新高的间隔时间，比如在2015年大幅下跌、2018年熊市、2020年春节后2月3日股市大幅下跌和3月全球股市下跌以及5月后的债市调整这些区间里的表现等，这样综合得出的结论才更加可靠。

在此需要特别指出的是，"固收+"指的是一种投资策略，并不是一个标准的基金分类，它最早起源于一级债基、二级债基，起初股票仓位只有10%~20%，随着市场的发展，业内也对偏债混合型基金、偏债FOF等多种基金类型打上了"固收+"标签，投资者千万不要望文生义。"固定收益"这个词很容易让人联想到稳定的正收益，觉得没有亏损的风险。值得注意的是，"固收+"不等于"固定收益+额外的正收益"，"固定收益"本身也不等于"固定的收益"。所谓的"固收+"是"+"资产和策略，管理人通过"+"多种资产和策略去相应提高组合的收益，与此同时也提高了组合的波动水平。管理人所追求的是在风险可控的前提下最大化组合收益，即夏普比率的最大化。在这样的长期目标下，短期仍然会受到权益市场行情的扰动，出现业绩不达预期的表现。拉长时间来看，我们需要对策略进行合理认知和预期、对产品进行准确定位、对管理人进行优选。

正因如此，投资者千万不要把"固收+"神化，一旦底层债券的收益不能抵消"+"部分的亏损，"固收+"就会变成"固收-"。对此，大家要有正确的认识。说白了，"固收+"是一种资产配置方法，其本质是将债券、股票、可转债、股指期货等不同类型的资产放到一个产品中，在控制风险的前提下，通过积极主动的资产配置，较好地平衡安全性和收益性。

作为资产配置中的"压舱石"，"固收+"以绝对收益为投资目标，在配置优质债券获取基础收益的基础上，寻找多种策略中确定性较强的机会，在承担较小波动的前提下，提高产品的整体收益。如此一来，既满足了居民理财"求稳"的需求，也兼顾了追求长期保值、增值的目标。所以"固收+"产品（如一级债基、二级债基）是基民成长过程中的中转站，可以作为稳健型投资者接受基金的切入点。

3.5 资产配置攻与守

世界再大，大不过一颗心；跑得再远，远不过一场梦。走出别人的眼神，收获心灵的自由，才是智慧的人生。

投资任何产品都存在风险，而风险和收益通常成正比。我们正处在一个资产配置的黄金时代，财富的积累、投资渠道的拓宽正让我们拥有越来越多的资产配置机会来规避单一市场的牛熊剧烈切换。股债利差（FED）就可以帮助我们判断当下投资选偏股还是选偏债。

3.5.1 股债利差

股债利差又称FED模型、美联储模型，已在国际上受到普遍认可。这个模型的思路很简单，就是对比股票和债券的收益率，利用二者的差值，即风险溢价的概念，确定当前点位的投资价值，类似于估值。

原版模型是以标普500指数市盈率的倒数和美国10年期国债收益率进行比较的。到了我国，则较多地采用沪深300或万得全A指数或中证500等常见指数与我国10年期国债收益率进行对比。

用计算公式可以直接表示为：

$$股债利差（FED）= 1 \div 股票市盈率 - 10年期国债收益率$$

市场上常用的指标还包括股权风险溢价、股债性价比和股债收益差等。虽然名称不同，但不论是计算差值还是计算商值，都万变不离其宗，实际上这类指标的构造方法是一致的。

股票和债券是投资领域最大的两类资产，经常互为替代品，就像天平的两端，会呈现出一高一低。股债利差就是股票和债券的收益相比，看谁的性价比更高，哪个更具投资价值。二者的差值越大，就意味着股票越有吸引力，大家应该将更多的资产配置在股票上；二者的差值越小，就意味着债券越有吸引力，大家应该将更多的资产配置在债券上。

通过上面的介绍可以发现，我们自己其实就可以粗略地做一套股权风险溢价的预警系统，无非就是两个指标：市场利率和股市盈利收益率。市场利率就是

10年期国债收益率，股市盈利收益率可以用沪深300市盈率的倒数来表示。股债比的计算公式为：

股债比=市盈率的倒数÷10年期国债收益率

从理论上分析，股债比越大，市盈率的倒数越大，股票市场的市盈率越低，投资股票的收益率越高。

根据上证指数，我们先把几个历史低点找出来，比如2005年、2008年、2014年和2018年，它们分别对应的市盈率是13倍、14倍、8倍和11倍，那么得到的倒数分别是7.7%、7.14%、12.5%和9.1%，再去找对应时点上的10年期国债收益率，分别是3%、2.7%、4.1%和3.3%，经过计算得到相应的股债比，分别是2.57、2.64、3.05、2.76。因此，保守来看，2.5以上的股债比应该就是一个被低估的市场数据，那时可以买入权益类资产，如股票、偏股型基金等。

那么，什么时候应该卖出呢？我们找最近两次大牛市估值的高点，2009年，市盈率是30倍，股市盈利收益率是3.3%，当时市场利率是3.5%，所以股债比不到1；2015年6月，市盈率是19倍，股市盈利收益率是5.3%，当时市场利率是3.6%，股债比是1.5。

这样我们就可以得到一个大致的结论：当股债比高于2.5时，基本可以算是市场的相对低点，可以增加股票资产的比重，如股7债3；当股债比低于1.5时就要谨慎了，此时要降低股票资产的比重；当股债比处于中间阶段1.5~2时，建议均衡投资，如股5债5；当股债比小于1时，建议离场。

需要着重说明的是，任何方法都不可能十全十美。股权风险溢价（股债比）是大类资产配置的风向标，这是一种长周期策略。它只能告诉我们市场的极端位置，并不能帮助我们把握每一个波段。因此，我们不能依靠股权风险溢价主动去做波段投资。

在绝大多数时间里，股权风险溢价可能会在两个极值之间摆动，那我们就可以通过观察股权风险溢价变化来调整股债比例。当股权风险溢价偏向买入点的时候，我们就逐渐加大股票的配置比例；而当股权风险溢价接近卖出点的时候，我们就逐渐减少股票的配置比例，增加债券和现金的配置比例；在中位数的时候，我们就以均衡为主，保持不动，始终留在市场中。股权风险溢价的重要作用就是可以提示我们在极端情况下全身而退，同时能够让我们在退出之后有机会再回来抄底。据业内人士统计研究，从2014年4月至2021年4月，股债性价比对未来一年内的股债相对收益的预测精度高达79%。

或许有人会担心自己没有时间和精力来计算股权风险溢价或股债利差，去哪里寻找相关数据呢？其实，随着计算机的大规模使用和智能手机的普及，这个问题非常容易解决。比如，我们可以通过Wind或韭圈儿App或南方养基通（微信小程序）找到股债性价比指标，根据当前数据所处历史百分位作出投资决策。

股债性价比到达历史高位，往往是股市低点；股债性价比到达历史低位，往往是股市高点。看股债性价比操作的要领就是：触顶，买股；触底，买债。

例如，2020年首个交易日（2月3日）A股大跌7.72%，采用"股债利差=1÷万得全A市盈率的倒数−10年期国债收益率"公式计算，可以得到当时股债利差的值约为3.63%，过去10年股债利差的平均值是2.49%，说明股票明显被低估了，具有投资价值，应该增加投入。事实证明，当年上证指数此后上涨了726.46点，涨幅为26.45%，如图3-4所示。股债利差为我们作出正确的投资决策指引了方向。

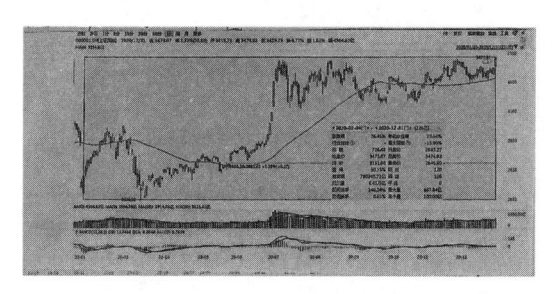

图3-4　上证指数走势图

资料来源：Wind。

3.5.2　资产配置策略选择

诺贝尔经济学奖得主哈里·马科维茨有一句经典名言："资产配置是投资市场唯一的免费午餐。"因此，科学的资产配置和投资组合才是财富管理的核心。

从范围上看，资产配置可分为全球资产配置、股票债券资产配置和行业风格资产配置。从时间跨度和风格类别上看，资产配置可分为战略性资产配置、战术性资产配置和资产混合配置。在这里，"战略性资产配置"是指对大类资产的投资性价比进行评估,从而确定不同类别资产占组合整体资产比例的过程;"战术性资产配置"是指对不同风格、行业、板块和赛道的资产进行评估,并向有可能占优的风格倾斜的过程;"资产混合配置"是指兼顾战略与战术二者特点进行组合配置的过程。

在实战中,资产配置策略可分为买入并持有策略、恒定混合策略、投资组合保险策略和动态资产配置策略。

例如,某人6月1日在A股市场上投资10 000元构建了一个组合,7 000元买了股票,3 000元买了债券,在总资产中,股票占比为70%,债券占比为30%。三个月之后,股票市值上涨25%,而债券市值没变;又过了三个月,股票市值下跌25%,而债券市值依然没变。请问:要如何操作才能保持股7债3的比例?这是什么策略的运用?

本案例的操作过程如表3-14所示。

表3-14 本案例的操作过程

日期	组合价值(元)	股票价值(元)	股票比例	债券价值(元)	债券比例	投资行为
6月1日	10 000	7 000	70.00%	3 000	30.00%	无
三个月后股票市值上涨25%	11 750	8 750	74.47%	3 000	25.53%	卖出4.47%的股票,买入债券
三个月后股票市值下跌25%	8 250	5 250	63.64%	3 000	36.36%	卖出6.36%的债券,买入股票

上述例子就是恒定混合策略在实战中的运用。其特点就是卖高买低,保持投资组合中各类资产的固定比例,适用于风险承受能力较稳定的投资者。如果股票市场价格处于震荡、波动状态之中,那么恒定混合策略可能优于买入并持有策略。这种策略是主动管理自己的资产组合并进行再平衡方式中比较省事的一种,其前提是假定资产的收益情况和投资者的风险偏好没有大的改变,所以最优投资组合的配置比例不变。

在狂欢中积累的是风险,在恐慌中出现的是机会。经济学家约翰·梅纳德·凯恩斯有一句名言:"市场持续非理性的时间总会比你能撑住的时间更长。"在多数时间里,我们无法精准预测市场的最低点,无法实现完美抄底,但我们可以参考"固收+"产品的运作模式,在市场调整的机会中进行逐步的布局,从而打造合理的产品组合。

以基金为例，个人投资者常用的组合方式有哑铃式、核心+卫星式、金字塔式。

（1）哑铃式，即选择两种不同风险收益特征的基金进行组合，比如：股票型基金+债券型基金、大盘基金+中小盘基金、成长型基金+价值型基金、新能源主题基金+周期行业基金等。其优点在于基金组合结构简单，便于投资者进行管理。

（2）核心+卫星式，即组合中的"核心"部分选择长期业绩出色且较为稳健的基金，"卫星"部分选择短期业绩突出的基金，这是一种相对灵活的基金组合方式。核心组合是防守型组合，相当于主力部队，组合的品种需要波动性小，与经济周期、股票市场的价格周期关系不大，长期能够高概率地达到原先配置时的预期收益率，擅长防守。卫星组合是进攻型组合，好像特种兵，组合的品种必须波动性越大越好，与经济周期、股票市场的价格周期关系越密切越好，擅长进攻。

（3）金字塔式，即在金字塔的"底端"配置稳健的债券型基金或相对灵活的混合型基金，在金字塔的"腰部"配置能够充分分享市场收益的指数型基金，在金字塔的"顶端"配置具有高成长性的股票型基金。这种组合最为灵活，要求投资者具有一定的实战经验。

例如，在某投资者面前摆着三类资产，经预测能带来的收益率分别为20%、10%和5%。如果该投资者希望获得9.5%的预期收益率，则可以考虑将资金按2：3：5的比例进行分配。期望收益率9.5%=20%×2÷10+10%×3÷10+5%×5÷10。

巴菲特说过："分散投资是投资者的自我保护法。"分散投资的核心是要考虑相关性、收益和波动这三个因素。将两个完全不相关的投资对象组合到一起，就会降低短期波动，但也会平均长期收益。分散投资的目的是进行风险控制，而风险控制是投资中最重要的一环。

以A股市场为例，当大家沉浸在恐慌性抛售的行情中时，白酒、医药、军工、科技、新能源等板块或行业中，几乎所有的股票都不能幸免，那买再多的偏股型基金做分散投资也无济于事，所以，应该选择不相关的投资对象建立组合才能获得好的效果，否则都是同类基金就会降低组合的有效性。

资金最重要的属性是投资期限和风险偏好。因此，大家可以根据自己的实际情况，比如有多少闲置资金、目标收益如何、能够承受多大的亏损、投资时间有多长等，结合历史数据和综合情境，在均值和方差之间做出选择，并构建与自己的预期收益和风险承受能力相匹配的投资组合。

根据廉赵峰《资产配置与基金营销》一书中的研究结论，优质偏股型基金与债券型基金按照1∶4的比例进行配置，并持有半年以上，可以较高概率实现本金的安全。

投资中有一个常规的特点，即投资标的的预期报酬越高，投资人所能忍受的波动风险越高；反之，预期报酬越低，投资人所能忍受的波动风险越低。所以，理性的投资人选择投资标的与投资组合的主要目的是在固定所能承受的风险下追求最大的报酬，或在固定的预期报酬下追求最低的风险。

根据A股市场的情况，经研究发现，想要达到年化收益率12%以上，就要承担-30%的回撤。输得起，才能赢得未来。故我们可参考如下策略配置资产，大概率不会赔钱：投资在1年以上，债9股1；投资在2年以上，债7股3；投资在5年以上，债6股4。

3.5.3　3万元买19只基金

资产配置是长期投资成功的关键因素。研究结论证明：投资收益的91.5%由资产配置决定。因此，我们可以利用资产配置这个利器，找到最适合自己的投资方式。

但我们也必须清醒地认识到，根据马科维茨的资产组合理论，将投资分散到不同的资产上能够降低风险，但这并不表示风险会随着投资品种数量的增加自然而然地降低。当我们投资的资产价格存在高度正相关的情况时，投资组合的风险依然不会得到有效的分散；只有将组合中的资产投资于相关系数低的资产类别中，才能够有效降低投资组合的风险。

2020年9月初，我在江苏南京遇见一位女士，告诉我她拿3万元买了19只基金，请我帮忙指点一下。当时把我吓了一跳，我虽提倡"不要把鸡蛋放在一个篮子里"，但也主张"不要把鸡蛋放在过多的篮子里"，凡事都要适度。

为了便于诊断，我将她持有的19只基金列出来，如表3-15所示。

表3-15 案例中19只基金简介

序号	基金代码	基金名称	业绩比较基准
1	001230	鹏华医药科技	中证医药卫生指数收益率×80%+中债总指数收益率×20%
2	003032	平安医疗健康	中证医药卫生指数收益率×60%+中证全债指数收益率×40%
3	050026	博时医疗保健行业A	中证医药卫生指数×80%+中债指数×20%
4	000968	广发中证养老产业A	中证养老产业指数收益率×95%+银行活期存款利率(税后)×5%
5	005962	宝盈人工智能A	中证人工智能主题指数收益率×60%+恒生综合指数收益率×25%+中证综合债券指数收益率×15%
6	110022	易方达消费行业	中证内地消费主题指数收益率×85%+中债总指数收益率×15%
7	006868	华夏科技成长	中证TMT产业主题指数收益率×70%+中证港股通TMT主题指数收益率×20%+上证国债指数收益率×10%
8	000294	华安生态优先	中证800指数收益率×80%+中国债券总指数收益率×20%
9	000601	华宝创新优选	中证800指数收益率×80%+上证国债指数收益率×20%
10	002624	广发优企精选A	中证800指数收益率×65%+中证全债指数收益率×35%
11	002708	大摩健康产业	沪深300指数收益率×80%+中证综合债指数收益率×20%
12	002707	大摩科技领先	沪深300指数收益率×80%+中证综合债指数收益率×20%
13	000854	鹏华养老产业	沪深300指数收益率×80%+中证综合债指数收益率×20%
14	161903	万家行业优选	沪深300指数收益率×80%+上证国债指数收益率×20%
15	009571	鹏华匠心精选C	沪深300指数收益率×70%+中证综合债指数收益率×20%+恒生指数收益率×10%(经汇率估值调整)
16	161005	富国天惠精选成长A	沪深300指数收益率×70%+中债综合全价指数收益率×25%+同业存款利率×5%
17	519772	交银新生活力	沪深300指数收益率×60%+中证综合债券指数收益率×40%
18	001869	招商制造业转型A	沪深300指数收益率×60%+中债综合指数收益率×40%
19	166027	中欧创业板两年定开A	创业板指数收益率×70%+中证短债指数收益率×20%+中证港股通指数收益率×10%

资料来源：Wind。

这位女士自己也觉得不好意思，告诉我每只基金也就买了一两千元，几乎都是在银行理财经理推荐后购买的。

首先，我通过列表，参考业绩比较基准发现：与沪深300相关的基金有8只，与中证800相关的基金有3只，与医疗相关的基金有3只，与科技相关的基金有2只，与创业板相关的基金有1只，与消费相关的基金有1只，与养老相关的基金有1只。

紧接着，我剔除了100亿元以上规模的基金4只：①易方达消费行业；②交银新生活力；③富国天惠精选成长A；④万家行业优选。

随后，我又剔除了规模较小的基金5只：①大摩科技领先；②平安医疗健康；③宝盈人工智能A；④大摩健康产业；⑤招商制造业转型A。

这时候还剩下10只基金，其中，2020年7月10日成立的鹏华匠心精选C当时还在封闭期，必须保留；2020年7月16日成立的中欧创业板两年定开A必须保留。

最后对余下的8只基金进行筛选。按照同类型比优及配置要多元化和差异化（相关性低）的原则，而且产品要出自不同的基金公司，最终筛选出博时医疗保健行业A、华夏科技成长、广发优企精选A 3只基金，1只是医疗保健行业方面的，1只是TMT主题方面的，1只是偏向消费方面的。

我给出的建议是：逢高逐步将其他基金赎回，慢慢转到上述5只基金上去，或者分批投入，或者定投，用好这个投资组合，运用相关的策略定期调整，相信未来会获得好的回报。

这些基金后来的业绩表现如表3-16所示。

表3-16　案例中19只基金的业绩表现

基金代码	基金名称	年度业绩回报				
		2017年	2018年	2019年	2020年	2021年
001230	鹏华医药科技	8.65%	-22.65%	46.91%	101.56%	-5.18%
003032	平安医疗健康	1.97%	-18.97%	41.39%	85.54%	4.71%
050026	博时医疗保健行业A	5.41%	-19.49%	84.10%	84.39%	-1.90%
000968	广发中证养老产业A	12.37%	-24.56%	22.94%	27.41%	-8.89%
005962	宝盈人工智能A	—	-5.05%	80.63%	64.15%	24.75%
110022	易方达消费行业	64.97%	-23.47%	71.36%	72.52%	-11.19%
006868	华夏科技成长	—	—	11.82%	77.05%	5.52%
000294	华安生态优先	28.11%	-15.35%	71.10%	87.21%	-10.88%
000601	华宝创新优选	17.76%	-23.58%	72.42%	94.84%	24.40%
002624	广发优企精选A	31.70%	-8.56%	42.70%	54.63%	8.59%
002708	大摩健康产业	3.68%	-5.70%	58.12%	81.28%	13.37%
002707	大摩科技领先	0.16%	-28.28%	37.66%	62.25%	38.14%
000854	鹏华养老产业	49.27%	-28.03%	82.25%	80.70%	-6.76%
161903	万家行业优选	0.81%	-12.66%	89.83%	97.32%	4.30%
009571	鹏华匠心精选C	—	—	—	13.15%	-19.73%

续表

基金代码	基金名称	年度业绩回报				
		2017年	2018年	2019年	2020年	2021年
161005	富国天惠精选成长A	27.78%	-26.96%	62.16%	58.64%	0.62%
519772	交银新生活力	46.47%	-11.04%	57.74%	63.15%	-13.95%
001869	招商制造业转型A	19.82%	-25.56%	51.52%	90.00%	12.51%
166027	中欧创业板两年定开A	—	—	—	7.03%	14.80%

资料来源：Wind。

当时我指出，美股冲高回落对A股短期会造成一些影响，但A股及相关板块已经展开了将近两个月的震荡，指数始终无法出现放量走势，市场仅仅依靠创业板低价股炒作是无法得到主力资金认可的，特别是像天山生物这样无业绩支撑的股票连续拉升，市场成交量更是难以放大。股谚云："价是风云，量是根。"成交量的持续低迷是无法支撑股指突破前高的，故近期风险程度依然大于机会程度，需要投资者继续耐心等待方向性选择。

牛市不可能一蹴而就。当市场暗淡时，选择配置少量新基金甚至一些封闭两三年的基金对稳健型投资者而言是较好的策略。但大家应当知道，现在市面上的基金有上万只，每个月发行的新基金有几百只，分散风险固然不错，但广撒网也要有度，否则，过犹不及，事与愿违。

"穿衣戴帽，各有所好。"每种产品都有适应的人群，以"固收+"为例，这种产品比较适合：账户有闲置资金、希望提高收益率的人；长期购买银行理财，但是对银行理财收益率下行感到不满的人；希望通过资产配置，在控制波动回撤（如-4%）的前提下，实现较好回报的人；购买过大额存单和国债的人；购买过债券型基金、货币型基金的人；持有即将到期的理财产品，希望通过稳健的产品来承接的人。

大家可以构建各种投资组合，有主有次，有攻有守。

同样，信奉"买入并持有策略"的人可以投资定期开放式基金；喜欢恒定混合策略、投资组合保险策略、动态资产配置策略的人，就像开手动挡汽车一样，可以视情况主动调整投资组合。

需要指出的是，千万不能误解分散投资就可以确保我们的投资没有亏损，也不能确保当一只基金下跌的时候另一只基金像跷跷板一样肯定开始上涨。分散投资不可能完全消除短期的波动,只能削弱这种波动。以2021年一季度基金抱团核心资产下跌为例,在看待投资组合的时候,我们首要关心的是投资组合的总体收益和总体风险是不是适合自己,是不是在自己能承受的最大风险范围内给予我们最大的回报。

3.5.4 要不要赎回公募基金

2022年4月,山东有位理财经理向我诉说一位千万级客户很焦虑,几乎每天打电话问她基金要不要赎回,让她很烦恼。

我让她把客户买的基金发来看看,结果发现3 000万元配置了如表3-17所示的基金。

表3-17 案例中10只基金简介

基金名称	基金代码	成立时间	基金经理	业绩比较基准
汇添富中证新能源汽车产业A	501057	2018/5/23	过蓓蓓	中证新能源汽车产业指数收益率×95%+银行人民币活期存款利率(税后)×5%
汇添富中盘价值精选A	009548	2020/7/8	胡昕炜	中证700指数收益率×60%+恒生指数收益率(使用估值汇率折算)×20%+中债综合全价指数收益率×20%
汇添富碳中和主题A	013147	2021/9/14	赵剑	中证内地低碳经济主题指数收益率×70%+中债综合指数收益率×30%
汇添富数字经济引领发展三年持有A	011665	2021/7/20	杨瑨	沪深300指数收益率×50%+恒生指数收益率(使用估值汇率折算)×30%+中债综合指数收益率×20%
汇添富价值创造	005379	2018/1/19	胡昕炜	沪深300指数收益率×40%+恒生指数收益率(使用估值汇率折算)×40%+中债综合财富指数收益率×20%
汇添富ESG可持续成长A	011122	2021/6/10	赵鹏程	MSCI中国A股指数收益率×60%+恒生指数收益率(经汇率调整)×20%+中债综合指数收益率×20%
工银瑞信主题策略A	481015	2011/10/24	黄安乐	沪深300指数收益率×80%+中债综合指数收益率×20%
工银瑞信兴瑞一年持有A	012888	2021/9/15	谭冬寒	中证700指数收益率×75%+中债综合财富(总值)指数收益率×20%+恒生指数收益率(经汇率调整)×5%
工银瑞信新金融A	001054	2015/3/19	鄢耀	沪深300指数收益率×80%+中债综合指数收益率×20%
工银瑞信生态环境A	001245	2015/6/2	何肖颉	中证环保产业指数收益率×80%+中债综合财富指数收益率×20%

资料来源:Wind。

经过梳理可以发现，这10只基金集中在汇添富和工银瑞信两家基金公司，涉及9位基金经理。这些基金中有1只是2020年7月成立的，有4只是2021年6月之后成立的。从业绩比较基准来看，有4只主要涉及沪深300指数，有2只主要涉及中证700指数，有1只主要涉及MSCI中国A股指数，有1只主要涉及中证环保产业指数，有1只主要涉及中证内地低碳经济主题指数，有1只主要涉及中证新能源汽车产业指数。从资产投资组合表象来看，称得上没有把鸡蛋放在一个篮子里，但事实果真如此吗？

我对每只基金的十大重仓股进行对比，从中发现：工银瑞信兴瑞一年持有A主投医药；工银瑞信新金融A主投金融、军工、新能源；汇添富数字经济引领发展三年持有A主投电信服务、信息技术；汇添富中证新能源汽车产业A主投新能源；汇富添中盘价值精选A和汇添富价值创造主投消费概念股等。

大家不妨思考一下，这些基金如果现在亏损了，那能说这些基金是差基吗？显然不是。如果不是差基，那么，根据目前的持仓情况，这些基金在当下是不是能够马上咸鱼翻身呢？

据了解，理财经理给这位客户做了资产配置，投了期缴保险，买了银行理财，那这位客户为什么还焦虑呢？因为恐惧使然。

我们应该注意到，这位投资者一半的基金是在2020年7月之后买进的，光胡昕炜管理的基金就买了2只，这是不是存在问题呢？要知道汇添富基金公司的胡昕炜擅长消费不假，但消费前期（2020年）涨得好，风险是涨出来的，后期如果调整了又该怎么办？类似的问题还有新能源，没有谁会否认新能源是未来创新产业的发展方向，是很好的赛道，但"有前途"不等于"有钱图"，好赛道并不意味着马上就能赚钱。此外，10只基金集中在两家基金公司，十大重仓股中频频出现贵州茅台和宁德时代这样的标的，是不是潜藏了风险？这里大家特别要注意，每家基金公司只有一个投资策略委员会，其策略是相同的，而同一家公司的基金经理受到约束，投资风格很难标新立异。尺有所短，寸有所长，每家基金公司都有自己的招牌和强项，再强大的基金公司也不可能囊括所有业绩第一的产品。

我们分散投资的核心是要考虑三个因素：相关性、收益和波动。如果投资的对象彼此相关性较强，那么分散的效果就不显著，比如都是股票市场，当这个市场沉浸在一片恐慌抛售的气氛中时，几乎所有的股票都不能幸免，那再怎么通过偏股型基金做分散投资也避免不了整体的下跌。这就难免会让人产生焦虑。要避免这种情况，就要将资金投入不相关的品种中，比如，开放式基金主要可以分为股票型基金、混合型基金、债券型基金和货币型基金，这四者相对来说是独立的，彼此不相关，不会出现齐涨齐跌的情况。但在这位千万级投资者的基金组合中看不到这一点，看到的只是重叠，在市场下跌的大背景下，体验感自然不好。

投资不是赶时髦，需要保持逆向思考。千万不要在人声鼎沸时追逐热门行业和高科技行业。资产配置讲究多样化，同时更强调不要同质化，要选择相关性低的投资标的。

市场短期涨跌受情绪驱动，谁也无法预料。用偏股型基金、债券型基金和货币型基金构建一个投资组合，虽然会降低长期投资的总收益，但也会降低短期波动。甘蔗没有两头甜。投资者必须知道，短期波动和长期收益永远都是共生的关系，我们降低了短期风险，势必就会影响长期收益。说白了，长期投资可以从时间上平滑短期风险，而分散投资则可以从空间上降低波动。想要追求最大的长期收益，我们就不得不忍受短期的震荡。

一次性买入是要讲究止损的。单笔1.5元单位净值购买的基金，只有在1.5元以上卖出才能获利，如果净值下跌40%，那么只有净值上涨67%才能回本。因此，遇到心理承受能力差的人、接受不了眼前亏损的人，我们就不要劝说死扛。像上面这位投资者，如汇添富胡昕炜掌管的规模大的那只基金就可以逢反弹赎回，用赎回资金去定投另一只基金，摊低成本，主动迎接未来的微笑曲线。

仓位决定心态。所有的焦虑都要从降低仓位出发去缓解，所有的信心都要从提高认知出发去重新建立。比如，为什么看好未来白酒的行情？为什么看好医疗服务行业？为什么看好新能源汽车的发展前景？为什么要将单笔投入和定投相结合？

2015年市场惨淡，2018年阴跌一年，2019年迎来牛市。悲观者短期正确，乐观者赢得未来。每一次下跌都会有不同的诱因，究其根本，那就是经济周期，循环被一种周期法则支配着，每一种事物都有出生、成长、成熟和衰退的过程，周而复始。

如果投资者相信市场短期有波动，但中、长期看好，那就可以耐心持有；如果投资者相信未来会更美好，那就可以定投去补仓。当市场震荡筑底的时候，可以鼓励自己：熬过去，坚持住，等风来。

资产配置就像我们去吃火锅，不仅要有肉类、海鲜，也要有蔬菜、豆制品、四川冰粉，搭配起来吃，才能津津有味，而且清热、解毒、不上火。

生命就是成长，成长就是变化。实践证明，资产配置适合普通大众，可以降低投资的总体风险，让每个人更从容地应对市场变化，进可攻，退可守，收获契合自己认知的幸福。

第4章

大家买的是感知，谈天说地话债基

唐代王建有诗云："小松初数尺，未有直生枝。闲即傍边立，看多长却迟。"诗的大意是：小松树开始成长时只有几尺高，柔柔嫩嫩的，挺不起腰杆。在空闲的时候，我常常站在旁边看它，可是越看越觉得它长得好慢。

痛苦源自比较，快乐靠自己寻找。我们既要管理自己的情绪，如恐惧、贪婪，也要管理自己的预期——希望。

4.1 这个市场它姓"A"

俗话说："物以类聚，人以群分。"如果人与人的思想不在同一个层次，对市场的认知不在同一个高度，那么对交易的很多争论都是没有意义的。

长期以来，在A股市场上，有很多人是喜欢炒小、炒新、炒绩差股的。这就产生了一个问题：你投资的目标收益率究竟是多少呢？

成功是由目标铺就的，罗马不是一天建成的，投资也是有正确方式的。首先要有可行的目标。大家不妨扪心自问：如果你的目标是每天抓一个涨停板，你能实现吗？如果是每周抓一个涨停板，你能实现吗？如果是每个月抓一个涨停板，你能实现吗？如果是每年抓一个涨停板，你能实现吗？

请认真地思考一下，答案就在你心中。相信随着周期的逐渐拉长，你会觉得年复合投资收益率10%这个目标实现的难度在下降，幸福指数在提升，实现的可能性在提高。

2021年2月4日，我偶遇一个小伙子对我说："1月份入场，全线被套。是该补仓还是该离场呢？"

我问："你天天看盘吗？"

他回答："我没有天天看盘，我每隔10分钟看一次。"

我禁不住笑了。那些天A股市场爆雷不断，比如上海机场、海航控股、华夏幸福、上海家化、科大讯飞、木林森、海康威视等。虽然大盘的下跌幅度不大，但有些投资者个人资产的缩水程度已超过30%。

我们无法决定市场能涨多高，也无法决定市场能跌多深，国外散户通过股票"游戏驿站"暴打机构的故事还在流传，我们作为"吃瓜群众"看看就好，千万不要当真。与其在那里浪费时间，还不如认认真真地思考一下：如何化解这样的风险呢？

很多人听过《渔夫和金鱼的故事》，从最初的贫苦，继而拥有辉煌与繁华，最终又回到从前的贫苦。

这个脍炙人口的故事告诉我们，追求美好的生活处境没有错，但关键是要适度，过度贪婪的结果必定是一无所获。

回顾中外证券历史，股市有其暗淡的一面，也有其光亮的一面，走出黑暗，迎向光明，才是面对股市的正确心态。就好比在烹饪中，煎和熬都是将食物变成美味的方法，加油也是。

散户与机构相比存在很多大家心知肚明的劣势，怎么办？现在的公募基金就是市场上的主力，看看他们动辄就能募集百亿元以上的资金，普通投资者还较什么劲？千万不要用自己的业余去挑战别人的专业。相信实力雄厚的基金公司和优秀的基金管理人通过对上市公司的深入调查和研究，是能够回避绝大多数雷区的。

作为一名投资者，参与市场的目的是盈利而不是怄气。因此，我们要与市场保持一定的距离。

回顾证券市场，有"上涨"和"下跌"两股力量，它们相互交融产生了"震荡"，由"上涨""下跌""震荡"这三者构成了波澜壮阔的证券市场行情。

这个市场它姓"A"，上涨构成了A的左边，下跌构成了A的右边，震荡构成了A的中间一横。我们可以顺天应人，切不可逆势而为。

作为普通投资者是无法控制市场能涨多高的，也无法控制市场能跌多深，但我们可以控制仓位去跟随未来的市场，如果认为是下跌行情，则可以保留不超过30%的仓位；如果认为是震荡行情，则可以保留不超过50%的仓位；如果认为是上涨行情，则可以保留不超过70%的仓位。这样可以让我们过得心安理得、进退自如。

证券市场云谲波诡，没有人能够准确地判断顶和底，所以我们要保持一定的仓位去感知市场的冷暖变化。

查尔斯·艾里斯在《投资艺术》一书中对自己的投资做过统计："拿掉表现最好的10天，平均投资报酬率就会少掉1/3，从18%降为12%，这10天占整个期间的比例不到0.5%。拿掉次佳的10天后，几乎又使投资报酬率再少掉1/3，降为8.3%。去掉表现最好的30天后，这30天占整个期间的1.5%，投资报酬率就会从18%掉到5%。"这就有了他著名的"闪电打下来你必须在场"的说法。

熊市中有牛股，牛市中有熊股，要知道，涨跌起伏是市场的常态。行情常常是走"N"字形的，是由"/止涨+\下跌+/上涨"构成的。如果你相信均值回归，那就不必在意短期的波动，可以耐心等待春暖花开。就像养孩子，总不至于生下来三天就指望他上大学，急功近利无异于揠苗助长。

基金就像班上的学生，有的语文好，有的数学好，有的体育好。在参加作文竞赛的时候，语文好的人就能大显身手；在参加奥数比赛的时候，数学好的人就能神采飞扬；在参加体育比赛的时候，体育好的人就能脱颖而出。投资领域也是这样的，弱周期板块和强周期板块是轮动的，各自都有表现的机会。由于每个人的风险承受能力与风险承受意愿迥异，不是每只股票都能与自己的秉性匹配的。

大家有没有发现，当我们都去买重仓白酒的基金时，重仓新能源的基金就迎来了机会；当我们都去买重仓新能源的基金时，重仓银行和基建的基金就迎来了机会。花开有期，但每种花的花期不同。我们要做一名成熟的投资者，放大自己的格局，降低自己的预期，才会获得意外的惊喜。

这里有必要讲解一下"回撤"的概念。回撤是指在某一段时间内指数或产品净值从最高点开始回落到最低点的幅度。最大回撤是一个重要的风险指标，用来描述买入产品后可能出现的最糟糕的情况。大家可以来看看上证指数的回撤情况，如表4-1所示。

表4-1 上证指数的历史表现

年 份	收盘点位（点）	涨 跌 幅	最大回撤
1990年	127.61	32.86%	—
1991年	292.75	129.41%	—
1992年	780.39	166.57%	-45.39%
1993年	833.80	6.84%	-46.52%
1994年	647.87	-22.30%	-58.44%
1995年	555.29	-14.29%	-64.38%
1996年	917.02	65.14%	-41.18%
1997年	1 194.10	30.22%	-23.40%
1998年	1 146.70	-3.97%	-26.44%
1999年	1 366.58	19.18%	-22.18%
2000年	2 073.48	51.73%	-2.46%
2001年	1 645.97	-20.62%	-26.70%
2002年	1 357.65	-17.52%	-39.54%
2003年	1 497.04	10.27%	-33.33%
2004年	1 266.50	-15.40%	-43.60%
2005年	1 161.06	-8.33%	-48.29%
2006年	2 675.47	130.43%	-0.87%
2007年	5 261.56	96.66%	-14.08%

续表

年　份	收盘点位（点）	涨 跌 幅	最大回撤
2008年	1 820.81	-65.39%	-70.27%
2009年	3 277.14	79.98%	-46.49%
2010年	2 808.08	-14.31%	-54.15%
2011年	2 199.42	-21.68%	-64.09%
2012年	2 269.13	3.17%	-62.95%
2013年	2 115.98	-6.75%	-65.45%
2014年	3 234.68	52.87%	-47.18%
2015年	3 539.18	9.41%	-42.21%
2016年	3 103.64	-12.31%	-49.32%
2017年	3 307.17	6.56%	-46.00%
2018年	2 493.90	-24.59%	-59.28%
2019年	3 050.12	22.30%	-50.19%
2020年	3 473.07	13.87%	-43.29%
2021年	3 639.78	4.80%	-40.57%

数据来源：Wind。

通过观察上证指数1990—2021年的数据可以发现，年度最大涨幅是166.57%，最大跌幅是65.39%，平均涨幅是21.40%；年度最大回撤是-70.27%，最小回撤是-0.87%，平均回撤是-39.95%。

如果市场的走势是线性的，直上或直下，那么相信我们绝大多数人都能赚到钱，即在直上的时候做多，在直下的时候做空。可现实情况是忽上忽下，一个人的操作时间越短，市场给出的信号稳定性就越差，赔钱的概率就越高。很多人想挣快钱，往往事与愿违，欲速则不达。

对于上证指数而言，3 000点就像楚河汉界，曾经被多次穿越。有人做过统计：2007年2月26日，上证指数首次站上3 000点，当年过2次；2008年过1次；2009年过5次；2010年过9次；2011年过3次；2014年过3次；2015年过1次；2016年过10次；2019年过13次；2020年过3次；2022年过4次。

我常常说："3 000点以下，我们播种希望。"因为我坚信，5 178点不会成为A股的次高点，6 124点也不会成为A股的最高点。

由于近几年基金给投资者带来了良好的回报，因而调高了很多人的心理预期，有些人认为通过基金挣钱相对容易，甚至认为获利40%是常态，这其实是一个非常危险的信号。巴菲特投资取得了令人景仰的业绩，他每年的收益也就20%多，但人家持续了50多年，创造了奇迹。因此，我们要学会管理自己的投资预期，如能保证每年15%的复利增长就非常可观了。

有一道数学题很能说明问题：假如你有100万元，第一年赚40%，第二年亏20%，第三年赚40%，第四年亏20%，第五年赚40%，第六年亏20%，请问6年的年化收益率是多少？

经过计算可以发现：

第一年，100万元×（1+40%）=140（万元）；

第二年，140万元×（1-20%）=112（万元）；

第三年，112万元×（1+40%）=156.8（万元）；

第四年，156.8万元×（1-20%）=125.44（万元）；

第五年，125.44万元×（1+40%）=175.616（万元）；

第六年，175.616万元×（1-20%）=140.4928（万元）。

6年资产增长了40.49%，则$\sqrt[6]{40.49\%+1}-1=5.83\%$，即6年的年化收益率是5.83%，仅比2021年5年期凭证式国债票面利率3.57%略高一些。

我们可以再来计算一下，如果保持每年10%或15%的增长速度，那么6年下来100万元本金将变成：

① 100万元×（1+10%）^{6} =177.16（万元）

② 100万元×（1+15%）^{6} =231.31（万元）

显然，"涨得稳"比"涨得猛"更重要，这就是复利的威力。投资就像马拉松长跑，比的是耐力，而不是爆发力。

投资领域有一个"72法则"，即一个人每年获利8%，只要通过9年，就能让本金翻番。小赚一生，胜过大赚一笔。

不盲目和别人攀比，只和自己的过去相比，这有助于建立良好的心理优势，可以帮助我们克服恐惧和贪婪，让我们作出正确的决策。

对于高点买入基金的投资者来说，什么时候能够回本呢？这个问题似乎没有明确的答案，但历史给我们提供了参考信息。大家不妨来回顾一下历史上的几次大跌，看看基金的回本时长。

以偏股混合型基金指数为例，自2006年年初至2021年年末，该指数的涨幅为1 128.69%，期间也经历了4次重大的回调，如图4-1所示。

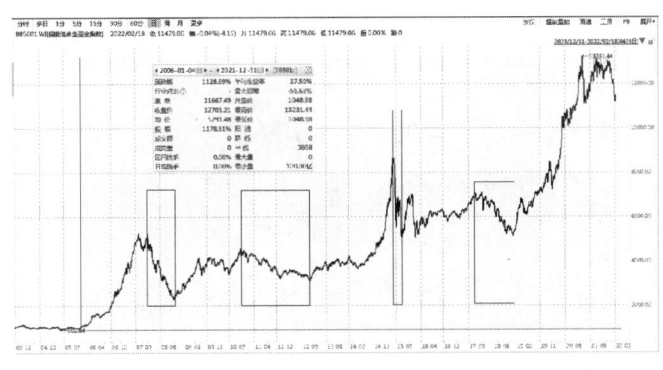

数据来源：Wind。

图4-1 偏股混合型基金指数走势图

第一次调整：2008年1月14日—2008年11月4日。

下跌197日，跌幅为56.40%，1 528日后回本。

第二次调整：2010年11月10日—2012年12月3日。

下跌505日，跌幅为32.29%，479日后回本。

第三次调整：2015年6月12日—2015年9月15日。

下跌65日，跌幅为42.70%，1 152日后回本。

第四次调整：2017年11月13日—2019年1月3日。

下跌280日，跌幅为27.78%，167日后回本。

由此可见，如果一个人总盯着短期操作，那他天天就得看市场的脸色行事，日子久了肯定会身心俱疲。2022年4月30日，看着92岁的巴菲特和他的搭档——98岁的查理·芒格向全球直播畅谈投资，神清气爽，我们就会感受到正确的投资理念和操作策略是会让人长寿的。投资是一场修行，拉长周期就轻松多了。

4.2　说透债基那点儿事

有人曾经问我："买债基怎么会亏损呢？"

债券型基金（简称"债基"）给人的感觉是"沉稳"，但也会玩"心跳"，甚至有时会令人陷入亏损。一般来说，买债基就是为了追求稳健收益，其涨跌幅自然无法和股票的涨跌幅相比，为什么也会让人心惊肉跳呢？其实，如果你认为投资债基无风险，那就大错特错了。我们平时说债券型基金的风险比较小，那是相对于偏股型基金而言的。

回顾历史，债市调整并不罕见。且不说2011年、2013年、2016年债市下跌，单看2020年二季度的调整也就是一个小小的波澜。从整体来看，债基的长期表现还是比较稳健的，在绝大多数年份里都获得了正收益。

在通常情况下，债基的收益增厚方式有：主投利率债的，拉长久期；主投信用债的，下沉评级；主投定开债的，增加杠杆；主投可转债的，足额投可转债；二级债基，20%以内足额投股票资产。说到这里，我们有必要了解一下债基的方方面面，千万不要想当然。

我们首先要知道投资债基会面临哪些风险。

4.2.1 投资债基面临的风险

投资债券型基金主要有四大风险，分别是利率风险、购买力风险、投资风险、信用风险，下面逐一介绍。

1. 利率风险

利率风险是指国家货币政策紧缩、加息等情况导致市场利率提高，债券市场受到打压，债券价格随之降低的风险。通常，债券价格和市场利率走势成反向，对于每位投资者而言，投资债券或债券型基金就要关注未来的货币政策趋势，这样才能减少利率风险带来的损失。

2. 购买力风险

当市场利率赶不上通货膨胀水平时，货币购买力就会下降，投资债券型基金就会使得收入越来越不值钱。只有当名义预期收益率大于通货膨胀率时，货币购买力才会有所增长，而目前国内债权投资的预期收益率是很难跑过物价水平上涨的，只有权益类投资才有可能实现。所以债券型基金可以作为家庭资产配置的工具，但不应当作为主打产品。

3. 投资风险

投资风险指的是债券型基金的基金经理人操作失误，导致债券型基金持有人遭受损失。对于这方面的风险防范,投资者应该首选一家规模大、经营时间长、作风稳健的基金公司。

4. 信用风险

信用风险指发行债券的借款人不能按时支付债券利息或者偿还本金,从而导致债券投资者产生亏损。投资者要避免这类风险,就要选择投资债券种类较多、债券信用等级较高的基金。

4.2.2 债券型基金是怎么赚钱的

说到这里,我们有必要了解一下债基的赚钱方式。比如,当纯债类理财产品用摊余成本法替换市值法时,有人就鼓吹这种方法如何如何,好像采用这种方法就不会让投资者亏钱似的,其实不过是朝三暮四变成朝四暮三而已。

那么,市值法与摊余成本法究竟有什么差异呢?

市值法是指在计算净值时,同时考虑了投资债券的票面利率收益以及由于市值波动所带来的公允价格的波动。

例如,拿100元购入票面利率为3.65%的一年期债券,在按市值法进行估值时,首先会将票息收益3.65%计提到每日收益中,即3.65%÷365,然后根据第三方估值,加上或者减去债券买入价格和当日公允价格之间的差额。

由于债券的市值是波动的,所以这笔投资每天的收益不是固定的。这样,采用市值法进行估值的债券可能会在某些时候出现净值回撤,也可能出现净值的加速上涨,它会随市场的波动而上下起伏。大家在银行里购买的理财产品过去基本上使用的都是摊余成本法计算净值,也正是摊余成本法的使用让大家产生了理财产品绝对保本的错觉。

所谓摊余成本法,是指在计算投资标的的市场价值时,将投资标的以买入成本列示,按照票面利率考虑其买入时的溢价或折价,在其剩余期限内摊销,每日计提收益。按照这种方法,产品净值在多数情况下都会表现为正收益,无法及时反映市场的波动。

假设你买了100元票面利率为3.65%的债券,持有满一年,本息和一共是103.65元。按照摊余成本法的计算方法,每天的收益=100×3.65%÷365=0.01(元)。因此,这笔投资的收益每天都是固定的。

摊余成本法可以近似地理解为"将到期收益分摊到每一天"。大家熟悉的货币型基金就是采用摊余成本法计算净值的，每日单位净值始终是1.00元，不会变动，而其每日万份收益和7日年化收益率会出现变化。

因此，假设同样一款理财产品或基金，由于估值方法的不同，每日净值肯定会有所差异。摊余成本法相对市值法而言，波动较小，较为稳定。但如果票息的弥补还暂时没有赶上资本利得的损失，那就会出现亏损。无论是朝三暮四还是朝四暮三，计算方法的改变最终都改变不了产品盈亏的事实。

其实，市值法和摊余成本法相比本身并没有孰优孰劣之说，更多地体现在投资者情绪和心理层面。持有摊余成本法估值的人，可能在心理上更为平静；而持有市值法估值的人，由于净值会出现较大波动，在心理上或许会随之出现起伏，更需要多一点耐心。

作为投资，归根结底我们还是应该从自身风险偏好和投资期限的角度出发，理性选择采用摊余成本法或估值法计算净值的相关金融产品。

追根溯源，债基的收入来源主要有三个。

（1）票息收益，即持有债券获得的利息收入，简单来说就是赚融资方的钱。

例如，以100元的单价买入一年期、票面利率为2.46%的债券，等到债券到期后我们可以领取利息2.46元。

债券不同于股票、黄金等任何一类资产，它是有天花板的，有明确的利息收入，这也是债券被称为"固定收益投资"的原因。票息收益是债券首要的、最为确定的收入来源，可称为"主业收入"。

（2）资本利得，即价格波动的收益，也就是赚交易方的钱。

例如，我们花了100元买入债券，如果市场利率从3%降到2%，那么新发行的债券票面利率低了，存量债券的利率还是3%不会变，相应地债券价格也会升值，它的价格就是（100+100×3%）÷（1+2%）=100.98（元）。资本利得就是赚了0.98元。

如果市场利率从2%上升到3%，那么新发行的债券票面利率高了，存量债券的利率还是2%不会变，要想卖出债券，只能在价格上贬值，增加收益率，它的价格就是（100+100×2%）÷（1+3%）=99.03（元）。资本利得就是赔了0.97元。

$$债券价格 = \frac{每一期的利息+本金}{市场利率}$$

所以说，资本利得会伴随着市场行情波动而变化，反映的是利率变动对债券价格的影响。市场利率下降，已买到的债券在一定程度上就会"升值"，债券价格上涨；反之，债券价格下跌。

经济越差，市场利率越来越低，债市越牛；经济越好，市场利率越来越高，债市走熊。

（3）杠杆收益。此处的"杠杆"通俗地解释就是借钱进行投资。

债基和其他类型基金的不同之处在于，它可以加杠杆，借钱进行投资。而债券型基金加杠杆就是基金经理把筹集来的资金投资于债券后，再将债券质押给相应的金融机构，从而获得资金，然后用该资金去买入更多的债券。

例如，A债券型基金募集到4亿元的资金，基金经理将4亿元全部投资国债，又将该债券质押给银行借入2亿元的资金，基金经理再将这2亿元投资于债券，这样A基金实际上就用4亿元的资金做了6亿元的投资，杠杆率加到了150%。当债券市场表现好的时候，以往A基金4亿元的资产一个月能赚200万元，加杠杆后一个月就可以赚300万元。

债券产品相较于股票风险较低，票息跟买卖差价收益有限，故债券型基金想要增加收益，就需要基金经理合理合法地利用"杠杆"。当利率进入降息通道时，长期债券利率和融资成本之间有稳定的利差，巧妙地利用杠杆可以很好地放大收益，可称为"副业收入"。

那么，这种借钱投资的方式会有什么不利影响呢？其实，杠杆就是一把双刃剑。一方面，加大杠杆有助于增强组合的整体收益；另一方面，需要注意的是，杠杆在增加收益的同时也间接放大了风险。从上面的例子来看，当债券市场表现不好的时候，以往A基金4亿元的资产一个月亏100万元，而加杠杆之后一个月就会亏150万元。

那债券型基金的杠杆是否会无限放大呢？这种担忧大可不必。根据《公开募集证券投资基金运作管理办法》的规定[①]，当前开放式债券型基金的杠杆率不得

---

① 《公开募集证券投资基金运作管理办法》第四章 基金的投资和收益分配 第三十二条 基金管理人运用基金财产进行证券投资，不得有下列情形：（六）基金总资产超过基金净资产的百分之一百四十。
《关于实施〈公开募集证券投资基金运作管理办法〉有关问题的规定》第一条特殊基金品种可以豁免《运作办法》第三十二条的相关规定：（一）对于《运作办法》第三十二条第一项，可转债基金投资于可转债部分可以豁免。（二）对于《运作办法》第三十二条第六项，封闭运作的基金和保本基金可以豁免，但基金的总资产不得超过基金净资产的200%。

超过140%，而封闭式债券型基金的杠杆率相对较高，不得超过200%。因此，目前市场上很多债券型基金都采取了封闭式的运作模式，其中一个很重要的原因就是为了获得更高的杠杆率。

上述三种方式就是债基的主要收入来源，但盈亏同源这句话告诉我们，风险与收益是并存的。

第一，信用风险带来的票息收入波动。例如，当你买入一只企业债券时，不幸遇到该企业濒临破产、资不抵债，这时你手上的债券便无法还本付息。

第二，利率波动导致债券价格调整。总的来说，债券价格与利率之间是一种跷跷板的关系。当你买入债券后，如果遇到市场利率水平上行，债券价格就会下跌，卖出后会产生亏损，这就是利率波动带来的收益风险。

一般来说，市场利率不会永远涨，也不会永远跌，而是具有周期性地循环变化的。作为投资者，既不要盲目乐观，也不要盲目悲观。有句话说得好："别和往事过不去，因为它已经过去；别和现实过不去，因为你还要过下去。"

4.2.3 债券型基金有哪些种类

根据证监会对基金类别的分类标准，基金资产在80%以上投资于债券的基金就是债券型基金。

1. 按投资范围划分

国内的债券型基金按投资范围可分为标准型、混合型、特定策略型三种类型。其中，标准型中包括纯债基金和债券指数基金；混合型中包括一级债基、二级债基、可转债基金；特定策略型中包括分级基金。

1）纯债基金

纯债基金只投资于债券，属于标准的债券型基金，风险也是债基中较低的。根据债券剩余期限，纯债基金又分为短期纯债基金和中长期纯债基金。

在2018年"资管新规"出台后，银行理财产品逐渐转为净值型，即很难或无法买到预期收益型的理财产品，且市场收益率逐渐下行，货币型基金的收益率随之下降，短债基金在此背景下应运而生。

短债基金投资短久期债券，短债的利率一般会高于货币型基金所投资的回购存单、存款等利率，且短债基金的杠杆率也会高于货币型基金的杠杆率，组合所持债券的剩余期限也长于货币型基金所投资品种的剩余期限,所以短债基金的收益率一般会高于货币型基金的收益率。

短债基金作为净值型产品,净值也会有所波动。因为其所投品种主要是一年以内的短久期债券,所以净值波动相对较小。如果投资者持有时间较长,那么短债基金大概率会获得高于货币型基金的收益率,前期调整反而会迎来较好的配置时间窗口。

2)混合型债基

混合型债基是数量最多的债券型基金,它主要分为两类:一是可以买新股的一级债基;二是可以买新股或买股票的二级债基。不过两类基金投资新股或股票的比例都不能超过20%。

3)可转债基金

可转债基金主要投资于可转债,在一定条件下允许将购买的债券转换为公司股票,和股市的联系非常紧密,所以这类基金也是债基中风险较高的。

4)分级基金

分级基金又叫"结构型基金",是指在一个投资组合下,通过对基金收益或净资产的分解,形成两级(或多级)风险收益表现有一定差异化基金份额的基金品种。因为有定期或不定期净值上折或下折的情况出现,分级基金现在已经转型或被取消。

2. 按收费方式划分

债基根据申购费收取方式可分为A类、B类、C类三种类型。债基名称尾缀字母A代表的是前端收费模式,B代表的是后端收费模式,C代表的是没有申购费但有销售服务费。

4.2.4 说说债券的分类

债券型基金是投资债券的,那债券又是什么东西呢?我们必须了解一下。

简单地说,债券的本质就是债务人向债权人提供的借条,只不过比起个人借贷,这个借条涵盖的内容更多、更全。

债券市场的投资品种可以分为利率债、信用债、可转债三大类。

(1)利率债一般是政府主体发行的债券,主要包括国债、地方债、政策性金融债、央行票据，它们都是由政府信用担保的。

（2）信用债是非政府主体发行的债券，主要包括企业债、公司债、短期融资券、中期票据、次级债券、分离交易可转债的纯债、资产支持证券等除国债和央行票据之外的、非国家信用担保的固定收益类债券。此类债券是依靠企业本身信誉发行的，通常实力雄厚、信誉较高的企业才有能力发行。信用债一般蕴含一定的风险溢价，其收益率一般高于国债收益率。

像2020年债券违约事件中的主角如华晨汽车及河南永煤集团AAA债券就属于信用债中的企业债。

那什么是企业债呢？2011年修订的《企业债券管理条例》规定，企业债是指企业依照法定程序发行、约定在一定期限内还本付息的有价证券。目前，企业债的发行人一般分为两类：一类是地方政府融资平台公司，也就是各地城投公司；另一类是产业类公司，比如主营能源、水利、贸易、制造等业务的一般生产经营性企业。

（3）可转债是可转换公司债券的简称，是一种可以在特定时间、按特定条件转换为普通股票的特殊企业债券。目前，A股市场每张可转债按照面值100元发售。可转债作为一种创新金融衍生工具，兼具债权、股权和衍生期权的特征。

从市场表现来看，受利率影响，市场上通常是利率债率先启动，其次是信用债，最后是可转债。因为利率债的流动性更好，一旦市场因资金面紧张，很可能会被抛售砸盘。不过，信用债虽然流动性较差，但收益率较高，像那些资质较好、兑付风险较小的信用债通常都是抢手货。

利率债可以理解成无风险的债券，而信用债的风险会随着发债主体的不同而不同。为了弥补相应的信用风险，信用债和利率债之间存在"信用价差"。具体从信用等级来看，利率债拥有最高信用等级，为AAA级；而信用债的信用等级则从AAA级到BBB级以下不等，一般大型央企的信用等级都是AAA级，而民营企业的信用等级会下降。

需要指出的是，中期票据、短期融资券、超短期融资券在本质上也是债券，这是多头监管下的不同叫法。随着短债基金的盛行，我们会看到超短债基金、中短债基金、短债基金等不同品种，这跟中期票据、短期融资券、超短期融资券的期限有关系。

按偿还期限划分，1年以下的为短期债券，10年以上的为长期债券，介于1年（含）以上10年（含）以下的为中期债券，国债的期限划分与上述标准相同。但企业债的期限划分与上述标准有所不同，1年以下的为短期企业债券，5年以上的为长期企业债券，介于1年（含）以上5年（含）以下的为中期企业债券。

4.2.5 个人直接投资债券难上加难

或许有人要问了：债券市场的规模比股市的规模还大，大家为什么要通过债基而不是直接参与债市交易呢？原因是门槛太高，个人投资者想要进入这个市场很难。

简单来说，主要有三个买卖债券的市场，分别是银行间市场、交易所市场和柜台市场。其中，柜台市场的交易量占比很小，债券买卖主要是在银行间市场和交易所市场里进行的，但这两个市场又以银行间市场一家独大。

银行间市场是供银行、券商、基金等金融机构参与的场外市场，采用一对一的询价成交机制，单笔交易金额非常大。个人投资者是无法参与其中的，它只对特定的机构投资者开放。

那交易所市场呢？对于个人投资者而言，想要进入依然很难。

第一难：准入门槛高。

上海证券交易所（以下简称"上交所"）实施的《债券市场投资者适当性管理办法》第六条（五）规定：

1. 申请资格认定前20个交易日名下金融资产日均不低于500万元，或者最近3年个人年均收入不低于50万元；

2. 具有2年以上证券、基金、期货、黄金、外汇投资经历……

如果以上条件无法同时满足，那么个人投资者依旧可以投资债券，但投资范围会大大缩小，只能投资国债、地方政府债券、政策性银行金融债券等风险较低的债券品种。

第二难：投资限制多。

个人在成为合格投资者后就可以参与大多数债券类别的买卖，尤其是可以投资那些收益水平相对较高的信用债。但是按照规定，个人合格投资者也只能购买公开发行且信用评级在AAA级以上级别的债券品种。

第三难：信息来源少，选择债券难。

当突破种种限制，面对交易所上市的2 000多只债券时，个人投资者会突然感到无从选择。相较于丰富的荐股信息、购买基金推荐，市场上几乎没有机构能给我们"推债"，甚至我们想拿到一份关于债券的投资报告都很难。于是，很多个人投资者只能借助证券行情软件来进行分析，然而这类行情软件提供的资讯对于买卖债券而言是远远不够的。

那为什么要设置这么高的投资门槛呢？归根结底就是为了控制风险。虽然债券相较于股票风险较低，但一旦发生风险，投资者将会遭受巨大的损失。

好在天无绝人之路，我们还可以通过其他金融产品来投资债券，最常见的就是债券型基金。借助基金公司发行的固收类产品，我们既可以投资范围更广的债券品种，又可以获得专业机构的风险管理保障，可以说是一举两得。

4.2.6 "固收+"应对债市的下跌

债券型基金相对稳健，确实适合整体风险承受能力不高的投资者，但是这并不意味着高风险投资者不需要配置债券型基金。

回溯2003—2020年上证综指和中证全债的历史年度表现（见表3.5），我们会发现，在18年里，有9年的时间股票和债券存在明显的"跷跷板"效应，有7年同涨，有2年同跌。由此可以得出股市和债市之间的关系表现为两种情况：一是股债同涨同跌；二是股债呈现跷跷板的关系。

因此，通过进行一定比例的股基和债基搭配，如9∶1组合、5∶5组合、2∶8组合等，可以降低单一市场下跌带来的风险。如果投资者还担心债市会继续回调，同时又想要配置稳健型的基金，则不妨关注"固收+"产品，也许会有意外的收获。

一旦A股市场熊气弥漫，大家就会看到一些财经类媒体向投资者推荐"固收+"。这里的"固收"指的就是债券，"+"指的就是债券搭配各类资产，比如债券+股票、债券+黄金、债券+可转债等。

按照经验，当利率上行风险较小时，可以选择中短期的债券产品；等到经济数据再度波动，利率下行空间再度打开之时，再进行长久期利率债的加仓配置。

从长期来看，债券型基金可以起到熨平组合波动的作用。通常债券型基金的买入信号有两个：一个是央行的明确行动，包括降准或调低市场公开利率等；另一个是投资者对经济增速的预期减弱，经济数据一旦转差，债市的配置空间就会再度打开。

所以，从资产配置的角度来说，即使是高风险的投资者，股债均衡配置也是很有必要的，有助于在中长期投资过程中分散市场风险。

4.2.7 选债基的方法及三个匹配

债基按风险由低到高排序，分别是短期纯债基金、中长期纯债基金、一级债基、二级债基、可转债基金。

那如何选择债基呢？这里以纯债基金为例，介绍如下。

第一步，选择纯债基金。

由于纯债基金不涉足股票市场，所以它的风险也是债券型基金中最低的。一般来说，纯债基金的名称中都有"纯债"两个字，直接找"纯债基金排行榜"或者搜索"纯债"即可。

第二步，选择规模适中的"老基金"。

对于一只基金来说，基金规模太小，比如小于5 000万元，会有清盘风险；基金规模太大，"船大难调头"，不利于基金公司操作。综合考虑，选择5亿~20亿元规模的债券型基金比较合适，"基龄"在两年以上的"老基金"较好。

第三步，选择历史业绩优秀的基金。

可以通过第三方基金平台（如天天基金网）查看纯债基金业绩排行榜，选出近两年、近三年业绩排名靠前的基金。

第四步，选择没有踩过雷的基金公司。

如果基金公司近5年出现过黑天鹅事件，发生过债券信用兑付危机，就说明这家基金公司的整体风控体系有问题，我们对该公司的产品一定要敬而远之。

任何资产都有一个共同的特点，就是跌起来容易，但涨回来慢，好似下楼总比爬楼快，像纯债基金这种上涨"龟速"的产品无疑更要注意这个问题了。纯债基金在债基中的风险最低，预期收益比较稳健，如果基金净值短期出现较大波动，那么最好拉长投资期限，以时间换空间，相对会有较好的结果。

投资讲究的是安全性、流动性、盈利性三结合，选择债基也要讲究期限匹配、波动匹配、目标匹配，才能取得好的效果，如表4-2所示。

表4-2 选择债基的三个匹配

名　称	期限匹配	波动匹配	目标匹配
短期纯债基	最少持有6个月	波动0.5%以内	年化收益3%～5%
中长期纯债基	最少持有1年	波动3%以内	年化收益4%～7%
一级债基	最少持有1年	波动5%以内	年化收益5%～9%
二级债基	最少持有1年	波动7%以内	年化收益8%～13%

资料来源：笔者归纳整理。

凡事预则立，不预则废。我们可以看长做短，千万不要看短做长，不要选择与自己能力不匹配的产品。

4.2.8 买卖债基的策略技巧

债券投资收益主要来源于票息和买卖价差（资本利得），票息是在债券发行时约定好的，一般不会变化，而买卖价差会伴随债券交易价格的变化而不断变化，这也是债券收益的不确定性因素。

在债券投资中会涉及一个专有名词叫"久期"。久期是指债券持有者收回其全部本金和利息的平均时间。久期越短，债券价格波动越小，利率风险越小。

从经济周期来看，在经济环境下行、市场利率走低时，往往是投资纯债品种的好时机；而当经济环境好转甚至过热、市场利率走高时，纯债品种的收益率下降，这时选择可转债等偏权益类产品将会更合适。

一般而言，投资就是要低买高卖，但由于债券的价格与利率是反向关系，那我们就要低卖高买，即在利率处于高位的时候买入，在利率处于低位的时候卖出。关于市场利率的高低，我们可以参考国债收益率的变化。

这里的利率指的是10年期国债收益率。研究指出，10年期国债收益率越涨，债券市场越差。10年期国债收益率上涨，对应的就是当前持有的债券价格下跌，意味着市面上流通的债券相对收益降低，债券型基金的价格会下跌；10年期国债收益率下降，则当前持有的债券价格上涨，意味着市面上流通的债券相对收益提高，债券型基金的价格会上涨。

2022年债券市场出现了三次较大的震荡回调，体现在10年期国债收益率上，就是三次触底反弹：第一次是1月25日—3月9日，10年期国债收益率从2.67%涨到2.86%，涨幅为7.12%，历时43天；第二次是8月19日—9月30日，10年期国债收益率从2.62%涨到2.78%，涨幅为6.11%，历时41天；第三次是10月31日—12月13日，10年期国债收益率从2.66%涨到2.92%，涨幅为9.77%，历时44天。市场表现为：国债利率上涨，债券价格下跌。

下跌不可怕，放弃才可怕。从市场的演变中可以得出两个结论：第一，当债券市场大幅调整时，债基收益明显缩水，但拉长时间周期来看，还是取得了正收益；第二，债券市场发生调整短则一两周，长则个把月，大概率会企稳或转好。

因此，投资者可以盯住10年期国债收益率走势，在债基下跌一段时间后开始分批次加仓，即便还会有一些跌幅，但也躲过了初期恐慌性大跌，减少了"痛感"，后面大概率会收获稳稳的幸福。

债市真正从牛市转为熊市，往往要看到央行货币政策主动转向，如2009年下半年，2011年、2013年、2016—2017年及2020—2021年的债券"牛转熊"，触发因素都是市场看到央行货币政策出现了较为明显的转向或者持续收紧的信号。如果政策面存在宽松空间，那么资金面一旦得到改善，债券市场将迅速得以修复。

以史为鉴，债券在不踩雷的前提下，只要能熬，市场行情造成的回撤迟早会回来——真正的只输时间不输钱。在一般情况下，债基的下跌在6个月左右即可收复。

又如可转债，它具有股债双重属性，类似于一个股债组合，而且股和债的性质关系也会随着市场的变化而变化，在市场转强的时候则股性突出，在市场转弱的时候则债性突出。一旦可转债的股性消失，它就变成了低息债，因此会提前于市场见底，可转债见底通常也是市场极度悲观的一个标志。所以，在熊市里去投可转债，是非常好的选择。

当投资者无法判断市场行情时，可转债是优选。那怎么判断可转债股性消失呢？这里分享一种简单的方法：我们可以观察中证转债指数（指数代码为000832），如果发现该指数已经不跟随股市下跌了，转而去跟随中证全债指数（指数代码为H11001）上涨了，那么基本上可以判断出现了这种股性消失的情况，是一个很好的投资机会。比如2018年8月，如果买入了兴全可转债基金（基金代码为340001），那么随后三年将分别上涨24.75%、19.33%和16.17%。

由于上市公司的目标都是将规模做大做强，故大部分发行可转债的公司会千方百计地将可转债提前转换为股票，这样就将债权融资转换为股权融资，轻松实现了公司规模的扩张。所以A股市场上的大多数可转债都会在130元以上转股收场，实现名正言顺的"欠账不还"。

可转债相对于指数的优势一般都是在市场大跌中取得的，它下有债性保本，上有股性赚钱，主要优点是耐力好，而不是攻击力强。我们在进行可转债投资时，可以把握100元面值线、到期保本线、回售防护线这三条安全线，没必要天天关注，长期持有下来基本赔不了钱。

概括一下，投资债券型基金可以把握三点。

（1）市场利率低位选短期，市场利率高位选长期。

（2）可以分批买入，万一出现浮亏可以加仓拉低成本。

（3）可以利用股债"跷跷板"效应，配置一定比例的权益仓位，对冲单一资产的下行风险。

寻找投资机会，我们费心费力。金融产业与我们的关系如此紧密，勇敢一点，价值或许离我们很近。

活着，才有将来；不亏，才有复利。投资基金的核心秘诀就是：慢就是快，快就是慢。投资的策略和方法多种多样，没有最好，只有更好，适合自己就行。总之，我们要赚心安理得的钱，而不要赚提心吊胆的钱，买卖债基亦同此理。

第 5 章

春夏秋冬有交替，
基金兴衰有四季

世间万物，无形决定有形。年有春夏秋冬，月有阴晴圆缺，人有悲欢离合。岁月无声，花开有期。天不得时，日月无光；地不得时，草木不长；水不得时，风浪不平；人不得时，好运无望。基金是投资证券的工具，有涨有跌很寻常，基金经理是人不是神，有时走运，有时背运。盈亏互现，兴衰交替，构成了证券市场的画卷。

5.1 人多之处不要去

2021年12月2日晚,一条消息在基金界迅速火了:饶刚新基一天认购金额达1 020亿元,配售比例为9.8%。

据券中社报道,睿远稳进配置两年持有期混合型证券投资基金于12月2日结束募集,全市场认购金额约为1 020亿元,按募集金额100亿元来计算,配售比例为9.8%。睿远稳进配置是睿远基金副总经理、固收大佬饶刚的首发产品,同时也是睿远基金第三只公募产品——睿远稳进配置两年持有期混合型证券投资基金于12月2日通过各大银行、券商、第三方及直销平台发售,并再度上演日售千亿元的场面。

5.1.1 没有永远的传奇

睿远稳进配置两年持有混合A(基金代码为014362)为什么会出现如此火爆的发售场景呢?

睿远基金管理有限公司成立于2018年10月29日,总经理是陈光明,公司旗下基金数量为两只,基金资产规模为500.73亿元,基金经理人数为三人。陈光明之前做过东方红资管还有私募,业绩都很好,赢得了良好的口碑,后来转战公募,网罗了傅鹏博、饶刚等一批公募基金的高人。该公司于2019年3月发售第一只基金——傅鹏博掌舵的睿远成长价值A(基金代码为007119),当时的配售比例是7%;于2020年2月发售第二只基金——赵枫挂帅的睿远均衡价值三年A(基金代码为008969),最后配售比例不到5%。

但两只基金的表现都很好,据Wind数据统计,截至2021年12月3日,睿远成长价值A的净值为2.070 8元/份,自成立以来已经翻倍;睿远均衡价值三年A处在封闭期,净值为1.659 3元/份,自成立以来上涨了66%。该公司一年发售一只基金,这次发售的是第三只,令大家对饶刚的产品充满了期待,有些人甚至就是跟风买入。

其实,历史并不代表未来,特别是关心短期业绩表现的投资者更要注意了。很多人并不了解,睿远基金公司整体都属于价值成长风格,整体业绩优秀,但并不是每个年度都优秀。例如，傅鹏博的睿远成长价值A，投资类型属于偏股混合型基金，2020年的回报是71%，而2021年的回报是0.29%（至12月3日）。同样，赵枫的睿远均衡价值三年A，投资类型属于偏股混合型基金，2020年的回报是61.57%，而2021年的回报是2.7%（至12月3日）。也就是说，这两只基金的良好业绩都是2020年跑出来的，2021年几乎没有什么贡献。作为投资者，请扪心自问：你满意这样的结果吗？

大家可以去查看一下K线图，创业板指2020年上涨了64.96%，2021年同期上涨了17.27%；中证500指数2020年上涨了20.87%，2021年同期上涨了14.68%。上述产品2021年明显跑输这两个指数，从中也再一次告诉我们：市场风格如价值、成长、周期、非周期是轮换的，没有永远的高人，没有一位基金经理可以打满全场。

饶刚曾经是做债的优秀基金经理，而这只睿远稳进配置两年持有混合A是一只"固收+"产品，合同中有这样的约定："本基金投资于股票资产的比例不超过基金资产的40%，其中港股通标的股票投资占股票资产的比例不超过50%。"也就是说，这只基金最高的权益比例也就40%，哪怕做得再好，年化回报也就在10%左右，千万不要奢望很高的超额回报。这样一分析，大家还会一窝蜂地疯抢吗？

历史可以参考，但并不代表未来；投资要戴望远镜，千万不要戴后视镜。

再者，优秀的基金经理长期能打败市场，但不可能在任何一个时段都能跑赢市场。每位基金经理都有自己的能力圈，有的擅长投资医药，有的擅长投资白酒，有的擅长投资TMT（科技、媒体、通信），他们也要遵循均值回归法则，前面跑得太快，后面就得歇一歇，没有人可以保证股市一直上涨。去追热门基金经理，就相当于承担了高买低卖的风险。因为那些明星基金经理都有自己的风格，之所以业绩好，只是因为这个人的风格刚好与当时市场的风格契合而已。一旦市场风格转变，业绩自然就会下滑，落寞实属正常。大家去看看前几年热门的量化基金，再看看后来的表现，不应当反思吗？

因此，人多的地方不要去。俗话说："人无千日好，花无百日红。"当前基金业绩太好，反而应当警惕；当前基金业绩欠佳，反而应当期待。

5.1.2 条条大路通罗马，水流千里归大海

2021年11月15日，北京证券交易所（以下简称"北交所"）敲锣开张，首批8只北交所主题基金于11月19日发售，广发、汇添富、易方达、华夏、大成、万家、嘉实、南方等基金公司旗下的北交所主题基金火速售罄，单只基金募集规模上限为5亿元，最终启动比例配售。这些基金的吸引人之处都是投"专精特新"小盘成长公司，而且都是两年定开。

令我不解的是，当大家纷纷关注北交所两年定开基金甚至要按比例配售的时候，为什么不能另辟蹊径呢？例如，中证1000指数（指数代码为000852）由全部A股中剔除中证800指数成分股后规模偏小且流动性好的1 000只股票组成，综合反映中国A股市场中一批小市值公司的股票价格表现。在北交所开业后，该指数也会将其中优秀的公司纳入成分股。因此，我们可以借机关注中证1000 ETF（基金代码为512100），不仅流动性好，而且覆盖面广，不用摩肩接踵就可以达到异曲同工的目的。2021年11月末，随着中证1000指数创出逾4年新高，全市场最大的中证1000 ETF的单位净值和规模也一并创下上市以来新高。

条条大路通罗马，何必千军万马一定要去挤独木桥？

我们投资的目的是让钱包鼓起来，是让钱值钱，并不是要赶时髦、出风头，更不是要得到别人廉价的口头表扬。投资理财一定要兼顾流动性、盈利性和安全性。

俗话说："真金不怕火炼。"横空出世的概念，哪怕再新颖，如果不懂，那么我们千万不要去碰。就算是再高科技，再颠覆式创新，大家也可以等一等，是李逵还是李鬼，自然会有时间验证。

5.1.3 适配均衡重长期，切忌盲目去从众

寒冬暗蕴千斤力，春来必发万重花。基金的热与冷是轮转的，动与静是相对的。当新能源火爆时，我们可以关注传统能源；当传统能源火爆时，我们可以关注新能源。比如昨天是生物医药、白酒板块领跌，光伏、新能源汽车领涨，而今天就是光伏、新能源汽车领跌，生物医药、白酒板块领涨，这说明短期的行情难以预测，市场的上涨和下跌就像人呼吸一样自然。

从中期来看，消费和医药板块都是产生大牛股的摇篮，虽然不会一步登天，

但是能缓步攀升，就像我们爬泰山登南天门，要经历十八盘，螺旋式上升是事物变化的常态。从长期来看，国家兴旺发达、日益昌盛，才能给投资者带来好的回报，故长期投资看国运。因此，乐观者可以投资，悲观者务必远离市场。

鞋子合不合脚只有自己知道，所以我们在购买产品之前一定要认真去做一做风险测评，切莫当儿戏。选择与自身风险承受能力和风险承受意愿相匹配的金融产品非常重要。

为了规避风险和减少波动，投资不要仅仅集中于某一类型、某一板块，尤其不要追逐近期的热点。就算糖果好吃，也不能天天当饭吃吧？我们倡导"不要把所有的鸡蛋放在一个篮子里"，旨在提醒大家分散风险，但投资者也不能把所有的篮子放在同一辆车上吧？因此，大家的组合不能过于集中、过于激进，而要根据自己的实际情况，合理配置，就像吃东西一样，合乎时宜，荤素搭配，均衡膳食。

5.2 爆款基金今安在

相较于个人炒股票，通过公募基金参与资本市场利大于弊。近些年公募基金的业绩大家有目共睹，绝大多数投资者开始相信"炒股票不如买基金"。但对于部分投资者而言，基金的体验感并不好，为什么呢？

那些爆款基金往往是在人声鼎沸时推出的，很多人就是在那个时候义无反顾地冲进去的。

我们不妨来回忆一下历史上的爆款基金。

5.2.1 2007年四只率先出海的QDII

有些人动不动就喜欢说"时间是投资者的朋友"。人生百年，又有几个十年呢？

以2007年下半年为例，有南方全球、华夏全球精选、嘉实海外中国股票、上投摩根亚太优势4只QDII发行，火爆场面丝毫不逊色于今天，大家排队购买并实行了配售，其中：

（1）南方全球于2007年9月12日首日发售，募集规模达491亿元人民币，超过预定的150亿元人民币的规模。经申请追加，该基金最终核批募集额度为40亿美元，确认配售比例是61.968 585%。

（2）华夏全球精选于2007年9月27日募集首日有620亿元人民币参与认购，超过预定募集规模，确认配售比例是47.654 566%。

（3）嘉实海外中国股票于2007年10月9日募集首日发售，有效认购申请金额为738亿元人民币，超过预定募集规模，确认配售比例是40.784 434%。

（4）上投摩根亚太优势于2007年10月15日募集首日顺利完成发售，有效认购申请金额为1 163亿元人民币，超过预定募集规模，确认配售比例是25.803 951%。

很多人以为买到即赚到，结果这些基金在出海之后纷纷跌破面值，投资者伤痕累累，基金经理换了一茬又一茬，其中，南方全球换了10位基金经理，华夏全球精选换了5位基金经理，嘉实海外中国股票换了8位基金经理，上投摩根亚太优势换了4位基金经理。这期间美股牛了10年，而这些基金的净值直到2020年才全部浮出水面，整整13年过去了才扭亏，令投资者一度闻QDII色变。

2020年年底去看它们各自的业绩，南方全球平均年化回报为1.70%，华夏全球精选平均年化回报为2.63%，嘉实海外中国股票平均年化回报为1.17%，上投摩根亚太优势平均年化回报为0.71%。虽然收益已经全部转正，但基金份额都从成立初始时的300亿份左右滑落到40亿份以下，下降幅度达到86%以上，说明绝大多数基民都是割肉离场的。如果你作为投资者身处其中，则可以问问自己：这13年持有基金的感觉好吗？

2007年首批QDII份额和累计净值变化表如表5-1所示。

表5-1　2007年首批QDII份额和累计净值变化表

名称时间	南方全球（基金代码为202801）2007/9/19成立		华夏全球精选（基金代码为000041）2007/10/9成立		嘉实海外中国股票（基金代码为070012）2007/10/12成立		上投摩根亚太优势（基金代码为377016）2007/10/22成立	
	基金份额（份）	基金净值（元/份）	基金份额（份）	基金净值（元/份）	基金份额（份）	基金净值（元/份）	基金份额（份）	基金净值（元/份）
募集成立时	300亿	1.000 0	301亿	1.000 0	298亿	1.000 0	296亿	1.000 0
2007年	301亿	0.937 0	301亿	0.893 0	298亿	0.879 0	301亿	0.895 0
2008年	252亿	0.531 0	263亿	0.526 0	265亿	0.440 0	283亿	0.383 0

续表

名称 时间	南方全球 (基金代码为202801) 2007/9/19成立		华夏全球精选 (基金代码为000041) 2007/10/9成立		嘉实海外中国股票 (基金代码为070012) 2007/10/12成立		上投摩根亚太优势 (基金代码为377016) 2007/10/22成立	
	基金份额 (份)	基金净值 (元/份)	基金份额 (份)	基金净值 (元/份)	基金份额 (份)	基金净值 (元/份)	基金份额 (份)	基金净值 (元/份)
2009年	230亿	0.741 0	246亿	0.824 0	246亿	0.695 0	266亿	0.607 0
2010年	203亿	0.755 0	215亿	0.897 0	213亿	0.677 0	236亿	0.692 0
2011年	182亿	0.603 0	192亿	0.722 0	191亿	0.514 0	214亿	0.506 0
2012年	169亿	0.697 0	179亿	0.805 0	178亿	0.614 0	200亿	0.581 0
2013年	147亿	0.765 0	152亿	0.874 0	154亿	0.659 0	173亿	0.577 0
2014年	114亿	0.825 0	116亿	0.816 0	120亿	0.659 0	134亿	0.581 0
2015年	63亿	0.800 0	67亿	0.780 0	87亿	0.632 0	82亿	0.566 0
2016年	59亿	0.788 0	63亿	0.769 0	81亿	0.665 0	76亿	0.608 0
2017年	51亿	0.917 0	52亿	1.005 0	66亿	0.894 0	67亿	0.800 0
2018年	45亿	0.836 0	43亿	0.908 0	57亿	0.763 0	60亿	0.693 0
2019年	35亿	1.064 0	36亿	1.073 0	50亿	0.905 0	54亿	0.858 0
2020年	24亿	1.245 0	26亿	1.402 0	36亿	1.163 0	40亿	1.096 0
2021年	19亿	1.109 0	22亿	1.197 0	26亿	0.860 0	31亿	0.963 4
较成立时变动	-93.67%	10.90 %	-92.69%	19.70%	-91.28%	-14.00%	-89.53%	-3.66%

数据来源：天天基金网。

如果时光可以倒流，当初拿10万元购买其他产品，即使按照6%的年化收益率计算，则13年下来总额将达到21.33万元，本金可以实现翻番。二者相比简直是天壤之别。

5.2.2 2015年红火起来的"互联网+"基金

2015年3月，随着"互联网+"战略的提出，众多基金公司蜂拥成立"互联网+"基金。

资料显示，借着当时政策东风而成立的基金有17只。但是，这些基金在运行后，收益情况却严重分化，绝大多数业绩都在面值以下，直到2017年才出现转机，如表5-2所示。

表5-2　17只"互联网+"基金简表

基金代码	基金名称	类型	成立时间	托管银行	年底累计净值（元/份）				
					2017年	2018年	2019年	2020年	2021年
000988	嘉实全球互联网（QDII）	股票型	2015/4/15	招商银行	1.434 0	1.248 0	1.647 0	2.237 0	2.371 0
001150	融通互联网传媒	混合型	2015/4/16	建设银行	0.630 0	0.475 0	0.621 0	0.977 0	1.054 0
001144	大成互联网思维	混合型	2015/4/21	中国银行	0.936 0	0.741 0	1.039 0	1.665 0	1.714 0
001125	博时互联网主题	混合型	2015/4/28	建设银行	0.796 0	0.533 0	0.860 0	1.354 0	1.529 0
001071	华安媒体互联网A	混合型	2015/5/15	工商银行	0.992 0	1.000 0	2.017 0	2.388 0	3.234 0
001210	天弘互联网	混合型	2015/5/29	邮储银行	0.677 6	0.492 7	0.843 9	1.165 1	1.192 9
001409	工银瑞信互联网加	股票型	2015/6/5	交通银行	0.406 0	0.256 0	0.396 0	0.684 0	0.739 0
001404	招商移动互联网产业	股票型	2015/6/19	工商银行	0.866 0	0.594 0	0.884 0	1.226 0	1.681 0
001396	建信互联网+产业升级	股票型	2015/6/23	华夏银行	0.763 0	0.549 0	0.825 0	1.275 0	1.486 0
001542	国泰互联网+	股票型	2015/8/4	建设银行	2.039 0	1.255 0	1.722 0	3.073 0	3.168 0
001663	中银互联网+	股票型	2015/8/6	招商银行	1.080 0	0.748 0	1.105 0	1.279 0	—
001808	银华互联网主题	混合型	2015/11/18	中国银行	0.908 0	0.627 0	1.009 0	1.984 0	2.477 0
002085	长盛互联网+	混合型	2015/12/28	中国银行	1.199 0	0.946 0	1.134 0	1.435 0	1.770 0
002174	东方互联网嘉	混合型	2016/4/6	农业银行	0.747 2	0.496 0	0.699 8	1.014 8	1.178 0
001978	泰信互联网+	混合型	2016/6/8	中国银行	1.006 0	0.809 0	1.187 0	1.857 0	2.231 0
002482	宝盈互联网沪港深	混合型	2016/6/16	建设银行	1.213 0	0.967 0	1.728 0	3.006 0	3.705 0
004292	鹏华沪深港互联网	股票型	2017/4/6	农业银行	1.253 2	0.941 9	1.187 0	2.055 5	2.403 3

数据来源：Wind。

以"互联网"命名的基金概览：

2017年，累计净值在1元面值以下的有10只，占比为58.82%。

2018年，累计净值在1元面值以下的有14只，占比为82.35%。

2019年，累计净值在1元面值以下的有7只，占比为41.18%。

2020年，累计净值在1元面值以下的有2只，占比为11.76%。

2021年，累计净值在1元面值以下的有1只，占比为6.25%，1只基金清盘。

业绩最差的工银瑞信互联网加（基金代码为001409）2021年年底的净值是0.739 0元/份，基金份额是60亿份，而在2015年基金公告成立时，有效募集份额是197亿份，规模缩水69.54%，前后对比，真可谓"冰火两重天"。2019年该基金净值最低曾跌到0.248 0元/份，真不知16.9万持有者当时是什么样的感受，是不是欲哭无泪？

5.2.3　2018年的CDR基金（战略配售基金）

2018年6月11日，国内首批瞄准独角兽企业战略配售的基金产品正式发行，海外上市的高科技公司以存托凭证形式（CDR）回归A股的新闻被炒得火热，基民认购"火爆"。同年7月5日，招商3年战略配售、易方达3年战略配售、南方3年战略配售、汇添富3年战略配售、嘉实3年战略配售、华夏3年战略配售这6只CDR战略配售基金火速成立，募售资金近千亿元。但尴尬的是，最后由于种种原因，除了第一批上市的工业富联、宁德时代等，之后所谓的独角兽一个也没有回来。

计划赶不上变化，最终回归计划被搁置。2018年四季报显示，6只战略配售基金的持仓配置后来以固定收益类产品为主，股票仓位处于较低状态，仅有招商、易方达、南方、汇添富4只战略配售基金参与了中国人保的战略配售（2018年11月16日中国人保发行上市），而嘉实战略配售基金小幅度配置了海康威视、万科等蓝筹股。

这些基金阴差阳错地逃过了当年的A股下跌，赶上了债券的牛市，从而保证了年底净值在面值以上。虽然这些基金没有让投资者亏损，但历时大半年，收益只有3~5个百分点，大家对这样的业绩满意吗？

上述6只基金都属于LOF，即上市交易的开放式基金，2019年3月19日如期上市。急等用钱的投资者可从场外将基金份额转至场内卖出（转托管）。

2021年7月5日，首批3年战略配售基金封闭运作期届满。按照发行时的规定，持有这些基金时间大于或等于180天的份额赎回费率为0。根据安排，7月5日至8月2日进入转型过渡期，这6只基金从8月3日起成功转型，同日开放申购、赎回、转换及定投业务，它们分别更名如下：

（1）招商3年战略配售更名为招商瑞智优选。

（2）易方达3年战略配售更名为易方达科润。

（3）南方3年战略配售更名为南方优势产业。

（4）汇添富3年战略配售更名为汇添富核心精选。

（5）嘉实3年战略配售更名为嘉实产业优选。

（6）华夏3年战略配售更名为华夏兴融A。

从业绩表现来看，Wind数据显示，自2018年7月成立到2021年封闭运作期结束，回报最高的汇添富3年战略配售赚了24.53%，回报最低的华夏3年战略配售只赚了10.55%。值得注意的是，战略配售基金的业绩比较基准在三年间的增长率为35.06%，也就是说6只基金悉数跑输了基准。

如果统计同期主动权益基金（含普通股票型、偏股混合型、灵活配置型）和债券型基金的收益率则可以发现，2018年7月2日至2021年7月2日，上述两类基金的累计收益率均值分别是89.09%和16.34%。也就是说，6只战略配售基金不仅大幅跑输了主动权益基金，还有半数跑输了债券型基金。

截至2021年7月2日，这6只基金的净值如表5-3所示。

表5-3 战略配售基金概况表

基金代码	原基金简称	设立日期	发行份额（亿份）	现基金名称	托管银行	基金净值（元/份）			
						2018年年底	2019年年底	2020年年底	2021/7/2
161728	招商3年战略配售	2018/7/5	247.08	招商瑞智优选	中国银行	1.026 0	1.079 5	1.148 4	1.167 1
161131	易方达3年战略配售	2018/7/5	244.37	易方达科润	建设银行	1.025 8	1.089 8	1.136 5	1.166 1
160142	南方3年战略配售	2018/7/5	180.64	南方优势产业	工商银行	1.029 4	1.096 8	1.143 9	1.171 4
501188	汇添富3年战略配售	2018/7/5	144.36	汇添富核心精选	工商银行	1.029 0	1.089 6	1.206 2	1.245 3
501189	嘉实3年战略配售	2018/7/5	119.51	嘉实产业优选	中国银行	1.019 7	1.062 8	1.184 6	1.222 2
501186	华夏3年战略配售	2018/7/5	113.22	华夏兴融A	工商银行	1.026 4	1.085 3	1.094 5	1.105 5

数据来源：Wind。

想想那些抢购CDR基金的人，看看后来的结果，内心恐怕是百感交集吧。

5.2.4 那些记忆中的爆款基金

公募基金作为证券市场里的中坚力量，哪里有热点，哪里就有基金的身影。A股市场历来被人称为"政策市"，政策的推动作用毋庸置疑，在潜移默化中也形成一种观点：跟着政策有肉吃。当年的"互联网+"基金、CDR基金之所以能够大热，是因为它们抓住了政策的热点。

2017年下半年，很多基金公司采用了"饥饿销售法"，用明星基金经理的过往业绩做噱头吊人胃口，号称一天或两天募集多少亿元资金就结束发行，人为制造"一基难求"的局面,而那些爆款基金当前的情形又如何呢?

表5-4中列出的基金都是募集规模50亿元以上的,就是当时的一个缩影。

表5-4 爆款基金概况表

基金代码	基金简称	产品类型	基金成立日	募集份额（亿份）	当时基金经理	托管银行	2021年年底	
							基金规模（亿元）	单位净值/累计净值（元/份）
166024	中欧恒利三年定开	混合型	2017/11/1	74	曹名长	招商银行	4.43	1.088 4/1.417 3
005055	华泰柏瑞量化阿尔法A	混合型	2017/9/26	52	田汉卿、盛豪	中国银行	1.58	1.599 5
005123	南方优享分红	混合型	2017/12/6	52	李振兴	工商银行	5.67	0.970 5/1.570 5
005612	嘉实核心优势	股票型	2018/2/1	89	胡宇飞、张楠	中国银行	6.58	1.725 5
005521	华安红利精选	混合型	2018/1/19	50	杨明	建设银行	4.39	1.470 7/1.536 8
005450	华夏稳盛	混合型	2018/1/17	78	蔡向阳	中国银行	11.4	1.884 1
005267	嘉实价值精选	股票型	2017/11/6	66	谭丽	中国银行	30.6	2.128 8
163417	兴全合宜（LOF）	混合型	2018/1/23	327	谢治宇	招商银行	132.6	1.956 5
501054	东方红睿泽三年定开A	混合型	2018/1/31	71	孙伟、周云	招商银行	89.2	1.482 3/1.782 3

数据来源:天天基金网。

通过表5-4不难发现,这些基金都是在2017年和2018年发行的,明星基金经理有中欧公司的曹名长、华泰柏瑞公司的田汉卿、南方公司的李振兴、嘉实公司的胡宇飞和谭丽、华安公司的杨明、华夏公司的蔡向阳、兴全公司的谢治宇、上海东方证券资产管理有限公司的孙伟。

当时募集规模最小的是华安红利精选,有50亿元;募集规模最大的是兴全合宜（LOF）,有327亿元。截至2021年年底,除了东方红睿泽三年定开A的规模增长了18亿元,其余基金的规模都大幅缩水,用"腰斩"一词来形容都不过分。成立时间最久的华泰柏瑞量化阿尔法A由募集时的52亿份下降到只有1.58亿份。从业绩表现来看,在9只基金中,业绩最好的嘉实价值精选的净值已经实现翻番,而业绩最差的南方优享分红的净值还在1元面值以下,可谓"一个在天上,一个在地下"。

爆款基金规模和净值变动情况如表5-5所示。

表5-5 爆款基金规模和净值变动情况表

基金简称	基金成立日	募集份额（亿份）	基金规模（亿元）				年底累计净值（元/份）				规模变动幅度	最大回撤
			2018年	2019年	2020年	2021年	2018年	2019年	2020年	2021年		
中欧恒利三年定开	2017/11/1	74	74	74	4.33	4.43	0.814 9	1.035 2	1.121 2	1.417 3	-94.01%	-23.75%
华泰柏瑞量化阿尔法A	2017/9/26	52	28	15	2.49	1.58	0.794 9	1.020 5	1.427 2	1.599 5	-96.96%	-23.44%
南方优享分红	2017/12/6	52	40	16	6.56	5.67	0.830 9	1.143 9	1.684 1	1.570 5	-89.10%	-22.82%
嘉实核心优势	2018/2/1	89	74	25	8.56	6.58	0.806 2	1.159 5	1.910 3	1.725 5	-92.61%	-23.71%
华安红利精选	2018/1/19	50	52	32	9.07	4.39	0.735 8	1.049 6	1.494 9	1.536 8	-91.22%	-26.42%
华夏稳盛	2018/1/17	78	57	24	14.6	11.4	0.792 5	1.186 4	2.221 4	1.884 1	-85.38%	-26.43%
嘉实价值精选	2017/11/6	66	41	20	21.6	30.6	0.850 2	1.211 5	2.077 5	2.128 5	-53.64%	-24.65%
兴全合宜（LOF）	2018/1/23	327	327	327	149.5	132.6	0.832 4	1.139 4	1.957 2	1.956 5	-59.45%	-17.42%
东方红睿泽三年定开A	2018/1/31	71	71	71	71	89.2	0.811 2	1.170 3	1.912 3	1.782 3	25.63%	-19.90%

数据来源：天天基金网。

通过表5-5不难发现，这些爆款基金自成立以来均有跌破面值的"不良"记录，除了兴全合宜（LOF）和东方红睿泽三年定开A，最大回撤均在-20%上下，如果投资者真的看好这位明星基金经理的操盘能力，看好这家公司的投资研发能力，则完全可以在这些基金"破发"后从容购买、淡定持有。我感到很奇怪：为什么非要一开始就一窝蜂抢购呢？

此外，中欧恒利三年定开和东方红睿泽三年定开A同属于三年定开混合型基金，但中欧恒利三年定开规模（基金份额）下降了94.01%，由成立时的74亿份变成了4.43亿份；而东方红睿泽三年定开A规模（基金份额）上升了25.63%，由成立时的71亿份变成了89.2亿份。原因何在？

其一，中欧恒利三年定开的最大回撤是-23.75%，而东方红睿泽三年定开A的最大回撤是-19.90%，后者明显优于前者；其二，中欧恒利三年定开的平均年化收益率约是4%（2020年11月2日打开可申购、赎回），而东方红睿泽三年定开A的平均年化收益率约是26%（2021年1月31日打开可申购、赎回），后者明显优于前者。所以大家喜欢东方红睿泽三年定开A就是情理之中的事了。

如果一只基金不能给投资者带来良好的回报,那么,不管是封闭还是开放或者定开,不管起初销售时有多么火爆,都会让投资者抛弃。

5.2.5　2019年和2020年发行的科创板基金

2019年4月最热闹的莫过于科创板公募基金的发行,各种消息铺天盖地,成了大家茶余饭后的热门话题。

易方达科技创新混合基金首当其冲,由中国银行独家发行。中国银行管理层为此高度重视,由上至下积极动员部署,营销短信言简意赅:"科创引领,布局未来。易方达科技创新混合基金将于4月26日在中行发售1天,募集规模上限10亿元人民币,可参与投资科创板上市公司股票(但非必然投资科创板),敬请关注。基金有风险,请根据自身风险承受能力与产品风险等级谨慎投资,详询网点及理财经理。"

2019年4月26日,中国银行最终募集资金100多亿元。2019年4月29日,易方达基金管理有限公司就易方达科创基金发布了公告:"根据发售公告的有关规定,易方达基金管理有限公司对2019年4月26日有效认购申请采用'末日比例确认'的原则予以部分确认。本基金2019年4月26日有效认购申请确认比例为9.747 474%。"

此后的科创板基金几乎都是全渠道销售,高潮迭起。2019年4月30日,多家基金公司发布公告,科创板基金提前结束募集。据统计,汇添富基金、华夏基金、南方基金、富国基金、易方达基金、嘉实基金、工银瑞信基金7家基金公司的首批科创板基金募集上限均为10亿元,全部达到"末日比例确认"条件,首募规模合计约为1 222亿元。

这7只基金均超募配售,大致情况如下。

(1)汇添富科创募集规模为276亿元,配售比例约为3.62%。

(2)华夏科创募集规模为256亿元,配售比例约为3.91%。

(3)南方科创募集规模为231亿元,配售比例约为4.32%。

(4)富国科创募集规模为211.75亿元,配售比例约为4.72%。

(5)易方达科创募集规模为102亿元,配售比例约为9.75%。

(6)嘉实科创募集规模为100.03亿元,配售比例约为10.00%。

（7）工银科技创新3年募集规模为45亿元，配售比例约为22.22%。

从上述数据中不难发现，汇添富科技创新基金认购276亿元，配售比例为3.62%，成为公募基金史上配售比例最低的科创板基金。

科创板作为2019年资本市场上最大的热点，吸引了无数投资者的目光。然而，上海证券交易所有关文件显示，个人投资者申请参与科创板交易有两个门槛：一是需要具备不低于50万元人民币的资金账户资产；二是需要具备24个月以上的证券操作记录。如果不能同时满足上述两个条件，那么散户便无法在科创板直接进行股票交易。

这等于将超过九成的散户拒之门外，硬生生地泼了一盆冷水，借助基金参与科创板成了广大散户的不二选择。作为嗅觉异常灵敏的基金公司，争先恐后申报成立科创板基金成为常态。

科创公司的高成长性与高波动性并存，因此科创主题基金也将呈现显著的高成长性与高波动性。科创主题基金仅作为一种投资工具供投资者使用，大家应根据自身情况合理配置该类资产的权重比例，过高比例配置并不可取。科创主题基金的波动性高于不投资科创板的同类型基金的波动性，更适合风险承受能力强、投资经验丰富的投资者配置。

在7只科创板基金公布的基金合同中，也标明了在正式运作后的基金仓位：华夏、嘉实、南方和汇添富的股票仓位设置为60%~95%，易方达科技创新的股票仓位设置为50%~95%，富国科技创新的股票仓位设置为0~95%，工银瑞信科技创新3年封闭运作混合的股票仓位则达到60%~100%。

首批科创主题基金统一采用"中国战略新兴产业成分指数"作为业绩比较基准的权益部分。该指数选取节能环保、新一代信息技术产业、生物产业、高端装备制造、新能源产业、新材料产业、新能源汽车、数字创意产业、高技术服务业等领域具有代表性的100家上市公司股票组成样本股，采用自由流通股本加权方式，以反映中国战略新兴产业上市公司的走势。

科创板门槛高，交易复杂，买科创板基金，让基金经理帮你赚科创板的钱，是明智之举。50万元证券账户资金、两年的证券投资经验、上市后的前5个交易日不设涨跌幅限制、之后的交易日20%的涨跌幅限制，这些规则注定了普通投资者不能直接参与科创板交易，就算直接参与也不能轻松驾驭。

率先发行的7只科创板基金按比例配售。很多人询问我能否购买，我答复："可以。"理由很简单：基金投向明确，配售比例预计都在10%甚至以下，你认购10万元，只能成交1万元；你认购1万元，只能成交1 000元。作为参与者，你认为这样的投资风险还大吗？

当基金公司排着队发行科创板基金的时候，我友情提醒投资者：2007年他们排着队发行了QDII，2015年他们排着队发行了"互联网+"基金，2018年他们排着队发行了战略配售基金，当时的场面也很火爆，但带给我们的体验并不好。大家不妨去翻翻历史，一目了然。相比2018年战略配售基金动辄上限要募集500亿元，这次管理层和基金公司有了英明决策，那就是规定了募集上限不超过10亿元，这是我看到的基金界最大的进步，这样可以有效控制参与者的投资风险。

科创板是顶层设计，政策驱动足，成长空间大。

投资从来就没有包赚不赔的，因此，我们一方面可以积极参与，另一方面也要有思想准备：每个人成功认购科创板基金后配售金额不会太大，同时对科创板基金的预期收益率也不要指望太高，毕竟是新生事物，存在很大的不确定性。

业内人士当时提示了科创板基金可能会遇到的三大风险：一是流动性风险，科创板股票的投资者门槛较高，股票的流动性弱于A股其他板块的流动性；二是退市风险，科创板的退市标准将比A股其他板块的退市标准更加严格，且不再设置暂停上市、恢复上市和重新上市等环节；三是投资集中风险，科创板上市企业大都属于科技创新成长型企业，其商业模式、盈利、风险和业绩波动等特征较为相似，难以通过分散投资来降低风险。

好在2019年首批科创主题基金发行正当时，又进行了限售，带给投资者的回报是非常好的，到2020年年底基金净值都实现了翻番，这也为后来发售相关产品积累了经验，奠定了良好的群众基础。这7只基金的表现如表5-6所示。

表5-6 2019年首批科创主题基金简表

基金简称	基金代码	成立时间	年度业绩回报			基金净值（元/份）		
			2019年	2020年	2021年	2019年年底	2020年年底	2021年年底
易方达科技创新	007346	2019/4/29	32.29%	78.97%	20.04%	1.322 9	2.367 6	2.842 1
华夏科技创新	007349	2019/5/6	32.61%	80.96%	7.53%	1.326 1	2.399 7	2.580 3
嘉实科技创新	007343	2019/5/7	24.40%	85.35%	11.15%	1.244 0	2.305 7	2.562 7

续表

基金简称	基金代码	成立时间	年度业绩回报			基金净值（元/份）		
			2019年	2020年	2021年	2019年年底	2020年年底	2021年年底
南方科技创新A	007340	2019/5/6	46.37%	69.39%	24.32%	1.463 7	2.479 4	3.082 4
汇添富科技创新A	007355	2019/5/6	23.48%	72.61%	16.00%	1.234 8	2.131 4	2.472 4
富国科技创新	007345	2019/5/6	22.14%	90.45%	6.04%	1.221 4	2.326 1	2.466 7
工银科技创新3年封闭	007353	2019/5/6	24.98%	72.11%	5.34%	1.249 8	2.151 0	2.265 8

数据来源：天天基金网。

科技是中国经济未来增长的引擎，投资科技行业就是投资中国的未来。2020年7月，有南方科创板3年定开、万家科创板2年定开、易方达科创板两年定开、富国科创板两年定开、博时科创板三年定开、汇添富科创板2年定开6只科创主题基金发行，这些基金以定期开放方式运作，即采取在封闭期内封闭运作、封闭期与封闭期之间定期开放的运作方式，除万家科创板2年定开募集规模上限为20亿元人民币外，其余5只基金的募集规模上限均为30亿元人民币（不包括募集期利息），采用"末日比例确认"的方式实现募集规模的有效控制。

刚好赶上市场行情，这些基金截至2021年年底均取得了正收益，其中，最好的万家科创板2年定开回报达到39.12%，最差的富国科创板两年定开回报达到6.21%，如表5-7所示。

表5-7　2020年首批科创主题基金简表

基金简称	基金代码	成立时间	年度业绩回报		单位净值/累计净值（元/份）	
			2020年	2021年	2020年年底	2021年年底
南方科创板3年定开	506000	2020/7/28	2.66%	15.27%	1.026 6/1.026 6	1.183 4/1.183 4
万家科创板2年定开	506001	2020/8/3	12.65%	23.51%	1.126 5/1.126 5	1.375 2/1.391 2
易方达科创板两年定开	506002	2020/7/28	4.64%	20.61%	1.046 4/1.046 4	1.262 1/1.262 1
富国科创板两年定开	506003	2020/7/29	-4.87%	11.65%	0.951 3/0.951 3	1.062 1/1.062 1
博时科创板三年定开	506005	2020/7/29	11.47%	13.30%	1.114 7/1.114 7	1.237 8/1.262 8
汇添富科创板2年定开	506006	2020/7/28	12.94%	15.63%	1.129 4/1.129 4	1.260 8/1.303 1

数据来源：天天基金网。

由此，我们对爆款基金进行了理性思考。

首先，基金经理的过往业绩是不是可以代表未来的赚钱能力？纵观市场，既能抓住大小盘轮动又能抓住行业轮动的基金经理几乎没有。所以市场上也有很多人感叹：基金公司赚钱了，但基民没有赚到钱。

其次，一些明星基金经理掌管的产品拉长周期看收益确实表现很好，但中间的回撤幅度也相当大，也就是说涨得猛跌得也狠，这种感受好不好？大家想想，如果某位司机开车送你去某地，中途车子开得七倒八歪，让你在车上吐得一塌糊涂，就算最终到达目的地，你的体验感好吗？换作投资基金，如果拿10万元买入新基金，后来变成了7万元，多年后又涨到了12万元，那么你能忍受中间下跌30%的煎熬吗？

至于究竟是否要买新基金，关键在于投资者对后市的看法。如果投资者认为市场先跌后涨，那就应该去买新基金；如果投资者认为市场先涨后跌，那就应该去买老基金。放眼现实，新基金的发行永远在路上，如果大家真的看好某位明星基金经理的能力，那么，与其低比例配售，不如去申购其成名作或旗舰基金，甚至可以等新基金打开后大幅回撤时再购买，那时候买入净值较低，费率打折，回报率更高。

换个角度看，A股市场风向在变，而基金经理的操作风格难以改变，果真有超一流的实力，老基金的业绩不会逊色，大家何必一窝蜂地去凑热闹呢？如果大家认同"价值投资、长线持有"的理念，那又何苦要从众急吼吼地参与呢？

公募基金已经走过了二十多年，爆款基金就像一面镜子，相信可以照出参与者的投资心智是否成熟。"只听讲暴利后抢购的，没听讲抢购后暴利的"，大家可以多琢磨琢磨这句话的意思。

因此，当大家一窝蜂地去购买某类基金时，比如上面提到的科创板基金，我们也可以独辟蹊径，通过新一代信息技术、高端装备制造、新能源、新材料、节能环保、生物医药、云计算、人工智能等线索去寻找主题基金，这样或许体验感来得更快、更好。

5.3 可靠公司长什么样

买基金，就是把钱交给专业的团队、专业的人去投资证券市场。那么，大家有没有想过：可靠的基金公司长什么样？

第一，渠道经理不会经常换人。尽管券商、银行、第三方平台在上演基金代销的"三国演义"，但目前商业银行依然是销售基金的主力军。如果某家基金公司跑银行的渠道经理经常变动，则说明这家公司的实力不强、人手不够，要么是企业文化有问题，要么是福利待遇不行，要么是员工成长空间有限，所以导致工作人员流动快，年轻人跳槽频繁，甚至可能是基金公司发行的产品踩雷不断，基民怨声载道，导致渠道经理不堪重负而频频辞职走人。对这样的公司要敬而远之。

第二，基金公司不会跟风发产品。基金公司是靠规模计收管理费的，基民投资盈亏跟公司没有直接关系，所以将一些基金经理包装成明星甚至网红做噱头发爆款产品扩大规模是他们的惯用手段。比如，在港股热的时候推港股通基金，在消费热的时候推消费行业基金，在军工热的时候推军工主题基金，但往往业绩不好。由"扩大规模赚管理费"这样的动机出发设计应景产品，甚至跟风发主题基金或行业基金，常常会将一些基民套在高位。不信大家可以去想一想，当大盘到达5 178点时为什么基金公司还要唱多？当大盘到达6 124点时为什么基金公司还在频频发产品？就像一个人在生病前总会有一些征兆，作为专业投资机构，手里握有大量经济数据，对上市公司不停地调研，内部也有明确的分工，真的分析不出来吗？他们缺乏的恐怕是担当和对投资者的责任心吧。因此，跟风发产品的公司应当回避。

第三，市场大跌时会分红。2021年3月市场震荡下杀，很多网红基金限制申购、赎回，似乎对基民很负责，其实不然。早知今日，何必当初？如果一上来就把产品设计成定期开放，那岂不是对投资者更有利？当投资者的钱已经被套在里面时，采取这些措施，眼睁睁地看着基金净值下跌、资产缩水，想止损都不行，这样做有意思吗？熊市中现金为王，基金公司里不乏专业人士，应该比普通投资者更有风险防范意识，与其这样，为什么不事先降低仓位大比例分红呢？那样才是对广大基民真正的负责任。所以，市场大跌时作秀的公司不可靠。

第四，基金募集的时候会实行限购。规模是基金业绩的敌人。前些年有一种流行的说法：在A股市场上，主动管理型基金规模超过70亿元就容易亏损。如果基金公司在产品募集的时候进行了限购，就会降低投资者的风险。比如某只基金实行30亿元的募集规模限额销售，最终超出了募集规模，末日认购配售比例是

10%，如果某人购买100万元新基金，那么最后只能成交10万元，自然就降低了跟风者的风险。发售产品实行限购是对基民负责任的标志之一。

第五，客服电话热情和专业。曾有人说，调研某家上市公司的管理水平如何，看看这家公司的厕所整不整洁就可以了。同样，客服电话也是基金公司管理中的一部分，向客服咨询问题，其态度的优劣和是否专业也可以帮助我们认清一家公司管理的好坏。例如，某人买了基金更换过银行卡，也记不得中间转换了几次，也说不清还有多少份额，就可以通过百度或天天基金网查到基金公司的客服电话，然后打电话询问就可以查到自己的所有历史记录。在这个过程当中，大家可以感知到服务的好坏，从一个侧面验证这家基金公司是否靠谱。

这里举两个例子供大家参考。

事例一：睿远基金放弃巨额管理费，限额发售产品。

2019年3月24日，当周最吸引眼球的可能是来自中国证券网的这条消息：睿远基金管理有限公司发布公告称，睿远成长价值混合基金于3月21日提前结束募集。截至当日，睿远成长价值混合A类份额有效认购申请金额（不包括利息）为710.81亿元人民币，超过50亿元认购限额。根据基金份额发售公告等规定，管理人对A类份额的有效认购申请采取"末日比例确认"的原则进行部分确认，确认比例为7.03%。据了解，当时这一"中签率"创下了基金采取配售比例以来的历史新低。

睿远公募基金是2018年成立的一家新公司，董事长为原东方资管董事长陈光明。当年12月发行专户，300万元起售，不到半个月所有产品的募集规模均达到100亿元。睿远成长价值混合基金是该公司发行的首只公募基金，拟任基金经理为业界投资常青树傅鹏博。傅鹏博之前是兴全基金的中流砥柱，他从2009年开始管理兴全社会责任基金，至2018年3月期间总收益率达到434%，年化收益率为20%，自成立以来排在同类基金第一名。

睿远成长价值混合基金的发行银行渠道仅限招商银行、中国银行、建设银行、平安银行、浦发银行、兴业银行6家，工商银行、农业银行均无法销售。基金托管人为招商银行。业内人士在基金发行前就预测，睿远成长价值混合基金限额50亿元，大概率首日就会结束募集。

据银行里的朋友介绍，为配合该产品的发售，上级领导要求大家做好以下工作：

（1）提前做好产品预热，筛选目标客户，做好客户邀约。

（2）在3月19日之前完成客户定向营销，筛选客户发送营销短信，通过电话、短信、微信开展定向营销。

（3）完成跑马屏广告维护以及客户经理弹框提示。

（4）辖内销售人员加入睿远基金微信群，积极参加微信路演。

（5）在销售过程中要注意防范销售风险。

从上面的介绍中不难发现，用明星基金经理的过往业绩吸引投资者眼球是基金公司在营销时的惯用手法。如此这般，火爆销售的场景自然没有什么奇怪之处，但这次跟以往真的不一样。

我曾鲜明地指出，人多的地方不要去，务必冷静对待爆款基金，但这次银行理财经理向我咨询能否向投资者大力推荐时，我却一反常态，建议动员投资者购买。原因很简单，一方面是当时A股所处的点位在3 000点左右，向上的空间远远大于向下的空间；另一方面是该基金在募集时明确表示募集规模控制在50亿元，因为拟任基金经理是傅鹏博，具有明星光环效应，所以，一旦售罄必然要进行配售，参与者真正能够买到手的份额有限，故风险也相当有限。

恰如3月21日当天募集结束时一位银行理财经理所说："这只基金的闪光点就在于市场募集睿远700亿元总规模仍然维持50亿元。配售说明该基金不以赚取管理费为目的，历史业绩优良的良心基金经理值得信赖。"

睿远成长价值A偏股混合型基金（基金代码为007119）是2019年3月26日成立的，最终公告确认认购份额为49.4亿份，2019年年底基金份额为88.1亿份，2020年基金份额为131.5亿份，2021年基金份额为154.3亿份；同时，该基金的净值也一路上扬，2019年为1.207 5元/份，2020年为2.064 8元/份，2021年为2.118 7元/份，如表5-8所示。

表5-8 睿远成长价值A简介

时间	份额（亿份）	净值（元/份）	业绩回报
2019年	88.1	1.207 5	20.75%
2020年	131.5	2.064 8	71.00%
2021年	154.3	2.118 7	2.61%

数据来源：Wind。

事例二：前海开源基金2015年看空创业板。

基金公司历来都是唱多的，但偏偏有一家基金公司公开提示创业板风险。2015年5月，当创业板指站在3 500点关口时，前海开源基金提出严控创业板风险的声明。5月20日晚间，前海开源基金投研发言人对外宣称平均市场市盈率110倍的创业板泡沫随时破灭，公司以投资委员会指令方式，控制基金经理在中小板和创业板的买入比例。他们将创业板的加速上涨比喻成一只不断充气的球，一旦被戳破，不可能有条不紊地慢慢漏气。

这一举动在当时可谓石破天惊。我们不妨来回顾一下：2015年5月创业板指收3 542.84点；6月最高摸到4 037.96点，报收2 858.61点；12月收在2 714.05点。此后，2016年创业板指下跌27.71%，2017年下跌10.67%，2018年下跌28.65%，报收1 250.53点。如果投资者当时引以为戒，谨慎操作，就可以避免创业板指大跌的风险。

交友贵在交心。我们选基金，一定要选有担当的公司，即人员相对稳定、经营理念先进、产品业绩优秀、投研实力强、待人真诚的公司。如果基金公司老是赚钱，广大基民老是亏钱，那就说明双方不是一条心，最终将不欢而散。

5.4　募集失败有警示

由于市场赚钱效应不佳，2022年头两个月，新基金发行持续遭遇寒冬。截至2022年2月28日，已有5只基金宣布发行失败，包括2只权益类ETF、2只债券型基金和1只混合型基金，分别为平安中证港股通消费ETF、中银证券国证新能源车电池ETF、同泰同享混合基金、宝盈鸿翔债券型基金、德邦锐丰债券型基金。其中既有消费和新能源车主题ETF，也有"固收+"基金。

从基金备案成立的条件来看，一只基金要成立，必须在发售之日起三个月内，基金募集份额总额不少于2亿份，基金募集金额不少于2亿元人民币，且基金认购人数不少于200人。同时，单一投资者持有基金份额比例不能超过50%，若超过50%，则应当封闭运作或定期开放运作，并采取发起式基金形式，且不得向个人投资者公开发售。

上述基金募集失败，原因无外乎：要么未能募得2亿元，要么认购人数少于200人。

从历史情况来看，2017年4月，嘉合睿金定开基金公告称合同暂不生效，成为公募基金历史上首只募集失败的基金。此后，公募基金发行失败的案例逐渐增多。

基金公司的收入主要来自管理费，投资理念成熟、过往业绩出色的基金经理无疑是基金公司最大的招牌。正因如此，不管是增配基金经理还是减负在管基金数量，对一位投资理念成熟的基金经理而言影响都不大，他们大多会用同一套思路去管理所有的基金。所以，除了市场因素，对业绩影响最大的还是基金经理本身的策略、能力和其管理总规模是否匹配。从整体来看，基金发行失败主要源于市场和投资者情绪低迷。

细细推敲起来，基金发行失败大概有三个方面的原因：其一，可能是基金公司的渠道推广能力弱，导致产品卖不出去；其二，可能是产品设计不合理，同质化严重，无法得到投资者的认可与关注；其三，可能是拟任基金经理在管的其他产品业绩较差，导致投资者不认同其管理能力。

如果说2020年的"爆款"基金至少还能吃到部分股市上涨的红利，那么2021年的"爆款"基金可谓集体生不逢时，多个产品没有让投资人赚到钱。比如广发基金公司刘格菘从2021年8月开始执掌的"爆款"基金广发行业严选三年持有A（基金代码为012967），当时有效认购份额为137亿份，2022年2月11日最大回撤为-25.45%，2月底净值仍浮亏10%左右；而华泰柏瑞基金公司李晓西从2021年1月20日开始执掌的华泰柏瑞质量领先A（基金代码为010608），当时有效认购份额为72亿份，2022年2月25日最大回撤为-32.36%，2月底净值仍浮亏30%左右。

假设一只基金第一年上涨100%，第二年下跌50%，那么这只基金就会被打回原形，不盈不亏。所以，我们在做投资之前一定要理性思考，不要盲目行动。

如果投资者的本金损失50%，需要回本，那就需要挣100%的收益。通常，尤其是在大额购买基金的情况下，亏损30%就容易引发止损。我们去查查那些明星基金经理的历史业绩表现，又有几个人的回撤幅度能够低于-20%呢？

试想一下：如果某人有100万元闲置资金，购买了10万元基金，回撤-30%意味着账面亏损3万元，他肯定不在乎，即便全部亏损，占比也就10%，他也不会撕心裂肺；但如果这个人将100万元全部投入，那就意味着账面亏损30万元，他晚上能睡得着觉吗？

大家可以把下面的表5-9贴在电脑旁，提醒自己注意操作风险。

表5-9 亏损承受极限表

假定亏损比例	剩余资金比例	翻本要求盈利率	风险程度提示
10%	90%	11.20%	较小
20%	80%	25.00%	小
30%	70%	43.00%	危险
40%	60%	66.70%	很危险
50%	50%	100.00%	翻本渺茫
60%	40%	150.00%	翻本基本无望
70%	30%	234.00%	翻本已无望
80%	20%	400.00%	翻本彻底无望

有的机构一股脑儿地营销新基金，有的是受利益驱动，有的是为了增加中间业务收入，有的是为了增加规模收取管理费。作为普通投资者，务必理性思考：你买基金究竟图什么？

比如2021年有些踏准新能源节奏的基金两个月赚了70%，不但不提醒基民注意投资风险，反而认为"树能够长到天上去"，趁机搞了个二次首发（把老基金当成"新基金"再卖一回），于是套住了追涨者。

每个人都喜欢讲述自己七擒孟获的辉煌，有谁愿意提自己丢失街亭的落魄呢？翻看基金公司精美的宣传折页，通常大篇幅介绍以往的良好业绩，很少浓墨重彩地指出最大回撤，很少提醒投资者注意基金经理操作风险。其实每个人的风险承受能力与风险承受意愿是不同的，并非所有的产品适合所有的人。

基金公司喜欢跟风发产品，往往强调基金经理的过往业绩，故意打造明星效应，但我们自己思考过下面这些问题吗？

（1）市场未来的风险点聚焦在哪里？大家都看好的东西是不是贵了？

（2）这位明星基金经理的短板是什么？是否与未来的市场风向切换相匹配？

（3）以往产品的最大回撤有多大？自己能否接受历史重演？

（4）此时基金公司发产品是逆风布局还是跟风炒作？

（5）买入后市场万一下跌该怎么办？

以2015—2020年的行情为例，无论是消费行业龙头、周期股，还是科技赛道、制造业、中小市值公司等，行情更替都与市场共识相关联。而每一年市场都会有一些共识，但凡这些合理性的共识被绝对化之后，市场偏见就产生了，崩塌是早晚的事。

因此，广大投资者首先要做的就是摒弃一夜暴富的思想。

2022年2月底，巴菲特公布了最新的致股东信，2021年伯克希尔·哈撒韦股价上涨了29.6%，总市值继续创新高，从1965年到2021年，连续五十多年保持年度复合增长率在20%以上，勇冠全球。打个比方，如果1965年你投资1美元给巴菲特，到现在就变成了3.6万美元；如果你投资1万美元，到现在就变成了3.6亿美元。这就是复利的力量。

当我们看到伯克希尔·哈撒韦股价创出历史新高，每股接近50万美元时，我们由衷地敬佩巴菲特。特别值得我们学习的是，巴菲特很喜欢买股票，而且也敢于重仓，但他始终没有满仓，而是保持了经典的60-40组合，即最高只有60%的权益仓位，另外保留40%的现金和现金等价物。而恰恰是不满仓，当市场暴跌时才给了巴菲特捡便宜的机会，同时也提高了资金的收益。

其次，要寻找靠谱的基金公司和有良心的基金经理托付资金。

比如某基金公司2017年投资港股的产品给大家带来了较好的回报，该公司就会推出2号乃至3号基金产品，而其他基金公司也会跟风推出同类型的产品，你随波逐流，自然会被套。假设现在冒出来一个"大闹天宫"的概念，基金公司又热热闹闹地发产品，你是追还是不追呢？买入是操作，卖出是操作，观望也是一种操作。

现在不少基金公司推出了封闭N年的基金产品，理由是便于锁定规模、提升业绩。其实，基金经理也是要靠天吃饭的，封闭与否不是影响业绩的主要原因。在数年前，基金公司推出特定资产管理计划，俗称"一对多专户"，单笔最低初始参与金额为100万元，不超过200人，合同期限为1~3年不等，封闭运作，如果市场行情不好，那么管理人（基金经理）可以清仓。即便如此，很多产品的业绩照样不尽如人意，最终销声匿迹。

最后，要理性对待市场的波动。

波动是市场的一部分，短期的上涨和下跌从长期来看都是市场的合理展现。大家应该感谢市场有预期偏差，这样，我们才有机会获得超过市场的收益，也就是阿尔法收益。

暴跌始于暴涨，衰退始于繁荣。基民不宜过度关注短期价格波动，因市场大涨而喜，因市场大跌而悲，更不应以短期价格波动决定基金买卖或申赎；而应将投资视野放在中长期维度，相信权益市场长期震荡上行是主旋律，区间的波折仅仅是插曲，短期的回撤是可以修复的。

通过对2021年和2022年2月底翻倍基金数量进行对比统计，如表5-10所示。可以发现，近三年翻倍基金数量多，而且增长稳定性好。所以我们可以把投资的期限暂定为三年，先让自己的心态稳定下来，而不是急功近利，今天买入，明天就指望获利卖出，更不要追涨杀跌。每个投资者都必须接受"波动"这个市场特点，用分批投入或单笔投入+定投的方式去参与，否则就会使投资决策变得不够理性，也不利于投资者长期参与并获得合理回报。

表5-10 翻倍基金统计表

时间	翻倍基金数量（只）	
	2021年2月底	2022年2月底
近一年	20	2
近两年	101	223
近三年	586	1 014
近五年	825	742

数据来源：Wind。

基金圈流传着一句话："好发不好做，好做不好发。"其背后反映出的现实情况是，当市场比较火热时，指数处于相对高位，投资者认购/申购基金的热情也会高涨；而当市场比较冷清时，指数处于相对低位，投资者也很少投资基金，也就更少去关注新发基金产品。

研究历史，我们可以发现市场底部的多重信号：（1）基金发行困难；（2）新股破发；（3）固收、FOF等稳健产品大面积亏损；（4）大盘风险溢价大于5%；（5）股市估值处于极度低估状态；（6）中证800指数在底部；（7）融资融券余额大幅度下降；（8）成交中量低迷。

经济有周期，资金有松紧，情绪有起伏，市场有波动，均属于正常现象。若某个阶段频频爆出基金募集失败的案例，催生基金公司和基金经理自购热潮，虽然并不能代表市场马上见底，但可能是市场比较低估的信号，恰恰说明离市场底部已经不远了。投资者此时恰恰要勇敢一些。生活常识告诉我们：每一个冬天的句号都是春暖花开。

5.5　知彼知己别迷信

"知彼知己，百战不殆；不知彼而知己，一胜一负；不知彼不知己，每战必殆。"把这句话读三遍就会发现，其核心是"要知己"。

我们做投资和打仗一样，要讲究战略和战术。市面上的新概念层出不穷，投资不是去电影院里抢座位，先到先占好位置，也不是去超市里领鸡蛋，去早了就能多领几个。所以，大家千万不要追风，也不要参与迷你型基金，那有被清盘的风险。

在市场寒冬之下，无论是公募基金还是私募基金，年终业绩难免惨淡。Wind数据显示，2018年普通股票型基金的平均收益率为-24.46%，其中南方新兴消费进取领跌，亏损幅度达69.49%。值得一提的是，2018年仅有三只基金实现正收益，其中，建信稳健以近5%的净值增长成为该类型产品的业绩冠军，南方新兴消费收益和金鹰信息产业A分别以4.7%和4.04%的净值增长排在第二位和第三位。

与股票型基金类似的还有偏股混合型基金，Wind数据显示，583只偏股混合型基金也在2018年全年出现高达-23.94%的亏损，且仅有银华消费A的收益为正，达到5.5%，其中567只产品的净值跌幅超过10%。

其实，2018年市场同样是有投资机会的。以基金为例，一季度和二季度投资医疗方面的基金表现优异，有过超20%的收益率；二季度和三季度投资原油方面的基金表现可圈可点，有过超20%的收益率；债券型基金全年独领风骚，令人刮目相看。数据显示，截至2018年年底，可统计的1 642只债券型基金的平均收益率为4.17%，其中，收益为正的有1 382只，占总体数量的84.17%；42只基金

2018年的净值增长超过10%，而业绩居首的诺安双利更是实现了35.94%的全年收益率。

很多基民没有赚到钱，就是因为市场风格切换太快了。有的人全仓被套，自然无法脱身。

以2021年为例，一季度，林英睿管理的广发价值领先混基是冠军，重仓的股票是银行和能源，自年初以来上涨29.70%；二季度，韩广哲管理的金鹰民族新兴混基是冠军，重仓的股票是新能源和光伏，自年初以来上涨53.15%；三季度和四季度，崔宸龙管理的前海开源公用事业股基是冠军，重仓的股票是电力、光伏和新能源，整个年度上涨119.42%。

至今，公募基金的投资都有着5%举牌线和"双十规定"的限制，其中"双十规定"指的是一只基金持有单一股票的市值不能超过基金资产净值的10%，同一基金管理人旗下基金持有一只股票的市值不得超过该股票市值的10%。这使得稍大规模的基金都很难重仓小盘股，基金经理特别是掌舵行业主题基金的无法提高策略容量，无法快速应对市场风格变化。

大家都希望"买在起涨点，卖在最高位"，但难于上青天。上涨时疯狂，下跌时绝望，A股市场常常出现上涨放量、下跌缩量、顶部天量、底部地量等现象。当易方达张坤的产品腰斩、兴全谢治宇的产品爆亏等新闻在网络上流传时，面对基金的回撤幅度，看着自己的资产在大面积缩水，的确令人唏嘘。此时打开基金评论区，全部是批评、质疑和谩骂，由"蔡经理好帅"到"蔡经理好菜"，舆论环境对基金经理从"追捧"到"追杀"，前后形成强烈反差。

说句公道话，这也不能全怪基金经理，因为基金有仓位的管理要求，基金经理也是要靠天吃饭的，每个人也是有能力圈的。我们知道，基金经理的风格和特点各不相同，有的擅长新能源，有的擅长医药，有的擅长白酒，有的擅长军工，有的擅长TMT……就像一名优秀运动员，既擅长水上运动，也擅长冰上运动，还擅长球类运动，这几乎就是不可能的。因此，我们要尊重市场运行的规律，要关注基金经理的能力圈，要选择与自己三观相匹配的基金产品。

或许有人要问：去追冠军基金，怎么样？

2013年的冠军基金是中邮战略新兴产业，时任基金经理任泽松依靠重仓成长股一战成名。这一年，在同类基金仅有12.73%的平均涨幅下，中邮战略新兴产业以80.38%的回报率摘得桂冠。由于风格激进，任泽松作为全市场持有乐视网股票最多的公募基金经理，在管的基金业绩随着乐视网股价大涨也大幅飙升，2015年中邮战略新兴产业的年回报高达106.41%。在随后的几年里，由于不断踩雷乐视网、尔康制药等公司，该基金业绩大幅下滑，擅长科技股与成长股投资的任泽松在2018年黯然离开了公募行业。

2019年，广发基金刘格菘在管基金包揽主动权益类基金前三名；2020年，农银汇理基金原基金经理赵诣拿下主动权益类基金回报率前四名；2021年，前海开源基金经理崔宸龙成为股基、混基双料冠军；2022年，万家基金黄海包揽公募基金主动权益类冠、亚军。

基金经理取得年度冠军自然可喜可贺，但究竟是凭能力还是凭运气，我们要有清醒的认识。回顾2019—2022年公募基金冠军持仓，刘格菘擅长投资科技股，赵诣、崔宸龙重仓新能源产业链，黄海对煤炭股情有独钟，十大重仓股中占7只。投资风格极致、持仓集中似乎已成为登顶年度公募基金冠军的必要条件，但这些基金后续表现如何呢？如表5-11所示。

表5-11 2019—2022年主动权益类冠军基金业绩表现

冠军基金	基金经理	2019年回报	2020年回报	2021年回报	2022年回报
广发双擎升级A	刘格菘	121.69%	66.36%	4.41%	-23.90%
农银汇理工业4.0	赵诣	166.56%	—	43.96%	-27.48%
前海开源公用事业	崔宸龙	119.42%	—	—	-26.01%
万家宏观择时多策略	黄海	48.56%	—	—	48.56%

数据来源：Wind。

2022年万家宏观择时多策略夺冠的原因主要在于基金经理黄海重仓持有煤炭、石油和地产板块个股，受益于2021年年底能源股的估值较低，加上低负债、高股息、高现金流的特点但我们需要思考一个问题：随着时间的推移，这种周期股上涨的情况能够延续吗？"上年的冠军一定不是来年的冠军"这一魔咒至今没能在基金界被打破。

市场的风格不是一成不变的，波动是难免的，它不仅来自不同的市场，也涉及不同的指数和行业。比如2016年和2017年比较好的行业是食品饮料和生物制药，2018年就变成了债券，2019年又回到了白酒，2020年就变成了核心资产，2021年变成了新能源和有色金属……往回看很容易分辨，往前看就难以把握了。即使长期看涨某个市场、某个行业、某个板块、某条赛道,它们也不会直线拉升,切不可迷信明星基金经理。是这个时代造就了他们,而不是他们造就了这个时代。舍不得,就会动弹不得;放不下,就会付出代价。作为理性的投资者,千万不要跟风炒作,千万不要迷信和盲目崇拜。

市场有时会失去理性,容易无视估值和基本面,恐慌性地下跌或者贪婪性地上涨,但市场从长周期维度来看是理性的,回归理性只是时间问题。

时来天地皆同力,运去英雄不自由。回顾A股市场,无论是易方达基金公司的张坤,还是中欧基金公司的葛兰,一旦某位基金经理被大家封"神",那说明市场风格已走向极致,距离逆转已经不远了,基金经理摔下"神坛"只是迟早的事,而恰恰在这些被封"神"的基金经理被口诛笔伐直到骂得最惨的时候,往往蕴含着市场的转机。

第6章

指数基金涵盖广，
投资路上助力行

时间可以跨越，年轮无法压缩。道，可以悟；术，可以学；经验，一定来自实践。

2020年7月6日，上证指数上涨180.07点，涨幅为5.71%，报收3 332.88点。有投资者在收盘后问我："吴老师，现在能买什么样的老基金呢？"我回答："你能买下整个A股！"真的，不要以为我吹牛，容我细细道来。

比如八仙桌有4条腿，就能做到四平八稳。整个A股市场也可以看成是由若干个指数组成的，其中主要的指数有沪深300、上证50、中证500、创业板指，而上证50和沪深300成分股重叠度较高，可以二选一，加上中证500，再加上创业板指，建立一个这样的指数基金组合，就相当于把整个A股买下来了。四大指数比较如表6-1所示。

表6-1 四大指数比较

指数名称	沪深300指数	上证50指数	中证500指数	创业板纯价格指数
指数代码	000300	000016	000905	399006
指数类别	成分类指数	成分类指数	成分类指数	成分类指数
指数基点	1 000点	1 000点	1 000点	1 000点
指数基日	2004/12/31	2003/12/31	2004/12/31	2010/5/31
加权方式	流通股比例分级靠档加权	流通股比例分级靠档加权	流通股比例分级靠档加权	流通股加权
成份券数量	300只	50只	500只	100只
成份券调整周期	半年	按收盘价实时计算	半年	季度
发布机构	中证指数有限公司	中证指数有限公司	中证指数有限公司	深圳证券信息有限公司
股指期货	IF	IH	IC	—

资料来源：英大证券公司。

6.1 指数基金的神奇

按照投资策略，可以将基金分为两大类，分别是主动基金和被动基金。主动基金是基金经理主动确定资产配置和进行个股选择而力图超越基准组合表现的基金产品。被动基金也被称为"指数基金"，它不主动寻求取得超越市场的表现，而是选择一个特定市场的指数进行跟踪，根据指数的成分股来构造投资组合，使得基金的收益与这个市场指数的收益大致相同，从而达到一种被动地投资于市场的效果。

巴菲特从不向人推荐股票和基金，但指数基金除外，早在1993年，他首次推荐指数基金，称："一个什么都不懂的普通投资者，通过定期投资指数基金，往往能够战胜大部分专业投资者。"

这讲的是真的还是假的？我们不妨来看一个事例，一切用数据说话。

2002年11月8日，国内第一只指数基金也是第一只指数增强型基金——华安上证180指数增强型证券投资基金（基金代码为040002）成立，受到市场的欢迎。2006年1月9日，华安上证180指数增强型证券投资基金变更为华安MSCI中国A股指数增强型证券投资基金，跟踪标的由上证180指数变更为MSCI中国A股指数，完成基金转型。MSCI中国A股指数是摩根士丹利资本国际公司为中国A股创建的第一个国家独立指数。相比上证180指数，MSCI中国A股指数覆盖了上海证券交易所和深圳证券交易所的272只A股，涵盖范围更广，能为持有人提供更全面的投资机会。

从2002年成立至2021年，该基金的净值由1元/份涨到5.075 0元/份，平均年化收益率为8.93%，远远跑赢通货膨胀。

现在，你还怀疑巴菲特的说法吗？除了1993年，1996年、1999年、2003年、2004年、2007年、2008年，巴菲特还多次推荐过指数基金，并在2016年年底打赢了"十年赌约"（赌注是100万美元），最终以标普500指数8.5%的年化收益率碾压基金经理5只对冲基金组合。

那么，指数基金究竟有什么魅力？

6.1.1 什么是指数

在股票市场上，指数是用来衡量股票市场交易整体波动幅度和景气状况的综合指标，是投资人做出投资决策的重要依据。

通俗地说，证券市场上有很多证券，不同证券的价格随时都在变动，而指数就是一种能够及时反映市场整体涨跌的参照指标。每个指数都会选取一定数量的证券作为其成分证券，并按一定的加权方式赋予每只证券一定的权重。对于市值加权指数来说，市值越大的成分证券权重越高，该证券的涨跌对指数的影响也越大，如上证综指。

6.1.2 什么是指数基金

指数基金顾名思义就是以指数成分股作为投资对象的基金，即通过购买一部分或全部的某指数所包含的股票来构建指数基金的投资组合，目的就是使这个投资组合的变动趋势与该指数的变动趋势相一致，以取得与指数大致相同的收益率。说白了，某某指数基金就是某某指数的"跟屁虫"。

6.1.3 指数基金的魅力

1.长生不老

指数基金会定期进行成分股的优胜劣汰和更新换代,将不符合要求的成分股剔除,纳入新的成分股。俗话说:"铁打的营盘流水的兵。"这里"铁打的营盘"指的是指数,"流水的兵"指的是公司。公司可能会因为经营不善而倒闭,但是指数不会。指数通过定期调整成分股、引入优秀的新公司、剔除表现不好的老公司这一方式,实现了"问渠那得清如许,为有源头活水来"的效果,保证了成分股一直都是最优秀的代表。只要证券市场还在,指数基金永生不死,这样的优势是单只股票所不具备的,没有哪家公司能永远跟随时代的脚步。

以美股道琼斯指数为例,它是世界上历史最悠久、影响最大、最有权威性的一种股票价格指数。它诞生于100多年前,最初只有20只成分股,从100点起步,这个100点代表了当时道琼斯指数20只成分股的平均股价。结果,100多年过去了,道琼斯指数从最初的100点慢慢涨到了36 000多点,而最初的20只成分股先后衰败,到今天存活下来的只有一家通用电器。但是,道琼斯指数依然健在,一直注入新鲜血液。我们可以计算一下,道琼斯指数从1896年的40点到2021年的36 338点,125年908.45倍,年复合增长率是5.60%,所以说优胜劣汰是指数基金能够长生不老的关键。

2. 长期上涨

从长期角度来看,指数的涨跌与成分股的盈利能力紧密相关。买基金买的是公司,公司盈利的上涨才是推动股价长期上涨的根本动力;而买指数基金买的是大批优秀的公司,买的是国家的经济发展形势。只要一个经济体持续向好、国运亨通,那么指数基金就会和这个经济体一起长期上涨,这体现了指数基金最大且最重要的好处。

3. 费用低廉

指数基金是通过复制指数来构建投资组合的,所以调研成本、交易费用等大大降低,其费用如管理费、托管费也大大低于主动基金的费用。

4. 对基金经理个人能力的依赖性较弱

指数基金的业绩主要取决于其跟踪指数的表现。主动管理型基金对基金经理个人能力的依赖性较强，每位基金经理的运作水平对基金的业绩表现影响较大；而指数基金采取了复制指数的运作方式，对基金经理个人能力的依赖性明显偏弱。指数基金的操作策略就像透明的鱼缸，完全按照公开的指数编制规则进行投资，无论是当前的配置还是后续策略的迭代升级，都不会因为基金经理而发生改变，这样可以有效地分享市场带来的整体投资机会。

正因如此，指数基金具有生命力强、费率成本低、投资风险分散、运作透明度高、运作过程中受基金经理主观因素影响较小等特点。近些年，我国指数基金不断发展壮大，产品类型可以覆盖境内外市场和多项大类资产，已成为资产配置工具的重要选择。

6.1.4 指数基金的分类

指数基金按复制方式可以分为完全复制型指数基金和增强型指数基金。完全复制型指数基金力求按照基准指数中的证券成分和权重进行配置，以最大限度地减小跟踪误差为目标。增强型指数基金则在将大部分资产按照基准指数权重配置的基础上，也用一部分资产进行积极的投资，其目标是在紧密跟踪基准指数的同时获取高于基准指数的收益。

指数基金按交易机制又可以分为封闭式指数基金、普通开放式指数基金、ETF、LOF（指数型）等。其中，ETF可以在二级市场上交易，也可以申购、赎回，但申购、赎回必须采用组合证券的形式；而LOF（指数型）既可以在二级市场上交易，也可以申购、赎回，但采用现金申赎的形式。

如果从代表性来看，那么指数基金可以分为宽基指数和窄基指数。宽基指数是指覆盖股票面广泛，具有相当代表性的指数，像沪深300、中证500、中证1000就属于宽基指数。按照美股市场相关标准，宽基指数一般需要达到几个条件：第一，含10只或更多只股票；第二，单只成分股权重不超过30%；第三，权重最大的5只股票累计权重不超过指数的60%；第四，成分股平均日交易额超过5 000万美元。

与宽基指数相对应的是窄基指数,包括除宽基指数以外的风格指数、行业指数、主题指数等。相比宽基指数覆盖的行业多、股票多,窄基指数往往追踪单一行业和主题,目标更为集中。

6.1.5 股票指数的分类

虽然每个金融市场指数结构不一样,但是指数基金的理念都是一样的。按资产类别及投资策略不同,股票指数可以分为规模、行业、主题及策略指数。

在A股市场上比较常见的上证指数、深证成指、沪深300、中证500、中证800、创业板指、中证1000、深证100、上证50等都属于规模指数,在美股市场上比较常见的规模指数包括道琼斯指数、纳斯达克指数、标普500指数。平时我们最为关心的指数就是规模指数,比如大家常说的大盘就是看上证指数,评判美股能否持续创新高就是看道琼斯指数等。

因此,规模指数是历史最悠久、数量最多的指数类型。常见的规模指数如表6-2所示。

表6-2 常见的规模指数

类别	指数名称	通俗解释
全市场类	上证指数	以上交所上市的全部股票为样本股,综合反映上海证券市场上市公司的股票价格表现
	深证成指	从深交所上市的所有股票中抽取具有市场代表性的500家上市公司的股票作为计算对象,并以流通股为权数计算得出的加权股价指数,综合反映深圳证券市场上市公司的股价走势
	中证800	以中证500和沪深300指数成份股为样本股,综合反映A股市场大、中、小市值公司的股票价格表现
	万得全A	以所有在上海、深圳证券交易所上市的A股股票为样本股,以自由流通股本作为权重进行计算
大盘类	上证50	以沪市A股中规模大、流动性好的最具代表性的50只股票为样本股,反映上海证券市场最具影响力的一批龙头公司的股票价格表现
	中证100	以沪深300指数成分股中规模最大的100只股票为样本股,综合反映A股市场最具影响力的一批超大市值公司的股票价格表现
	上证180	以沪市A股中规模大、流动性好的180只股票为样本股,反映上海证券市场一批蓝筹公司的股票价格表现
	沪深300	以上海和深圳证券市场中市值大、流动性好的300只股票为样本股,综合反映A股市场上市公司的股票价格表现

续表

类别	指数名称	通俗解释
中盘类	中证200	以沪深300指数成分股中剔除中证100指数成分股后的200只股票为样本股,综合反映A股市场中盘市值公司的股票价格表现
	上证中盘	以上证180指数成分股中剔除上证50指数成分股后的130只股票为样本股,综合反映沪市中盘市值公司的股票价格表现
中小盘类	中证500	由沪、深两市全部A股中剔除沪深300指数成分股及总市值排名前300的股票后,总市值排名靠前的500只股票组成,综合反映A股市场一批中、小市值公司的股票价格表现
	创业板指	以最具代表性的100家创业板上市企业股票为样本股,反映创业板市场层次的运行情况
	科创50	由上海证券交易所科创板中市值大、流动性好的50只证券组成,反映最具市场代表性的一批科创企业的整体表现
	中证1000	以沪、深两市全部A股中剔除中证800指数成分股后,规模偏小且流动性好的1 000只股票为样本股,综合反映A股市场一批小市值公司的股票价格表现

规模指数也叫宽基指数、市值指数,主要根据成分股的市值等因素进行分类和编制,如沪深300、上证50、中证500、中证1000等。

行业指数顾名思义就是先把股票按照一定的行业分类规则划分为不同的行业,再把这些股票按照一定的规则编制成指数,如中证金融、国证医药、申万证券等。

主题指数是根据成分股所属的主题、概念等进行分类和编制的,如国企改革、人工智能、中证创新药产业指数等。

策略指数相较于前几个指数来说要复杂一些,具体是指根据不同的投资策略从市场中挑选出符合要求的成分股,然后将这些成分股编制成指数,所以策略指数是在被动投资的基础上融入了部分主动投资的理念。目前常见的策略包括多因子、红利、成长、增强、Smart Beta、等权重、风险平价等。

我们常说的宽基指数在挑选股票的时候并不限制非得投资哪些行业,它和行业及主题指数的主要区别就在于没有行业限制。比如沪深300指数基金就涵盖了金融、地产、消费、医疗、科技等诸多行业,而行业指数基金只聚焦于某个行业走势,受行业特性影响较大,比如军工、半导体、证券、煤炭等。

在A股市场上,根据指数基金背后所涵盖行业的不同,通常可以把指数基金分为宽基指数基金与行业指数基金(窄基指数基金)。跟踪宽基指数的基金就是宽基指数基金。

1. 宽基指数

宽基指数有两个特定条件：第一个是要求指数里面必须包含10只以上成分股；第二个是不限制成分股所在的行业。

第一个条件是数量要求，也是一般指数所包含的必要条件。如果一个指数所持有的股票数量还不到10只，那就不具有代表性，也不能起到很好的分散风险的作用，故一般指数都需要包含10只以上成分股。

第二个条件说的是指数包含的成分股可以是多个行业的。例如，上证50指数就是一个宽基指数，那么跟踪上证50指数的基金就是宽基指数基金。此外，沪深300、恒生指数、标普500、中证500等都属于宽基指数。

2. 窄基指数

与宽基指数相对应的就是窄基指数，也就是行业指数。例如白酒行业指数，既限制了成分股的数量不可以少于10只，还限定了行业，非白酒行业的股票是不可以入选白酒行业指数的。而跟踪同一行业的指数基金就是行业指数基金。像跟踪白酒行业指数的基金就叫白酒指数基金，这就是一只窄基基金。

3. 宽基指数基金与行业指数基金对比

宽基指数基金要比行业指数基金的覆盖范围更加广泛，包含全部行业，稳定性、生命力也就更强，可以分散风险。这也是很多基金以沪深300作为业绩比较基准的原因。

窄基指数基金则集中于某个行业，在特定周期内，如某个行业处于爆发增长期，窄基指数基金的收益会更高，但是风险也相对更集中，既可能一飞冲天，也可能一泻千里。比如2020年大家对医药的巨大需求导致相关的股票随之大涨，医药指数在短期内远远跑赢了其他指数。又如从2020年持续到2021年的新能源行业，累计涨幅惊人。而到了2022年上半年，医药和新能源行业却大幅下跌。又如白酒行业，在2012年爆出白酒塑化剂事件之后，其市值一天就蒸发了300多亿元，中证白酒指数下跌了5.48%，而沪深300指数只下跌了0.01%，受到的冲击并不大，这就是行业指数基金和宽基指数基金的区别。

非专业投资者很难预测未来哪个行业的涨幅会很大，当选择的行业遇见了利空的事件时，可能会使行业指数基金进入一个较长期的跌势中，这个风险务必引起重视并给予防范。

4. 选择宽基指数基金或行业指数基金

宽基指数基金相对于行业指数基金而言，最大的优势是分配均匀，覆盖面广，抗风险能力较强，表现更稳健。因此，建议稳健型投资者选择宽基指数基金，激进型投资者选择行业指数基金，均衡型投资者选择宽基指数基金和行业指数基金的组合。

6.1.6 什么是指数增强型基金

前面介绍过指数基金绝大部分是完全被动的，但市场有时候会出现一些比较明显的能够获得超额收益的机会，有些指数基金就会在跟踪指数的基础上，通过基金经理主动操作来赚取一些超额收益，如打新增强、股指期货增强、转融通增强、分红增强、量化模型增强等，这就是"指数增强型基金"。

顾名思义，"指数增强"就是一种增强版的指数基金，它的目标是通过部分主动管理，在不偏离标的指数风险收益特征的基础上，力争使投资组合获得高于标的指数的回报。从字面上看，它的投资策略应该是"指数化投资打底，主动化管理增强"。

指数增强型基金和普通的指数基金有一点不同：大部分指数基金完全跟踪指数表现，基金经理不用选股或者择时（直接按照指数的成分股投资，当指数调整成分股时，指数基金再跟着调整）；而指数增强型基金允许基金经理投资指数成分股以外的股票，以追求超额预期收益，不过投资比例不得超过非现金资产的20%。

指数增强型基金的收益可以拆分为两部分：一是复制标的指数的收益，即指数的贝塔（Beta，β）收益；二是超越指数的收益，即阿尔法（Alpha，α）收益。每只指数增强型基金都是通过不同方式的择时或者选股，力争做到比指数表现更好，实现超额预期收益的。需要特别注意的是，此处的"增强"更多代表的是意愿性，而不是必定性，能否真正增强就要看造化和运气了，否则操作不当就会适得其反。

由于该基金有一个标准，即80%的仓位必须从指数成分股里面筛选，所以该基金从本质上来说是一种特殊形态的主动基金，主动程度相比于一般的主动基金更为保守稳健，持仓更为均衡，属于量化类产品范畴。

指数增强型基金要求策略组合与标的指数不能偏离太多，在保证偏离度的前提下跑赢标的指数并追求超额收益最大化。它的操作策略大多不透明，费用也要高于普通指数基金的费用，故我们在挑选时可以选择历史比较长的，通过其与对标指数收益的超越情况来分析其策略是否有效。

6.1.7 债券指数的分类

俗话说："风来看风向，水来看流向。"债券指数可以说是各类债走势的风向标，要知债券表现如何，看看相关的指数即可。目前国内常见的债券指数可以简单地分为综合类指数和分类指数两大类。

1. 综合类指数

综合类指数也就是宽基指数，可以反映全市场债券价格走势。常见的综合类指数有中证综合债指数和中证全债指数。

以较为常用的中证综合债指数为例，该指数由在沪、深证券交易所及银行间市场上市的剩余期限在一个月以上的国债、金融债、企业债、央行票据及企业短期融资券构成，全面反映了我国债券市场的整体价格变动趋势。如果你想要知道最近债券的表现如何，就可以参考这个指数。

2. 分类指数

分类指数又可以分为两类。

第一类是按债券种类划分的，如中证国债指数、中证企业债指数、上证公司债指数、中证可转债指数。像中证国债指数，其由在银行间市场和沪、深证券交易所上市的剩余期限在一年以上的国债构成，可以反映我国利率债价格的整体走势。

第二类是按计息方式、流通场所、信用等级、待偿期限、发行期限等债券指标划分的。这类细分方式下的债券指数可以反映所对应的单项债券价格的整体走势。

指数代表市场的整体表现，投资者可以首先通过分析常见指数的走势图进行市场分析研究和预测，然后通过关注分类指数的表现建立合理的债券投资组合，最后通过跟踪标的指数的收益率来对标自己的投资回报，评估自己的业绩，调整自己的投资策略。

6.1.8 常见的指数编制公司及主要指数

虽然指数的编制方法听上去很简单，但一个指数要想获得市场的认可，发布指数的机构一定要有非常强的公信力，而且还能长期、有效地管理和维护指数，这样的机构就是指数编制公司。这里向大家简单地介绍一下常见的指数编制公司。

1. 中证指数有限公司

中证指数有限公司（以下简称"中证指数公司"）成立于2005年8月25日，是由上海证券交易所和深圳证券交易所根据中国证券监督管理委员会主席办公会议精神共同出资发起设立的一家专业从事证券指数及指数衍生产品开发服务的公司。目前该公司管理各类指数近4 000个，是国内规模最大、产品最多、服务最全、最具市场影响力的金融市场指数提供商。该公司以编制和发布横跨沪、深证券交易所的指数为主，比如著名的沪深300指数、中证500指数、中证800指数都是由该公司发布的。自港股通开通之后，该公司开始编制和发布横跨沪、港、深三地的指数。除了股票指数，该公司还编制和发布了中证债券系列指数等颇具影响力的指数。

2. 上海证券交易所

从1990年开始，上海证券交易所（以下简称"上交所"）从最初的8只股票、22只债券开始，持续发展壮大，已初步形成了覆盖股票、衍生品、债券、基金等品种的产品体系，成为跨期、现市场的综合性交易所。为了适应资本市场的不断发展，上交所建立了以上证综指、上证50、上证180、上证380指数，以及上证国债、上证企业债和上证基金指数为核心的上证指数体系。上证指数体系不仅增强了样本企业的知名度，还为市场参与者提供了更多维度、更专业的交易品种和投资方式。

3. 深圳证券信息有限公司

深圳证券信息有限公司是深圳证券交易所的下属公司，以指数事业部为专业化指数服务执行机构，从事中国证券市场指数体系的建立、开发、创新及市场化推进等业务。旗下管理的"深证"系列单市场指数最早于1991年开始编制，自2002年以来率先推出跨深、沪两市场的"国证"系列指数（原为巨潮系列）。该公司编制和发布了广为人知的深证成分指数、中小板指数和创业板指数等市场代表性指数，成功推出了深证100等产品化投资型指数。截至2019年12月，该公司已发布的各类指数有近900个。

4. 标普道琼斯指数公司

标普指数与道琼斯指数两家指数公司于2012年7月合并，成为全球最大的指数供应商，创建了具有金融市场标志性的标普500指数和道琼斯工业平均指数。全球直接投资于标普道琼斯指数的资产总值比其他任何指数供应商的资产总值都多。标普道琼斯指数公司拥有超过100万个指数，是标普全球的子公司，为个人、公司和政府提供核心信息，并为投资者提供衡量市场和交易状况的有效方式。2018年12月31日，标普道琼斯指数公司正式公布了将被纳入其全球旗舰指数体系的A股标的名单。

5. MSCI

MSCI是美国著名指数编制公司——美国明晟公司的简称，它是一家股权、固定资产、对冲基金、股票市场指数的供应商，其旗下编制了多个指数，被投资人广为参考。MSCI指数是全球投资组合经理最多采用的基准指数，比较有名的有MSCI全球指数、MSCI新兴市场指数、MSCI中国指数等。2017年6月，MSCI决定将A股纳入其新兴市场指数，这是A股走向国际化的重要一步。

6. 富时罗素

富时罗素是英国伦敦交易所旗下的全资公司，是排在MSCI之后的全球第二大指数编制公司。该公司编制的比较有名的指数有代表英国股市的富时100（前金融时报100指数），以及代表美国股市的罗素3000、罗素2000等。2019年8月24日，富时罗素宣布将A股纳入因子从5%提升到15%。

6.2 看好国运投指数基金

目前国内有几千个指数，跟踪这些指数的指数基金更是不计其数，大家到底该投向哪些指数基金呢？

6.2.1 看好大盘，就投沪深300

沪深300指数以上海和深圳证券市场中市值大、流动性好的300只股票为样本股，最小的公司市值也在百亿元以上，合计市值、总营收和利润都占据了市场的6成以上，这些公司通常被称为A股的核心资产。从整体行业权重分布来看，前三大权重行业为金融（占22.1%）、信息技术（占16.6%）、工业（占14.5%），日常消费、材料、医疗保健等行业的权重也不低，覆盖了数十个主要行业。

国家昌盛是通过经济的繁荣来体现的，而经济的繁荣又是通过企业来实现的，所以国运就是一个国家的核心资产。而沪深300指数成分股就聚集了A股的核心资产，市值都比较大，抗风险能力强，而且覆盖了不同的行业，又进一步降低了风险。沪深300指数从2005年年底的923点涨到2021年年底的4 940点，16年5.35倍，年复合收益率为11.05%。如果你看好大盘，那么沪深300指数就是一个非常好的选择。

跟踪该指数的基金有华泰柏瑞沪深300 ETF、华夏沪深300 ETF联接A、嘉实沪深300 ETF联接（LOF）A、汇添富沪深300基本面增强A等。

6.2.2 看好中小盘，就投中证500

中证500指数综合反映沪、深证券市场中小市值公司的整体状况。样本股是全部A股剔除沪深300指数成分股及总市值排名前300的股票后，总市值排名靠前的500只股票，跟沪深300指数没有重合。从中证500的行业分布来看，前三大权重行业为材料（占20.5%）、信息技术（占19.8%）、工业（占18.6%）。该指数整体以电子、计算机、新能源等为主体的科技成长类企业为主，同时以有色金属、化工为代表的周期成长板块和以食品饮料、医药为代表的泛消费类企业为两翼，具有较高的成长性。从十大权重股来看，每只股票的占比都不高，指数受到单只股票影响的风险比较小，能够有效分散行业风险。值得一提的是，相对于沪深300指数成分股多为具有稳固市场地位的龙头企业，中证500指数成分股则包含不少细分行业龙头和隐形冠军。

"三十年河东，三十年河西。"A股市场不同规模的指数会强弱切换，但是从整体来看还是中小盘风格持续的时间更久，投资中小盘依然有长期优势。中证500指数从2004年的1 000点涨到2021年的7 359点，17年7.36倍，年复合收益率为12.46%。如果你看好中小盘投资机会，那么可以考虑中证500指数。

跟踪该指数的基金有南方中证500 ETF、富国中证500指数增强A（LOF）、建信中证500指数增强A、华夏中证500 ETF联接A等。

6.2.3 看好新经济，就投创业板指

创业板是近几年备受瞩目的市场，孕育了一批十倍股，如亿纬锂能、爱尔眼科、东方财富、阳光电源等，2021年更是诞生了首家市值破万亿元的公司——宁德时代。

创业板指数从创业板股票中选取100只组成样本股，以反映创业板市场层次的运行情况，深交所实施定期调整。从行业分布来看，前三大权重行业为工业（占36.8%）、医疗保健（占23.2%）、信息技术（占19.4%）。该指数主要覆盖新能源、医疗、信息等创新领域，都是前景明朗的朝阳行业，成长空间巨大。科技和医药雄霸前十大权重股，较少有传统行业，前十大权重股占比超过49%。宁德时代作为创业板的"龙头"，2021年占据了18.23%的权重，凭一己之力就能影响指数走势。

指数的行业前景和行业分布是影响投资的非常重要的因素。一直以来，A股的科技、医疗等行业市值占比较低，而金融周期行业市值占比非常高。参照较为成熟的美股市场，可以预见，A股的行业结构也会逐渐向美股的行业结构看齐，市值重心将逐渐向这些朝阳行业倾斜。创业板指数从2010年的1 137点涨到2021年的3 322点，11年2.92倍，年复合收益率为10.24%。如果你看好新能源、科技、医疗这些产业的发展前景，那么创业板指是非常好的选择。

跟踪该指数的基金有易方达创业板ETF、天弘创业板ETF、南方创业板ETF联接A、长城创业板指数增强A等。

6.2.4 看好核心资产，就投MSCI中国A50

MSCI中国A50是后起之秀，全称是"MSCI中国A50互联互通指数"，这是全球顶尖的指数编制公司与指数服务提供商摩根士丹利资本国际公司于2021年8月20日发布的重磅指数。

在此次A50指数的编制规则上，MSCI采用了创新方法：先从11个主要行业

中各选取两只满足互联互通条件的市值最大的龙头公司股票，共有22只；再从母指数MSCI中国A股指数成分股中选取市值权重最大的28只，直到指数的成分股数量达到50只。该指数的前五大权重行业为金融（占18.2%）、日常消费品（占16.5%）、工业（占16.3%）、信息技术（占14.8%）、医疗保健（占9.7%）。

与传统的宽基指数相比，MSCI中国A50的行业分布更均衡，而且一改以往大盘宽基指数金融板块比例过高的问题，集中了各行业的龙头企业。截至2021年12月，该指数的前十大权重股为宁德时代、贵州茅台、隆基股份、立讯精密、招商银行、万华化学、比亚迪、韦尔股份、中国中免、恩捷股份，均为A股的核心资产。

2019—2021年，MSCI中国A50（指数代码为746059）取得了21.84%的年化收益率，比上证50指数12.52%的年化收益率、沪深300指数17.87%的年化收益率、中证500指数20.79%的年化收益率显著要高，与北向资金的行业偏好非常一致，可以视作外资投资A股的风向标。

总体来看，MSCI中国A50是一个行业分布更加均衡的A股龙头股代表指数，投资方向与外资流入方向高度一致，盈利能力优秀，是A股各行业最具赚钱效应的核心资产，可以说是"核心资产中的核心"。在国际资金持续流入、境内居民投资机构化的大趋势下，A股市场将迎来非常好的长期投资机会。如果你看好各行业核心资产，那么MSCI中国A50是适合投资者进行长期配置的优质标的。

跟踪该指数的基金有汇添富MSCI中国A50互联互通ETF联接、易方达MSCI中国A50互联互通ETF联接、华夏MSCI中国A50互联互通ETF联接、南方MSCI中国A50互联互通ETF联接等。

6.2.5 看好赛道，就投行业指数基金

俗话说："火车跑得快，全靠车头带。"如果你看好某个行业，就可以通过买入相关的行业指数基金来赚取超额收益。

回看过去三年，在公募基金收益排名前50的名单中，大部分是行业基金，比如2019年的半导体，2020年的白酒、医药，2021年的新能源，都呈现出爆炸性的增长态势。因此，紧跟热门赛道，往往更能快速得到资本市场的超额奖励。我们岂能错失良机？

1. 优秀公司领跑A股，行业指数基金尽收囊中

近几年A股兴起了很多热门赛道，如新能源板块、光伏板块、电池板块等。以新能源板块为例，从2021年开始，从需求旺盛的整车延伸到上游各类原材料，均出现股价快速上涨的情形，产业链上下游的产品一度供不应求、量价齐升。

置身于这样的趋势下，很多人是不是跃跃欲试？但热门股上车并不容易，行业里这么多优秀的企业，究竟该投哪一家呢？

股民都知道，股票交易1手是100股，以2021年宁德时代收盘价588元/股为例，买1手就需要588元/股×100股=58 800元，这还不算过户费、交易佣金等税费。因此，大家就可以考虑行业指数基金了。

行业指数基金可以一揽子打包标的行业的多家龙头公司，解决你不会选股、资金不足等问题。最重要的是，行业指数基金投资集中度高、收益弹性大，也能避免单押个股可能会存在的波动风险。一旦踏准风口，对应的行业基金能在短时间内表现出较强的爆发力，实现较高的超额收益。

以汇添富中证新能源汽车A（基金代码为501057）为例，这只基金2021年四季报公布十大重仓股有宁德时代、比亚迪、恩捷股份、亿纬锂能、汇川技术、赣锋锂业、天齐锂业、华友钴业、先导智能、天赐材料这些新能源赛道优秀个股。近三年，该基金业绩喜人：2019年上涨34.24%，2020年上涨107.25%，2021年上涨42.98%。而同期沪深300指数的表现相对逊色：2019年上涨36.07%，2020年上涨27.21%，2021年下跌5.20%，直接被碾压。

所以，行业指数基金可以帮助大家降低择股难度，一揽子打包一个行业的龙头公司。那如何去选择行业呢？

为了简化操作，可将其归类为消费、科技、医药生物、金融与周期这5类。"一个好行业"+"一个好时机"，完美的碰撞，可以让我们更轻松、更便捷地享受这个行业的上涨价值。

2. 风格会轮转，押注单一赛道要谨慎

行业指数基金踏准了风口，确实能在短期内表现出超强的爆发力，但也因为单押一个行业，投资标的高度集中，导致其抗击行业风险波动的能力降低，一旦行情不好，回撤也将十分剧烈。

例如，易方达中证海外互联ETF联接C人民币（基金代码为006328）成立于

2019年1月18日，当年上涨11.70%，2020年上涨39.86%，2021年下跌39.80%，至暗时刻，净值从高点1.909 2元/份几乎一路下跌到0.602 7元/份（2022年3月15日），腰斩都不足以形容彼时的情况。究其原因，前期两年涨超90%受益于行业高速增长，后期下跌直接被腰斩则是因为受到互联网利空频出等因素的影响。

因此，投资者要清醒地认识到：盈亏同源，高收益背后也隐藏着高风险，押注单一赛道务必谨慎，不要只看到超额收益而忽视了行业基金的波动和风险。大家在购买行业指数基金之前，需要充分认识到波动与风险，管理好自己的心理预期，切忌盲目上车。从资产配置的角度来看，分散化、均衡化地配置不同的行业基金以及其他类别的基金产品，往往更能收获长期回报。

6.3 筛选指数基金的技巧

常言道："不怕货比货，就怕不识货。"那如何优选指数基金呢？

6.3.1 跟踪同一指数的基金如何选

大家看一下表6-3，上证综指、深证成指、沪深300、创业板指、中证500自创立以来到2021年年底，年复合收益率都在10%左右，52年的港股恒生指数年复合收益率为10.20%，125年的美股道琼斯指数年复合收益率为5.60%。

表6-3 毫不逊色的回报率

指　　数	过去走势（当年收盘价）	指数涨幅	年复合收益率
上证综指	1990年的127点至2021年的3 639.78点	28.66倍	31年11.43%
深证成指	1994年的1271点至2021年的14 857点	11.69倍	27年9.53%
沪深300	2005年的923点至2021年的4 940点	5.35倍	16年11.05%
创业板指	2010年的1137点至2021年的3 322点	2.92倍	11年10.24%
中证500	2004年的1000点至2021年的7 359点	7.36倍	17年12.46%
美股道琼斯	1896年的40点至2021年的36 338点	908.45倍	125年5.60%
港股恒生	1969年的150点至2021年的23 397点	155.98倍	52年10.20%

数据来源：Wind。

筛选跟踪同一指数的基金，可以从以下三个方面入手。

1. 跟踪误差越小越好

普通的指数基金，其投资目标是紧密跟踪标的指数的涨跌变化，衡量跟踪效果的指标叫作"跟踪误差"。跟踪误差就是跟踪偏离度的标准差，偏离度就是基金单位净值（NAV）的增长率与标的指数的增长率之差。

比如在一年内沪深300指数上涨了20%，而一只跟踪沪深300指数的基金只上涨了15%，即出现了较大的跟踪误差。这种情况对投资者很不利。所以，选择指数基金，跟踪误差越小越好。

投资者在选择指数基金时，可以查看其历史走势和标的指数的误差情况，尽量选择观察周期长而跟踪误差小的基金。要查询某只指数基金的跟踪误差，可以通过该基金的定期报告，具体步骤如下：基金档案→基金公告→定期报告，查找关键词"跟踪误差"即可。另外，也可以通过天天基金网等第三方平台，在"基金档案"中输入基金代码进行查看。

2. 基金规模越大越好

对于完全跟踪指数的基金而言，最好选择规模大的，因为规模越大，申购和赎回对净值的冲击就越小，不会影响指数跟踪效果。如果基金规模过小，那么基金公司有可能停止运作，存在清盘风险，所以我们要避开规模较小的指数基金。

如果投资者选择指数增强型基金，那么，由于这类基金一般使用量化模型进行增强操作，在本质上属于主动管理型基金，基金规模过大可能会导致某些增强因子失效，因而必须控制在合适的规模范围内。另外，一些策略如打新增强，基金规模过大就会稀释收益，规模小反而占优势。因此，指数增强型基金的规模在2亿~10亿元较为合适。

3. 费用越低越好

俗话说："同质比价，同价比质。"在指数基金对其所拟合的指数跟踪误差都差不多的情况下，就要考虑指数基金的费率，先进行管理费率和托管费率的比较，再进行申购和赎回费用的比较。一般来说，长期投资可选A份额；如果倾向于短线操作，则更适合选C份额。

在一般情况下，ETF的费率最低，但只适合场内交易者；其次是普通的指数基金；而指数增强型基金的费率相对较高；主动管理型产品的费率最高。在同等条件下，大家应尽量选择低费率产品。

表6-4是以广发基金的几只基金产品为例,有ETF、ETF联接、LOF、指数增强、股票型基金、FOF等,展示不同类型基金的费率情况。

表6-4 不同类型基金的费率情况

基金名称	管理费率	托管费率	销售服务费率
广发沪深300 ETF	0.50%(每年)	0.10%(每年)	—
广发沪深300 ETF联接A	0.50%(每年)	0.10%(每年)	—
广发沪深300 ETF联接C	0.50%(每年)	0.10%(每年)	0.20%(每年)
广发深证100指数(LOF)A	0.50%(每年)	0.15%(每年)	—
广发深证100指数(LOF)C	0.50%(每年)	0.15%(每年)	0.20%(每年)
广发中证500指数增强A	1.00%(每年)	0.25%(每年)	—
广发中证500指数增强C	1.00%(每年)	0.25%(每年)	0.40%(每年)
广发优势增长股票	1.50%(每年)	0.25%(每年)	—
广发稳健养老(FOF)	0.60%(每年)	0.15%(每年)	—

数据来源:天天基金网。

6.3.2 如何找到安全边际高的指数基金

投资者在投资个股时会看各种估值指标,如PE、PB、ROE、股息率等。估值相当于市场风险的测量仪,估值高代表风险大,估值低则表示机会多。而指数基金是一揽子股票的透明组合,也可以算出对应的指数PE、指数PB、指数ROE、指数股息率等指标,通过这些指标可以找到低估指数,从而帮助我们进行指数基金投资。

1. 利用市盈率投资指数基金

投资指数基金的方法有很多,其中最有用、最容易理解的方法就是利用市盈率来投资对应的指数基金。简单来说,如果某个指数的市盈率很低,处在低估状态,就值得买入并持有;如果某个指数的市盈率很高,处在高估状态,就要考虑是否落袋为安。

1)市盈率的定义

市盈率(PE)是最常用来评估股价水平是否合理的指标之一,即每股价格与每股收益的比值,计算公式如下:

市盈率=股票市值÷净利润=每股价格÷每股收益

PE也可以理解为投资收回成本所需要的时间。如果甲公司的PE是15倍，则意味着为了每年赚1元钱需要付出15元的成本，这样15年可以收回成本；而乙公司的PE是45倍，则意味着45年才能收回成本。所以PE当然是越低越好，因为PE越低，一笔投资收回成本的时间越短。所谓买得便宜，不是指价格，而是指估值，主要就是看市盈率。

市盈率是投资者评估股票是否便宜的重要参考。从理论上讲，市盈率低的股票更适合投资，因为市盈率低意味着购买成本低，但这并不是绝对的。

一般将市盈率分为静态市盈率、滚动市盈率和动态市盈率。静态市盈率取用的是上一年度的净利润，滚动市盈率取用的是最近4个季度财报的净利润，动态市盈率取用的是预估的公司今年的净利润。在实战中，我们更应关注变化的市盈率，它代表了一家公司业绩增长或发展的动态，可以帮助我们判断该公司是否具有持续成长性。

静态市盈率=每股市价÷上年每股收益

滚动市盈率=每股市价÷每年每股收益（指最近4个季度）

动态市盈率=每股市价÷通过季报数据折算的年每股收益=股票现价÷未来每股收益的预测值=静态市盈率×动态系数

注：动态系数为$1÷(1+i)^n$，i为企业每股收益的增长性比率，n为企业可持续发展的存续期。

经过对比可以发现，静态市盈率取用的是最近一期年报中的净利润数据，如果现在是年底，今年年报还没发布，去年年报隔了那么久，那么这个数据明显会失真。所以静态市盈率比较适合在公司年报刚刚发布完之后进行参考。

动态市盈率是根据已发布的财报来预测未来的利润，然后进行计算的。既然是预测数据，就可能存在较大误差。

滚动市盈率又称为市盈率（TTM），TTM是过去12个月的英文首字母缩写，它是用前四个季度的财务报告来进行统计的。净利润数据一般每三个月在财报中公布一次，所以滚动市盈率是根据最近的四期季报数据计算的，这个数据是最有效的市盈率数据。

我们在选择指数基金的时候，当然也是考虑指数PE越低，基金的估值越便宜，投资的安全性就越高。但在实际操作中，投资者要注意以下两点。

一是市盈率是动态变化的，它取决于每股股价和每股盈利，股价天天在变，每股盈利每个季度才更新一次，所以这个指标是滞后的。如果每股盈利使用上一年度年报中的数据，那么滞后性就更长，这就是常见的静态市盈率；如果每股盈利使用最近4个季度的滚动指标，那么滞后性就会短一些，这就是滚动市盈率；如果每股盈利使用分析师或市场的预期值，这就是动态市盈率，但是该指标对预期的要求比较高，普通人不容易测算。

二是市盈率指标对不同行业的应用方法不同。比如对于创业板指数、中证500指数等增长率预期较高的行业，市场给出的PE水平通常也较高；对于上证50指数等增长率预期不高的大盘蓝筹指数，市场给出的PE水平通常也较低。故针对不同类型的指数，拿PE的绝对值进行比较没有意义，投资者可以参考过去一个周期内该指数的PE百分位在自身的变化周期中处于较低还是较高的水平。假设目前中证500指数的PE百分位在过去10年中位于10%，那就是说目前该指数的估值比过去10年中90%的时间都便宜，已经处于相对比较低估的位置，可以考虑投资。PE指标更适用于消费、医药这种周期性不明显的行业，而不适用于券商、有色金属这种周期波动性很大的行业。

2）如何利用指数PE买基金——看估值百分位

市盈率（PE）的本质是性价比，也就是说同样的一块钱每股盈利（E），现在你给的价格（P）越高，性价比反而越低。有人可能会问：指数A的PE是15倍，指数B的PE是20倍，指数A就比指数B值得投资吗？

答案是否定的。不同指数由于成分股不同、属性不同，各自的PE值没有可比性，但单个指数的PE值可以和自身的历史表现进行对比。这就引出了估值百分位的概念。

估值百分位=（目前估值-历史最低估值）÷（历史最高估值-历史最低估值）

在通常情况下，百分位在0~30%为低估区间，百分位在30%~70%为合理区间，百分位在70%~100%为高估区间。

假设指数A的历史PE分布区间是5~15倍，而指数B的历史PE分布区间是15~32倍，那么指数B可能比指数A值得投资，因为指数A处于绝对高估位置（100%），而指数B处于相对低估位置（29%）。

在市盈率（PE）这个指标里，每股盈利（E）代表的就是这家企业从商业角度最直观的价值体现。从根本上来说，我们现在之所以买入一家企业，是因为看好它的未来，认为它未来会更有价值，而不是因为它过去表现优异。所以，随着每股盈利（E）的持续增长，只要人们对它的成长性预期不发生反转，股价（P）就会因为这种预期所导致的买入行为而不断走高。不难发现，股价（P）在某个时点上对某只股票价值高低的共识是由市场情绪决定的。

由此可以发现，历史百分位的本质就是市场情绪水位的标尺——现在是高涨还是正常或者低落，用它量一量就清楚了。对应的就是该指数当前估值在历史估值中的水平，是高估还是适中或者低估，从而判断其是否具有投资价值。因此，我们找到估值相对较低的指数，并不是说它马上就会上涨，但意味着向下的空间越来越小，而向上的空间越来越大，这样一来投资性价比无疑较高。

2. 利用市净率投资指数基金

有些行业并不适用市盈率估值法，比如周期行业，像金融、能源、有色金属、造船、工程机械等，因为周期属性决定了它们的业绩起伏会很大，在行情好的时候非常赚钱，一旦形势扭转，可能第二年就转为亏损。所以，周期行业更适合采用市净率进行估值。

市净率（PB）是指每股股价与每股净资产的比值或总市值与净资产的比值，用公式表示就是：市净率=每股股价÷每股净资产=P÷B。也就是我们通常所说的账面价值。

一般认为，当市价高于账面价值时企业资产的质量较好，有发展潜力；反之则质量较差，没有发展前景。市净率侧重于对未来盈利能力的期望。市净率低意味着投资风险小，万一上市公司倒闭，在清偿的时候可以收回更多成本。因此，在其他条件相同的情况下，市净率低好。

市净率估值法更适合重资产行业，这些行业的PB值通常比较低。而对于一些轻资产的新兴行业而言，用PB去估值效果一般，它们的PB值常常高高在上。在实际使用中，采用PB百分位也是一种比较好的解决方案。

3. 利用股息率投资指数基金

股息率是一年的总派息额与当时股价的比值，用公式表示就是：股息率=每股派息额÷每股股价。股息率对于大盘蓝筹类的指数意义更大，比如上证50、沪深300、中证银行指数等。除此之外，市场上还有专门的红利指数，以成分股的股息率高低作为权重来进行加权计算。

股息率是一个非常重要的估值指标，它是投资收益率的简化形式。股息率越高，指数的估值越低，抗跌性越强。假设有两只股票，A的股价为10元/股，B的股价为25元/股，两家公司同样发放每股0.5元股利，则A公司5%的股息率显然要比B公司2%的股息率诱人。所以，一旦指数的股息率高到一定水平，比如超过无风险债券的收益率，那么它对投资者的吸引力就变得特别大。投资者可以跟踪指数的股息率指标，在其相对较高的时候入手，安全边际会相对较高。

为什么机构投资者都喜欢买一部分银行股压舱底呢？就是因为银行股的高股息率。比如某银行股的股息率是6.5%，这就意味着买入这只股票，哪怕十来年不涨，仅靠股息就能够收回所有成本。这才是价值投资的精髓。

4. 利用净资产收益率投资指数基金

净资产收益率（ROE）也称股东报酬率，是指净利润与净资产的比值，也可以用公式这样表示：ROE=销售利润率×总资产周转率×1÷（1-资产负债率）。该指标体现自有资本获得净收益的能力，即公司的赚钱能力。简单地说，ROE就是企业能给投资者赚多少钱。该指标越高，说明投资带来的收益越高。

巴菲特说过，如果只能用一个指标来选股，那就是ROE。他投资的股票，基本上ROE常年稳定在15%以上。ROE是企业发展中最核心的动力，股价的长期年化收益率与企业的长期ROE非常接近。而我们之前说的估值指标则会随着牛、熊市的股价波动而波动。

投资者在选择估值指标时，如果选择PE、PB这类指标，则期望的是有一天获得估值的恢复并从中获利；而如果选择股息率、ROE这种指标，则期望的是获得上市公司长期分红或利润的钱。也有一些投资者把不同的指标结合起来，比如著名的PB-ROE策略就是通过"低PB+高ROE"来选股的。同理，我们也可以用这种策略来选基金。

5. 利用PEG投资指数基金

PEG=市盈率÷企业未来预期盈利增长率×100（通常是未来三年的），主要用于成长股的投资，后来由基金经理彼得·林奇发扬光大。

当PEG＜1时，说明股票被低估；当PEG＞1时，说明股票被高估。例如，A企业的市盈率为18倍，未来三年的预期盈利增长率为30%，那么它的PEG就是18÷30%×100=0.6，0.6＜1，说明公司股票目前被低估。如果企业预期盈利增长率只有15%，那么它的PEG就是18÷15%×100=1.2，1.2＞1，说明股票被高估。

这个指标主要用于帮助我们找到那些市盈率较低、预期盈利增长率又比较高的企业。据此，我们可以去筛选相关指数基金。

6. 获取指数估值相关数据的途径

或许有投资者要问了：从哪里能获取指数估值的相关数据呢？一般有以下三种途径。

第一种，Wind或Choice等金融终端，这种方式是要收费的。

第二种，指数公司的官网。大家可以登录中证指数公司官网和沪深交易所官网，找到相关行业板块的估值数据。

第三种，各种财经网络平台，如东方财富网、同花顺、天天基金网、蛋卷基金、韭圈儿App、"老罗话指数投资"微信公众号等。

需要指出的是，上述估值指标会随着行情变化及基金的调仓换股而变化。指标分析均属事后分析，仅帮助投资者判断基金在过去一段时间内的投资情况，可以结合历史百分位灵活应对、理性决策，切忌生搬硬套。

6.4 带你认识ETF

ETF（Exchange Traded Fund）是"交易型开放式指数基金"的简称，是可以在交易所里进行买卖，跟踪特定指数，并且可以随时进行申购和赎回的基金。

现有的700多只ETF主要可以分为股票型、跨境型、债券型、商品型和货币型五大类。

1. 股票ETF

股票ETF是家族中的主力军，又可以分为宽基ETF、行业主题ETF、风格ETF。

（1）宽基ETF：规模主要集中于沪深300、中证500、上证50、MSCI中国A50、上证180、创业板指、深证100、创业板50、中证800九大指数。

（2）行业主题ETF：规模主要集中于金融、科创、半导体、消费、医药医疗、央企、军工、新能源汽车、光伏、TMT、环保、科技、生物、基建、地域、周期等行业。

（3）风格ETF：常见的风格主要有大、中、小盘风格和价值、成长、红利、低波动等风格。

首先来看大、中、小盘风格。目前该风格ETF主要体现在宽基指数里面，例如，上证50、沪深300等可以被视为大盘风格，中证500等可以被视为中小盘风格，中证1000等可以被视为小盘风格。

其次来看价值、成长、红利、低波动等风格。由于不同风格指数的选股样本范围存在差异（常见的选股样本范围有中证、上证、深证、创业板、沪深300、中证500、MSCI中国A股等），使得风格之外又叠加了其他因素，如中证红利指数、中证红利低波动100指数、中证国信价值指数、巨潮小盘价值指数、中证高股息精选指数，导致属于同一风格的ETF业绩会存在分化。

2. 跨境ETF

跨境ETF可以分为两种：一种是通过QDII投资海外市场的；另一种是通过港股通投资港股市场的。其跟踪的指数有标普500、纳斯达克100、日经225、德国30、法国CAC40、中国海外互联网等。

3. 债券ETF

债券ETF又可以分为国债、地方债、信用债、可转债4类ETF。

国债ETF有国泰上证10年期国债ETF、富国中证10年期国债ETF、平安中证5-10年期国债活跃券ETF、国泰上证5年期国债ETF、嘉实中证中期国债ETF。

地方债ETF有海富通上证10年期地方政府债ETF、鹏华中证5年期地方政府债ETF、海富通上证5年期地方政府债ETF、鹏华中证0-4年期地方政府债ETF、平安中债0-5年广东省地方政府债ETF。

信用债ETF有海富通上证城投债ETF、平安中债-中高等级公司债利差因子ETF、海富通中证短融ETF。

可转债ETF有博时中证可转债及可交换债券ETF、海富通上证投资级可转债ETF。

4. 商品ETF

截至2021年年底，商品ETF共有15只，其中12只为黄金ETF，另外3只为期货ETF，分别是有色金属期货ETF、能源化工期货ETF、饲料豆粕期货ETF。

5. 货币ETF

2018—2021年，货币ETF未有新产品发行，数量保持在27只，规模较大的有华宝现金添益A、银华交易货币A、建信现金添益H、招商财富宝E、南方理财金H。

投资者可以根据自身的风险承受能力选择合适的ETF产品进行资产配置。如果你看好美股市场，则可以购买标普500 ETF或纳指 ETF。

像黄金ETF、跨境ETF、债券ETF、货币ETF可以实现T+0交易，提高了资金周转效率。对于喜欢投资场外QDII联接基金的人而言，可以考虑用跨境ETF产品代替，相比场外QDII联接基金赎回时需要T+7个工作日到账，跨境ETF产品无疑将大大提高投资者的资金使用效率。

6.4.1 ETF的优点

对于投资者而言，指数的被动性可以让我们克服人性的恐惧和贪婪，指数的永续性可以让我们避免投资本金血本无归，指数的周期性可以让我们有源源不断的买入和卖出机会，指数具备个股的特性可以让我们用价值投资的策略（PE、PB、ROE等）去分析。正因如此，巴菲特才会在公开场合向大家推荐指数基金。

那么，ETF作为典型的工具化产品，比起个人炒股有哪些优点呢？

第一，费率低廉，交易便捷。

ETF的交易佣金和买卖股票的交易佣金一样，但没有印花税，所以买卖ETF承担的总成本比买卖股票承担的总成本还低。场内买卖ETF不存在申购费和赎回费，交易费用是按照证券公司的交易佣金收取的，没有印花税。如果你买的是上交所的ETF，那么交易手续费不高于成交金额的2.5‰，不低于成交金额的0.085‰，起点为5元。如果你买的是深交所的ETF，那么交易手续费不高于成交金额的2.5‰，不低于成交金额的0.1375‰。一方面，指数化投资交易的成本与管理费较低，因为管理ETF的经理人只会根据指数成分变化来调整投资组合，不需要支付投资研究分析费用；另一方面，指数化投资倾向于长期持有购买的证券，区别于主动管理型基金，周转率较低，故交易成本较低。

第二，组合成分高度透明，规避了个股风险。

ETF采用被动式管理，完全复制指数的成分股作为基金投资组合，是一揽子的股票，基金持股相当透明，投资人比较容易识别投资组合特性并完全掌握投资组合状况，可以避免单只股票踩雷的风险。

第三，通过ETF容易把握市场热点。

ETF像股票一样在交易时间内持续交易，大家可以根据即时揭示的交易价格进行买卖，从而更好地把握成交价格。对于持有普通开放式指数基金的投资者而言，当日盘中涨幅再大也只能望洋兴叹，赎回价只能根据收盘价来计算，而ETF则可以帮助投资者抓住盘中上涨的交易机会。由于交易所每15秒显示一次IOPV（净值估值），这个IOPV即时反映了指数涨跌带来的基金净值的变化，ETF二级市场价格随IOPV的变化而变化。因此，投资者可以在盘中指数上涨时在二级市场上及时抛出ETF，获取指数当日盘中上涨带来的收益。以证券ETF（基金代码为512880）为例，它是大盘趋势方向的风向标，经常被主力利用来上攻和撤退，向上、向下弹性巨大，而且涨跌速度很快。

第四，除了正常交易，拥有大资金的专业投资者还可以进行申购、赎回、套利，一般起步门槛是100万份基金份额。

ETF综合了封闭式基金和开放式基金的优点，投资者既可以在二级市场上买卖ETF份额，又可以向基金管理公司申购或赎回ETF份额，不过申购或赎回必须以一揽子股票（或有少量现金）换取基金份额或者以基金份额换回一揽子股票（或有少量现金）。由于同时存在二级市场交易和申购赎回机制，所以投资者可以在ETF二级市场交易价格与基金单位净值之间存在差价时进行套利交易。

6.4.2 买卖ETF的注意事项

ETF的投资标的是指数，它是一种高效的指数化投资工具。有人这样比喻：ETF就像一辆小轿车，司机是ETF发行商（基金公司），乘客是投资者，标的指数是导航仪，是ETF的核心要点。如果没有这个导航仪，ETF就无法带领乘客抵达预期的目的地。

对于投资者而言,在交易方式上,ETF与股票完全相同。只要拥有证券账户,就可以在盘中随时买卖ETF,交易价格随市价实时变动,相当方便并具有流动性。

买卖讲的是价格,申购赎回讲的是净值,买入价格高于基金净值就是溢价,反过来就是折价。ETF在二级市场上进行买卖操作时,均是以市价进行交易的,根据当天的市场行情,会出现溢价或折价的情况。在交易软件上,投资者可以将每15秒估算并公布的实时最新基金份额参考净值(IOPV)作为短线买卖、套利的依据。

ETF折价率=(P-IOPV)÷IOPV。这里的P是单位ETF份额在二级市场上的价格,它是由二级市场上ETF的供求关系决定的,在行情软件中一般用白色线表示。ETF基金份额参考净值(IOPV)即盘中按照最新成交价格实时计算并公布的基金份额净值估计值,在行情软件中一般用紫色或蓝色线表示。

由于ETF对应的标的是一个指数代表,一个行业的指标,所以我们可以按照市盈率、市净率、净资产收益率、市场环境、市场的位置、历史百分位等依据和理论来筛选判断,低买高卖,增加收益。

6.4.3 如何玩转ETF

市场的涨跌不是走直线的,而是像海浪一样,此起彼伏的。资产配置就像孙悟空手中的如意金箍棒,可以帮助我们在投资理财的道路上降魔除妖。投资组合是投资观念、策略的表达,也是资产配置的具体运用,将直接决定投资者的收益,而ETF恰恰能够作为风向标和资产配置的利器。

针对刚刚参与指数基金ETF的初学者,首先推荐的就是在品种上选择宽基指数,比如创业板ETF和沪深300 ETF。即便发生突发的利空或者利多,宽基指数基本上围绕在一定的区间内做宽幅或者窄幅震荡,是有一定的规律的。

当有了一定的基础之后,投资者可以开始去追求更高的投资收益,可以利用资产配置的方法去投资一些主题ETF或者行业ETF。需要注意的是,行业ETF和主题ETF往往具有极强的波动性和周期性,它们常常在一个阶段内强者恒强、弱者恒弱。但是,这种刺激性又可以很好地满足投资者的交易感觉。因此,建议常年长线跟踪几个宽基指数或者行业ETF或者主题ETF,反复地观察它们的主要特点和区间震荡的规律，锁定目标。当我们选出的目标进入投资区域后，就可以按照交易纪律实施操作了。

那么，如何玩转ETF呢？

第一，热点+冰点。例如，当下的热点是创业板、科技、新能源、军工，而金融、基建、煤炭、农业等周期类是冷门，那就可以将创业板ETF和基建50ETF、科技ETF和银行ETF、新能源ETF和煤炭ETF、军工ETF和养殖ETF组合起来。

第二，蓝筹+题材。例如，沪深300 ETF和数字经济ETF、上证50 ETF和中药ETF轮流切换仓位。

第三，根据经济周期调整仓位。当经济下行的时候，多配置一些医药类、消费类品种，如医药ETF、消费ETF；当经济上行的时候，多配置一些周期类品种，如钢铁ETF、金融地产ETF。

第四，风险类+避险类。如证券ETF和黄金ETF搭配。

第五，债券类+股票类。利用固收类产品与权益类产品在上升与下跌方面形成的对冲，构建组合来获取相关收益，如国债ETF+创业板50ETF。

第六，单一品种波段操作或者当日做T。可以用熟悉的ETF，短线日内做T，中线波段操作，长线价值投资，高抛低吸，滚动操作。

第七，用全球市场的ETF来分散投资风险。可以借助国内、海外市场，根据不同风格、不同仓位操作，实现跨市场、跨品种的资产配置，如纳指ETF+德国ETF+恒生互联网ETF+可转债ETF。

第八，利用ETF的溢价、折价，通过一级市场和二级市场套利（仅限大额资金专业投资者）。

由于ETF可以同时在一级市场上申购赎回和在二级市场上买卖，因此ETF具有实时净值与实时市值两种标价。根据一价定律，这两种价格应该相等。但在实际的交易过程中，由于所处市场和交易参与者有所区别，短期可能受到不同的供需、事件等因素影响，ETF的净值与市值往往并不相等，这就为套利带来了空间。如果折溢价价差大于交易成本（ETF手续费、股票交易费用、冲击成本等），那么这样的"T+0"套利行为就能够获得无风险收益，主要分为两种情况。

（1）溢价套利（正向套利）。当ETF在二级市场上的报价高于其资产净值时，可以在二级市场上买进一揽子股票，然后于一级市场上申购ETF，再于二级市场上以高于基金份额净值的价格将此申购得到的ETF卖出。

（2）折价套利（反向套利）。当ETF在二级市场上的报价低于其资产净值时，可以在二级市场上以低于资产净值的价格买进ETF，然后于一级市场上赎回ETF，再于二级市场上卖掉股票。

6.4.4 挑选ETF时重点考虑的因素

作为特殊的指数基金，在选择ETF时可以重点考察标的指数、基金规模和跟踪误差这三个指标。

第一，标的指数需契合市场风格。ETF所跟踪的指数既有沪深300、中证500、中证800这类投资范围广、分布于不同行业和主题的宽基指数，也有投资范围窄的行业或主题指数，如证券、医药、军工、半导体、芯片、5G、新能源、稀土、家电等行业或主题指数。当市场为结构性行情时，行业或主题指数相较宽基指数有更多的投资机会。但选择行业或主题指数要求对某一行业或主题有一定的了解，因为一旦判断失误，行业或主题指数因仓位过于集中，跌幅会大于宽基指数的跌幅。当市场以白马蓝筹股行情为主时，可以选择上证50 ETF、沪深300 ETF之类的偏蓝筹风格的ETF，这样能更好地分享市场上涨带来的收益。

第二，基金规模越大越好。一般来说，ETF规模越大，流动性也就越好，投资者在二级市场上的大金额买卖就不会因流动性不足而受到制约。此外，基金规模越大，基金大额申赎时对跟踪误差的影响越小。

第三，跟踪误差越小越好。跟踪误差是跟踪偏离度的标准差，即指数基金净收益率与所跟踪指数收益率之间差值的标准差。ETF作为被动指数基金，目标是获取与指数相同的收益，故跟踪误差越小说明跟踪精度越高，代表其在同一类产品中表现越好。

巴菲特说过："投资者成功与否，是与他是否真正了解这项投资的程度成正比的。"我们可以借助ETF筛选出估值合理、未来有发展前景的基金，如投资创业板、半导体、信息安全、科技、生物医药与医疗服务等行业或主题的场内、场外指数基金，按照个人的投资风格、安全习惯、投资的期望值、对品种的熟悉程度，建立相关性较低的产品组合，理性投资，增加自己的财富。

像ETF组合宝App、ETF和LOF圈微信公众号都能提供相关投资资讯，可以帮助我们综合判断。如表6-5所示，对于谨慎型投资者而言，用5只不同的ETF按债9股1进行组合投资，可显著降低波动，收获一定的回报。

表6-5　5只ETF业绩表现和组合收益

基金名称	基金代码	2019年回报	2020年回报	2021年回报	2022年回报
国泰上证10年期国债ETF	511260	2.49%	1.92%	5.19%	2.52%
易方达沪深300 ETF	510310	38.71%	30.56%	-3.03%	-19.78%
嘉实中证500 ETF	159922	28.00%	25.02%	17.96%	-18.56%
广发纳指ETF	513100	39.04%	36.73%	23.19%	-27.06%
华安黄金ETF	518880	19.15%	13.81%	-4.71%	9.24%
按债9股1组合投入综合收益		5.36%	4.38%	5.51%	0.86%

数据来源：Wind。

6.5　LOF走近你我他

如果说ETF是舶来品，那么LOF就是我国首创的一种基金类型，也是ETF的本土化。

LOF的英文全称是Listed Open-Ended Fund，称为"上市型开放式基金"。也就是在基金发行结束后，投资者既可以在指定代销机构处申购与赎回基金份额，也可以在交易所里买卖该基金，即LOF同时拥有一级市场基金净值和二级市场交易价格。

这相当于LOF既是一只场内基金，又是一只场外基金。所谓"场内"是指二级市场，也就是股市，投资者可以直接通过自己的证券账户实时买卖。而"场外"就是二级市场之外，比如通过手机银行、天天基金网、支付宝、银行柜台、基金公司官方网站等渠道申购和赎回。

需要特别指出的是，LOF不可以在场内购买，在场外卖出，买卖要么都在场内，要么都在场外。如果在指定网点认购或申购的基金份额想要上网抛出，则需要办理一定的转托管手续；同样，如果在交易所网上买入的基金份额想要在指定网点赎回，则也需要办理一定的转托管手续。

6.5.1　LOF的套利

LOF二级市场交易行情像股票交易行情一样，价格会波动，交易用"买入"和"卖出"完成。LOF一级市场基金净值是基金管理公司利用募集资金购买股票、债券和其他金融工具后所形成的实际价值，交易用"申购"和"赎回"完成，基金净值一天只有一个。

同一样东西有两个标价，一个是交易价格，另一个是基金净值，聪明的投资者立刻就会想到"套利"。套利的原理很简单，即左手低价买进，右手高价卖出。套利方式主要有两种，其一，溢价套利；其二，折价套利。

这里以LOF的基金净值作为参照，简介如下。

（1）当二级市场交易价格＞一级市场基金净值时，我们称为"溢价"。如果溢价幅度大于交易费用，则可以先申购后卖出，这就是溢价套利。

一般申购费用1.5%＋二级市场费用0.02%＝交易费用1.52%。

假设某LOF的交易价格是1.413元，当天的预估净值是1.345 9元，溢价率=（1.413−1.345 9）÷1.345 9=4.99%＞交易费用1.52%，那就可以在收盘前三分钟申购基金。如果当日实际净值是1.360 7元，T+2日通过二级市场按照市场价1.416元卖出基金，则可以实现溢价套利，收益率为2.51%。

（2）当二级市场交易价格＜一级市场基金净值时，我们称为"折价"。如果折价幅度大于交易费用，则可以先买入后赎回。

二级市场费用0.02%＋赎回费用1.5%＝交易费用1.52%。

很多投资者不了解上交所的LOF可以T+0赎回，即当天场内买入LOF基金份额，当天就可以赎回。假设某LOF的交易价格是0.987元，当天的预估净值是1.028 0元，溢价率=（0.987−1.028 0）÷1.028 0=−3.99%＜交易费用1.52%，那就可以在收盘前三分钟通过二级市场按照市场价买入基金，当天赎回。如果当日实际净值是1.063 0元，则可以实现折价套利，收益率为4.68%。

从上面的例子中可以发现，溢价率=（场内价格−估算净值）÷估算净值，正数就是溢价，负数就是折价。

套利一般发生在两种情况下：第一，产品转型或者新品种上市后不久，套利者较少时；第二，场内的价格出现较大的折价或溢价，给投资者提供了套利机会。

套利是低风险,而不是无风险,当净值估算出错的时候,可能会亏钱。由于指数基金是完全跟踪指数的,所以大家可以按照当天指数的涨跌情况,结合上一日基金实际净值进行预估。考虑指数基金会预留5%的现金应对赎回,故预估当天指数基金净值的公式为:

$$上一日基金的净值 \times (1+0.95 \times 指数涨跌幅)$$

需要说明的是,深交所和上交所LOF的申购赎回效率并不完全一致,深交所通常当日买入LOF份额,T+1日才可以赎回;当天申购基金份额,T+2日才可以卖出。上交所当日申购所得的上证LOF份额,当日不可卖出、赎回或转托管,T+2日才可以在场内卖出;当日买入的份额,当日可以赎回、转托管,但不得卖出。所以,在套利时要充分考虑套利空间是否足够覆盖T+1日或T+2日基金净值波动的风险,否则就会弄巧成拙。

因此,LOF套利不仅要选择流动性好的基金产品,而且要了解基金的持仓收盘时间、基金的净值公布时间、申购基金的到账时间这三个关键节点,并知道交易费用,才能增加胜算。

6.5.2 ETF和LOF的区别

区别一:申购、赎回机制不同。在申购和赎回时,ETF与投资者交换的是基金份额和一揽子股票,而LOF与投资者交换的是基金份额和现金。在场内交易时LOF与ETF相同,而LOF还可以在场外交易,就是和普通场外基金一样,在交易平台上买卖,而ETF不能在场外交易,只能通过相应的ETF联接基金参与场外交易。

区别二:参与门槛不同。ETF的申购和赎回有数量上的最低要求,如最小份额需100万份,起点较高,适合机构客户和有实力的个人投资者。而LOF的申购和赎回与其他开放式基金的申购和赎回一样,申购起点为1 000基金单位,更适合中小投资者参与。

区别三:适用的基金类型不同。ETF在本质上是被动型的指数基金,而LOF既可以是被动型的指数基金,也可以是主动管理型基金。例如,广发道琼斯美国石油A人民币(基金代码为162719)、嘉实沪深300 ETF联接(LOF)A(基金代码为160706)、融通巨潮100 AB(基金代码为161607)就是LOF中的指数基金，而朱少醒掌舵的富国天惠精选成长A（基金代码为161005）、谢治宇掌舵的兴全合润（基金代码为163406）、刘彦春掌舵的景顺长城鼎益（基金代码为162605）、金梓才掌舵的财通科创主题3年封闭运作（基金代码为501085）就是LOF中的主动管理型基金。那么，如何区分呢？其实很简单，如果是被动跟踪指数的LOF基金，那么在基金类型中会显示"指数型"；反之，就是主动管理型的。

区别四：报价频率不同。在二级市场上，ETF每15秒提供一次基金净值报价，而LOF一天提供一次基金净值报价。

6.5.3 LOF的优点和缺点

1. LOF的优点

优点一：可进行套利操作。LOF可以进行场内和场外交易，投资者可以利用两个市场的价差，捕捉时机进行套利。

优点二：加快了交易速度，提高了资金使用效率。投资者可以像买卖股票和封闭式基金一样买卖开放式基金。LOF增加了开放式基金的场内交易，买入的基金份额T+1日可卖出，卖出的基金款可参照证券交易结算的方式，当日就可用，次日可提现金，与场外交易资金到账时间比较，买入比申购提前1日，卖出比赎回最多可提前6日。

优点三：减少了交易费用。投资者通过二级市场买卖基金，一般来说双边费用最高为0.5%。

2. LOF的缺点

缺点一：市面上LOF的种类和数量与普通开放式基金相比还比较少，一些LOF的场内份额也很少，存在流动性问题，交易不是很活跃。

缺点二：由于LOF的场内、场外份额互转较为便利，使得价格很快就会向价值回归，导致场内、场外的差价过小，在扣除费用之后，获利也很少。因此，资金量少的投资者很难通过LOF实现套利。

缺点三：LOF的本质是基金，吸引投资者眼球的是业绩。无论是场内交易还是场外申赎，如果没有好的业绩做支撑，根本就不会有人交易，基金净值和场内价格都会走低，这样对持有和套利都会产生负面影响。

因此，我们选择LOF就跟选择普通基金一样，仍要以基金经理、基金公司、过往业绩、行业前景、基金规模等因素作为参考，综合挑选优质的基金进行投资。对于账户佣金低的人来说，可以选择规模较大、交易较为活跃的LOF品种，在场内购买并持有，即便不进行套利（套利只相当于点心，不能当主食），也可以在一定程度上节省费用。在场内购买LOF，无非换了一种费用更低的持有基金的方式，何乐而不为？

6.5.4　选择LOF、ETF还是ETF联接

通俗来讲，ETF是指数的"跟屁虫"，ETF联接就是ETF的"跟屁虫"。ETF联接基金其实就是为了方便普通投资者购买ETF而专门设计的，其以不低于90%的仓位投资于该标的ETF，收益与ETF有强相关性，但在跟踪指数的效果上略次于ETF。

对于普通投资者来说，无论是对资金量的需求还是对投资渠道的要求，LOF的限制比ETF的限制都要少，而且申购与赎回相对更方便。如果投资者没有开立股票账户，则可以选择ETF联接基金，因为是通过基金销售平台参与交易的，还可以设置为定投。

对于有经验的投资者来说，ETF可以更快地反映基金净值的变化，可以像炒股票一样进行短线或中长线交易。

大家可以根据自己的实际情况自主选择投资品种。说白了，适合自己的就是最好的。

6.6　市场平庸选红利

A股市场只要连续下跌，就会让一群新基民不知所措，也会让想买基金的人产生恐惧。这也不能全怪他们，真金白银的损失可不是玩笑，两位数以上的亏损，即便仅仅停留在账面上，还没有割肉，也会让投资者心痛。

例如，同花顺数据显示，2021年2月18日至3月16日，市场上共有7 142只基

金产品净值下跌，4 679只跌幅超过5%，3 557只跌幅超过10%。

不知道大家有没有想过，机构抱团白马股土崩瓦解，其原因是估值过高了，即上市公司的业绩增长速度跟不上股价上涨的速度，透支了未来预期，像2020年风光一时的白酒、医药、科技行业就属于这种情况。

其实，经济是有周期的。随着经济逐渐复苏，顺周期相关的行业都存在估值和业绩双修复的机会，比如金融、化工、建材、有色金属、煤炭、能源、广告、汽车等。在2021年的下跌行情中，有一类基金却笑傲江湖，就是红利指数基金。

目前国内关注度最高的红利指数有4个。

（1）上证红利指数（指数代码为000015）：挑选沪市过去两年平均现金股息率最高的50只股票组成样本股。跟踪这个指数的基金有华泰柏瑞上证红利ETF（基金代码为510880）。

（2）深证红利指数（指数代码为399324）：挑选深市过去两年平均现金股息率最高的40只股票组成样本股。跟踪这个指数的基金有工银深证红利ETF（基金代码为159905）。

（3）沪深300红利指数（指数代码为000821）：对样本空间内的证券按照过去两年平均税后现金股息率由高到低排名，选取排名靠前的50只上市公司证券作为指数样本。跟踪这个指数的基金有建信沪深300红利ETF（基金代码为512530）。

（4）中证红利指数（指数代码为000922）：挑选全市场过去两年平均现金股息率最高的100只股票组成样本股。跟踪这个指数的基金有大成中证红利指数A（基金代码为090010）、易方达中证红利ETF（基金代码为515180）等。

这4个红利指数的持仓行业分布情况如下。

（1）上证红利指数的持仓主要分布在原材料、工业、金融地产这几个行业，前三大行业分布集中，以大盘股为主。

（2）深证红利指数的持仓以主要消费、可选消费为主，周期性行业较少，和上证红利一样以大盘股为主。

（3）沪深300红利指数的持仓主要分布在金融地产、原材料、可选消费、能源、工业这几个行业，以大盘股为主。

（4）中证红利指数的持仓主要分布在原材料、工业、可选消费、金融地产这几个行业，同样以周期性行业为主。与上证红利指数不同的是，中证红利指数以大盘股为主，同时兼顾了小盘股，攻守俱佳。

红利基金就是主要投资于具有大比例分红能力的股票，兼顾红利收益与资本增值的基金。红利指数基金就是主要投资于红利指数的基金。由于红利指数基金投资的股票分红能力较强、分红比较稳定、现金股息率高，一般来说业绩表现有所保证。

通过比较可以发现，中证红利指数的历史业绩最好、年化收益率最高，同时年化波动率居中、夏普比率最高。并且从行业分布来看，中证红利指数从全市场选股，行业分布更加均衡，大盘+中小盘搭配更佳。

跟踪中证红利指数的基金列举如下。

场内：易方达中证红利ETF（基金代码为515180）、招商中证红利ETF（基金代码为515080）。

场外：富国中证红利指数增强A（基金代码为100032）、大成中证红利指数A（基金代码为090010）、易方达中证红利ETF联接A（基金代码为009051）和易方达中证红利ETF联接C（基金代码为009052）。

红利指数与沪深300涨跌对照如表6-6所示。

表6-6 红利指数与沪深300涨跌对照表

指数名称	业绩					
	2016年	2017年	2018年	2019年	2020年	2021年
上证红利指数（000015）	-7.57%	16.31%	-16.96%	10.67%	-5.69%	7.62%
深证红利指数（399324）	-6.61%	46.80%	-27.72%	57.34%	32.38%	-14.37%
沪深300红利指数（000821）	-5.59%	30.16%	-17.86%	21.28%	3.17%	-4.21%
中证红利指数（000922）	-7.64%	17.57%	-19.24%	15.73%	3.49%	13.37%
沪深300	-11.28%	21.78%	-25.31%	36.07%	27.21%	-5.20%

数据来源：Wind。

通过观察表6-6可以发现：

（1）当市场处于熊市时，中证红利指数可以稳定地获得分红，往往可以在熊市里跑赢沪深300。

（2）当市场处于牛市时，投资者更愿意对预期进行炒作，所以红利指数往往不会出现爆炸式增长。比如2017年、2019年、2020年中证红利指数均没有跑赢沪深300。

（3）投资红利指数基金相当于投资国内现金流最充足的顶部公司，企业踩雷风险小，相对安全、稳定。但因为红利指数基金所投资的那些有高分红的企业往往都是已经进入成熟期的企业，也就意味着未来的成长性已经不大，所以它们的股价往往涨得比较慢，很难给投资者带来较高的超额收益。

综上所述，风水轮流转。红利指数基金主要投的是高股息率股票，在市场人声鼎沸时自然受到冷落，而在市场门可罗雀时就开始闪亮登场了。拉长周期来看，虽然策略指数的表现并没有特别突出，但是在熊市中更抗跌，在市场行情不好的时候反而表现得更好。因此，在熊市或震荡市中，红利指数基金可以作为我们重要的资产配置工具。

6.7　7天不用买同业

在2021年国庆假期前后，公募行业掀起了同业存单指数基金申报热潮。据不完全统计，截至2021年10月12日，共有51家基金公司上报了同业存单指数基金，引起投资者关注。

有人提出疑问：这又是什么产品？

同业存单指数基金是指投资同业存单的基金，而同业存单是由银行业存款类金融机构法人在全国银行间市场上发行的可转让记账式定期存款凭证。作为银行短期融资工具，同业存单的期限在一年以内，利率一般高于同期限SHIBOR的利率，可以质押和转让，具有流动性较强的特点。

同业存单指数基金是一种创新产品，其风险收益特征介于短债型基金和货币型基金之间，主要跟踪的是中证同业存单AAA指数（指数代码为931059）。基金投资于标的指数成分券和备选成分券的比例不低于非现金基金资产的80%。每基金份额设置7天的最短持有期限，在兼顾投资者流动性需要的同时减少短期非理性赎回对基金资产的扰动，力求通过投资标的的稳定持有增厚投资收益。

该基金与货币型基金和短债型基金在投资用途、风险等级、收益空间、流动性、费率结构方面的差别如表6-7所示。

表6-7 同业存单指数基金与货币型基金和短债型基金对比特点

名 称	货币型基金（"宝宝类"产品）	短债型基金	同业存单指数基金
投资用途	零钱理财	建议持有30天以上	建议持有7天以上
风险等级	低风险	低风险	低风险
收益空间	历史基本无亏损记录，走势较平稳	收益通常高于"宝宝类"产品的收益，风险稍高而流动性稍低	收益通常高于"宝宝类"产品的收益
流动性	随时申赎（T+0）	随时申赎（T+1）	7天锁定
费率结构	0申购费 0赎回费	0申购费 持有7天/30天，0赎回费	0申购费 持有7天0赎回费

注：实际费率结构、风险等级、流动性以具体产品为准。

由于同业存单指数基金具有投资标的清晰、组合久期较短、信用风险可控、流动性良好等优势，是一种低波动、高流动性的低风险理财工具，故可作为大家现金管理类产品的有效补充。

A股市场牛短熊长，短线受不确定因素影响波动频繁，但中长期趋势向上。望远方知风浪小，凌空始觉海波平。无论市场如何变化，我们都可以选择指数基金，守正出奇，获取超额回报。

第7章

大风起兮云飞扬，不买基金悔断肠

国金证券数据显示，截至2022年年底，我国公募基金数量共计10 431只，开放式公募基金总规模达25.96万亿元。作为资本市场的重要参与主体，公募基金在服务国家战略、支持实体经济发展、维护资本市场稳定、实现金融消费者财富保值增值方面发挥着重要作用。与外资、私募和保险公募等机构相比，公募基金稳居最大专业投资机构位置。

公募基金在很大程度上主导了A股市场的结构性特征。近年来公募基金抱团行为及抱团的瓦解在很大程度上主导了市场风格切换，例如，从2017年开始增持消费和科技股，推动了消费和科技板块的活跃；2021年回归周期股，推动了周期板块的行情。

中国证券业协会发布的《2021年度证券公司投资者服务与保护报告》显示，截至2021年年底，我国个人股票投资者超过1.97亿人，基金投资者超过7.2亿人。越来越多的投资者认可和接受了基金这种投资方式，从持有股票转变为持有公募基金等资产管理产品。

7.1 你买贵州茅台为什么亏

2020年9月18日星期五晚上,五十多岁的鲁先生给我发微信:"买贵州茅台亏钱了,上午全部止损出局。"我很诧异,要知道贵州茅台从当年2月到8月连涨了7个月。经过一番了解,我才恍然大悟。

鲁先生本是一个行动谨慎且非常内向的人,从上周起他突然开始关注贵州茅台的走势,因为A股市场成交量萎缩,贵州茅台的股价下跌了,本已清仓观望的他始终相信贵州茅台是一家好公司,大量机构重仓持有,股价一定会上涨。他共有30多万元资金在证券账户上,刚好能买两手,于是就在周二以每股1760元的价格全部买入,结果周三贵州茅台股价变脸,每股下跌34.90元,跌幅为−1.98%;周四跳空每股下跌54.58元,跌幅为−3.16%。仅仅两天股价下跌账面就亏掉了近18 000元,令他恐慌不已、夜不能寐,周五开盘全部割掉清仓了。

类似的故事我们是不是很熟悉?很多人就是这样亏钱的。他们在进行投资之前,从没问过自己的"股市三观"。

第一,如何正确地认识和看待股市?

第二,如何正确地认识和看待投资?

第三,如何正确地认识和看待自己?

鲁先生投资动用30多万元,这笔资金也不算少了,但买贵州茅台只能是区区两手,偏偏还一次性买入,稍有回撤,自然会心惊肉跳。

纵观历史,普通人这辈子能够拥抱的股价翻10倍的公司也就20家左右。在不复权的情况下,我们可以回顾一下贵州茅台的历史走势,品味一下什么是真正的价值投资。

2001—2021年,贵州茅台的股价上涨了6 430.74%,年复合增长率为21.98%,年内最大回撤为−52.85%。如果你孤注一掷,那么遇上两位数以上的回撤还能持有吗?更何况这一路走来,栉风沐雨。

茅台酒历史悠久、源远流长,是酱香型白酒的典型代表。围绕贵州茅台"国酒"美称的新闻和故事此起彼伏,对它的股价也产生着大大小小的冲击。假的真不了,真的假不了。我无意去判断这当中的是非曲直,但茅台就是茅台。

如今,我国已经成为世界第二大经济体,我们需要打造世界一流的企业品牌，为什么贵州茅台就不能被塑造成第一品牌呢？

2021年2月18日，贵州茅台的股价最高摸到2 627.88元/股，创下上市以来的新高，此后就开始震荡下跌。你是走还是留呢？

市场的暴跌往往是最好的教科书，也是最好的试金石。给点时间，时间会熨平一切。在A股的众多赛道里，食品饮料行业一直是一条好赛道，特别是在我国这样一个人口大国里，消费需求支撑着食品饮料行业的良好发展。

贵州茅台的股价能够站上千元，一方面得益于企业经营效益的不断提升，另一方面得益于我国居民消费水平的不断提高。

贵州茅台2013年的市盈率只有10倍，为什么2019年的市盈率能达到36倍呢？其实这反映了当时市场的乐观情绪，形成了"戴维斯双击"。

表7-1所示为贵州茅台股价与估值变动情况表。

表7-1 贵州茅台股价与估值变动情况表

日　　期	收盘价（不复权）（元/股）	EPS（TTM）（元/股）	PE（TTM）（倍）
2021/12/31	2 050.00	39.91	51.36
2020/12/31	1 998.00	35.49	56.30
2019/12/31	1 183.00	32.58	36.31
2018/12/28	590.01	25.34	23.29
2017/12/29	697.49	19.29	36.15
2016/12/30	334.15	13.17	25.37
2015/12/31	218.19	12.80	17.04
2014/12/31	189.62	12.93	14.67
2013/12/31	128.38	13.45	9.55

数据来源：Wind。

我们可以回顾一下：2013年的不利事件造成白酒板块业绩下降，市场普遍认为贵州茅台将面临销售困境，故投资者情绪悲观，只愿意给予贵州茅台10倍左右的市盈率，而贵州茅台的业绩也经历了长达三年的低迷期。但在2015年之后，贵州茅台用靓丽的业绩证明了自己，在净利润方面，2016年同比增长7.84%，2017年同比增长61.97%，2018年同比增长30%。在这种情况下，市场情绪也随之来了个180°大转变，由极度的悲观转变为极度的乐观，贵州茅台的估值被调高，市盈率上行，股价开始攀升，并屡创新高。直到2020年，市场给予贵州茅台50多倍PE的估值，公司股票以2.2万亿元的市值成为A股的"股王"。

当时，重仓贵州茅台的易方达蓝筹精选（基金代码为005827）、易方达中小盘（基金代码为110011）一举成名，张坤也成为千亿顶流基金经理。

正所谓"人无千日好，花无百日红"，贵州茅台作为"茅指数"的代表，净利润同比增速继2017年创下61.97%的纪录之后，2018年为30%，2019年为17.05%，2020年为13.33%，呈逐年下降态势，此时此刻，你认为贵州茅台的股价还会大幅上涨吗？如果不进行理性分析，只是跟风炒作，那岂能收获稳稳的幸福？

茅台还是那个茅台，2020年的收盘价是1 998元/股，2021年的收盘价是2 050元/股，显露出疲惫之态，那些重仓贵州茅台的基金业绩也出现了不同程度的回撤，一度让人怀疑基金经理的投资能力，直接影响基民的持有信心。

2022年3月28日晚间，贵州茅台披露，2021年，公司实现营业总收入1 094.64亿元，同比增加11.71%；利润总额为745.28亿元，同比增加12.59%；归母净利润为524.60亿元，同比增加12.34%，如表7-2所示。

表7-2　贵州茅台营业收入和净利润年度变动情况表

年份	营业收入（亿元）	同比增长	净利润（亿元）	同比增长
2021年	1 094.64	11.71%	524.60	12.34%
2020年	979.93	10.29%	466.97	13.33%
2019年	888.54	15.10%	412.06	17.05%
2018年	771.99	26.43%	352.04	30.00%
2017年	610.63	52.07%	270.79	61.97%
2016年	401.55	20.06%	167.18	7.84%

数据来源：英大证券。

至此，你认为贵州茅台的股价经过一年多时间的调整，是有望继续创出新高，还是会慢慢步入下跌之路呢？是先杀业绩再杀估值，进而迎来"戴维斯双杀"，还是先升业绩再升估值，进而迎来"戴维斯双击"呢？投资者务必关注其业绩增速，务必关注市场给予的估值变化。需要特别指出的是，贵州茅台的毛利率近10年来基本稳定在90%，远高于同业公司70%左右的毛利率；营业规模和高毛利率使公司的净利率维持在50%左右，远超其他白酒企业的净利率。公司自上市以来年年分红，ROE（净资产收益率）基本上保持在30%左右。

当下，对于大多数投资者而言，直接去买贵州茅台的股票已经不现实了，我们可以把着眼点放在寻找下一个贵州茅台身上，看看哪些品种具有类似贵州茅台上涨的基因。我国地域辽阔，东西南北饮食文化存在较大差异。

除了贵州茅台、五粮液、泸州老窖、山西汾酒等白酒，随着大家生活水平的改善以及对健康的认知，还有啤酒、红酒、黄酒等走进我们的生活里，改变着我们的饮食习惯。

我们没有必要一条道走到黑，完全可以睁开自己的慧眼，去寻找下一个一鸣惊人的贵州茅台，去寻找下一个消费升级的品种。

现在很多人往往拿贵州茅台说事，不少投资者也通过贵州茅台实现了财务自由，但不可否认，面对买一手就要花费十几万元资金，很多人只能望而却步。这时候，我们完全可以借助公募基金来分享公司发展的成果，比如在招商中证白酒指数A（LOF）（基金代码为161725）的前十大重仓股中就有贵州茅台。

再来聊聊前面的鲁先生。回溯一下历史，如果2020年9月15日以1 760元/股买入贵州茅台，持有到当年12月31日1 998元/股，那么区间涨幅为13.52%，最大回撤为-9.34%；如果买入招商中证白酒指数（LOF）A，2020年9月15日的净值是1.023 2元/份，当年12月31日的净值是1.426 6元/份，那么区间涨幅为39.43%，最大回撤为-5.55%。二者相比，后者的性价比显然更高，所以基金更适合普通投资者。

对于重仓贵州茅台的基金，如招商中证白酒指数A（LOF）（基金代码为161725）、华夏上证50 ETF（基金代码为510050）、景顺长城新兴成长（基金代码为260108）、易方达消费行业（基金代码为110022）、汇添富消费行业（基金代码为000083）等，可以给予足够的关注。

7.2 能源危机投原油

2022年2月，由于国际因素，半个月时间，国际原油的价格上涨了46.55%，突破124美元/桶，涨至13年高位。

此时，大家有没有想过如何投资原油呢？

7.2.1 原油的前世今生

石油被称为工业的"血液"，关乎国计民生，其价格的涨跌吸引了全球的目光。

世界上现在有数十个大油田生产数十种不同质量的原油，在被提炼成原油产品，比如汽油、柴油、航空汽油等之前，原油的实用价值并不大，人类对原油产品的需求决定了其价值。

目前，大家习惯把未经加工处理的石油称为"原油"。原油经炼制加工可以获得各种燃料油、溶剂油、润滑油、润滑脂、石蜡、沥青、液化气、芳烃等产品，为经济各部门提供燃料、原料和化工产品。

在原油提炼过程中花费的多少决定了原油现货的价格：提炼费用高，原油价格则低；提炼费用低，原油价格则高。

全球的原油贸易大多采用期货市场价格作为基准价。当前，国际上最具影响力的原油期货交易中心为芝加哥商品交易所集团（CME）旗下的纽约商品交易所（NYMEX），以及英国洲际交易所（ICE），对应的西德克萨斯轻质低硫原油期货合约（WTI）、布伦特原油期货合约（Brent）分别扮演着美国和欧洲基准原油合约的角色。

中东地区的原油储量巨大，沙特阿拉伯的原油储量高达2 660亿桶，占世界原油总储量的比例高达15.7%，其次是伊拉克、伊朗和科威特。因此，中东地区动荡对原油市场的影响很大。

当下，美国是世界第一大石油消费国，中国是石油消费增长最快的国家，已跃居世界第二大石油消费国。2018年3月26日，我国首个国际化期货品种——原油期货正式在上海国际能源交易中心挂牌交易。

7.2.2　历史上原油大跌及止跌的原因

以史为鉴，可以知兴替。综观历史，2008年ＷＴＩ最高达147.27美元/桶，1998年曾低至10.65美元/桶。2019年，WTI开盘价是45.80美元/桶，收盘价是61.21美元/桶，最高价为66.60美元/桶，最低价为44.35美元/桶。2020年，WTI出现暴跌，从年初61.61美元/桶，到4月21日最低出现6.50美元/桶，是难以想象的事情。

我们不妨回顾一下历史上几次油价大跌的情形。

（1）1997年1月至1998年12月，最大跌幅为60%。

暴跌原因：1998年亚洲金融危机爆发，导致全球经济增长减速，全球石油需求量下降。

止跌原因：OPEC（石油输出国组织）在1998年4月和7月两次减产；全球经济在金融危机后触底回升。

（2）2001年9月至2001年11月，最大跌幅为42%。

暴跌原因：2001年互联网泡沫破裂，导致全球经济增长减速；美国经济受损；OPEC国家增产带动，市场陷入供过于求。

止跌原因：OPEC于2001年9月和2002年1月两次宣布限产保价；危机过后石油需求增速大幅回升。

（3）2008年7月至2008年12月，最大跌幅为76%。

暴跌原因：2008年全球金融危机爆发，导致经济增速断崖式下滑，全球原油需求出现连续两年负增长。

止跌原因：OPEC分别于2008年9月、10月和12月三次减产保价；各国政府积极救市，实施量化宽松政策，经济逐步企稳。

（4）2014年6月至2016年1月，最大跌幅为74%。

暴跌原因：页岩油产量迅速增长，OPEC拒绝减产，反而选择增产试图将页岩油挤出市场，导致全球供需宽松，原油显性库存大幅累积。

止跌原因：OPEC与俄罗斯等产油国组成减产联盟一直持续至今。

（5）2018年10月至2018年12月，最大跌幅为45%。

暴跌原因：国际贸易争端升级；各大产油国增产，市场产生供给过剩担忧。

止跌原因：OPEC+达成减产协议，减产幅度超出市场预期；贸易纷争取得阶段性缓解。

（6）2020年1月至2020年4月，最大跌幅为64%。

暴跌原因：OPEC+没有达成减产协议，并且沙特和俄罗斯表示进一步增产；全球对原油需求量大幅度下降，现货交割低迷；全球金融市场充满了恐慌情绪，整体经济前景恶化。

借鉴历史，我们发现，油价大跌的主要起因都是全球经济衰退或金融危机，使原油需求出现明显的下降，比如1997年、2001年、2008年、2018年的油价大跌都属于这种情况。由于原油的应用面广，按照价值规律，35美元/桶是低估区域,35~65美元/桶是合理区域,65~95美元/桶是高估区域。

7.2.3 获取原油供求信息的主要渠道

原油作为大宗商品之王,除了地缘政治因素,供求关系是影响原油价格的关键。大家可以通过公开的资料获取这方面的信息,如OPEC月度原油市场报告、IEA月度原油市场报告、美国原油库存数据EIA月(周)报。

这三份月报是当前主要的三大石油机构比较权威的报告,分别出自石油输出国组织欧佩克(OPEC)、国际能源机构(IEA)、美国能源局的信息署(EIA)。

每次月报的公布对国际油价走势都具有举足轻重的意义。三份月报发布的时间都是每月中旬左右,市场对于三家权威机构的原油市场月报关注焦点不同。市场会对关键指标有一个大致预期,如果月报实际数据远超市场预期,则将会带来国际油价的剧烈波动。

按照对油价影响的权重,三份月报影响油价的核心因素如下。

(1)OPEC月报:产量增长率、减产执行率、出口增长率。

(2)IEA月报:核心市场需求预估、减产执行率预估。

(3)EIA月报:美国石油产量、出口、消费、油价预估。

有人说EIA公布日也就是原油的"非农数据日",此话一点也不夸张。如果公布的库存数据大于预期数据,则意味着原油供应增加,利空原油;如果公布的库存数据小于预期数据,则意味着原油供应下降,利多原油。库存数据和预期差异越大,对市场的影响越大,波动也会越大。相关资讯可以通过"金十数据"App查看,可以帮助投资者进行分析。

7.2.4 借助基金投资原油

投资原油的方式原先有现货原油、原油期货、石油板块股票、账户原油(纸原油)、油气概念基金五大类,但对于普通投资者而言,现在最能行得通的是借助基金投资原油。

1. 现货原油

许多人以为原油的储存很简单,就是把油往桶里一灌,封上就行了。其实不然,储油极其复杂,是一个系统工程,一方面要有足够的空间;另一方面,因为原油具有难以处理、易挥发及可能造成污染等物理特性，所以在2020年4月国际原油市场出现了负值交割的极端情况。

2. 原油期货

原油期货这种投资方式具有高杠杆、高风险，需要投资者具有较高的资金实力、投资水平及风险承受能力。

3. 石油板块股票

中国石油于2007年11月5日上市，开盘价是48.60元/股，此后一路下跌，2022年2月28日的收盘价是5.77元/股，让很多人对石油板块股票敬而远之。

4. 账户原油（纸原油）

2020年的"原油宝"事件令亏损者心有余悸，当前各家商业银行的账户原油（纸原油）业务已经停办。

5. 油气概念基金

通过上面的介绍，大家可以发现，面对国际原油价格暴涨暴跌，剩下的可行之路就是投资油气概念基金。

这里以9只油气概念基金为例，简介如下。

（1）华安石油基金（基金代码为160416）：全称是华安标普全球石油指数证券投资基金（LOF），简称华安标普全球石油指数（QDII-LOF），业绩比较基准是标普全球石油净总收益指数收益率（S&P Global Oil Index Net Total Return），投资类型属于股票指数型。

（2）原油LOF易方达（基金代码为161129）：全称是易方达原油证券投资基金（QDII）A类人民币份额，简称易方达原油（QDII-LOF-FOF），业绩比较基准是标普高盛原油商品指数（S&P GSCI Crude Oil Index ER）收益率，投资类型属于基金中基金（FOF）。

（3）南方原油（基金代码为501018）：全称是南方原油证券投资基金，简称南方原油（LOF-QDII），业绩比较基准是WTI原油价格收益率×60%＋BRENT原油价格收益率×40%，投资类型属于基金中基金（FOF）。

（4）嘉实原油（基金代码为160723）：全称是嘉实原油证券投资基金（QDII-LOF），简称嘉实原油（QDII-LOF），业绩比较基准是100% WTI原油价格收益率，投资类型属于基金中基金（FOF）。

（5）广发石油（基金代码为162719）：全称广发道琼斯美国石油开发与生产指数证券投资基金（QDII-LOF），简称广发道琼斯石油指数（QDII-LOF），业绩比较基准是人民币计价的道琼斯美国石油开发与生产指数收益率×95%+人民币活期存款收益率（税后）×5%，投资类型属于股票指数型。

（6）华宝油气（基金代码为162411）：全称是华宝标普石油天然气上游股票指数证券投资基金（LOF），简称华宝油气，业绩比较基准是标普石油天然气上游股票指数（全收益指数），投资类型属于股票指数型。

（7）诺安油气（基金代码为163208）：全称是诺安油气能源股票证券投资基金（LOF），简称诺安油气能源（QDII-FOF-LOF），业绩比较基准是标普能源行业指数（净收益）（S&P 500 Energy Sector Index(NTR)），投资类型属于基金中基金（FOF）。

（8）国泰商品（基金代码为160216）：全称是国泰大宗商品配置证券投资基金（LOF），简称国泰大宗商品（QDII-LOF），业绩比较基准是国泰大宗商品配置指数（全收益指数）（注：以人民币计价计算），投资类型属于基金中基金（FOF）。

（9）信诚商品（基金代码为165513）：全称是信诚全球商品主题证券投资基金（LOF），简称信诚全球商品主题（QDII-FOF-LOF），业绩比较基准是标准普尔高盛商品总收益指数，投资类型属于基金中基金（FOF）。

通过上述简介，可以发现这些基金（LOF）主要分为三类。

第一类是与油价直接挂钩的原油基金，主要投资于国外原油ETF等基金类产品，有原油LOF易方达、南方原油、嘉实原油。

这三只基金的持仓相似，以美国原油基金等为主，跟踪标的为原油期货合约。因此，这三只基金最大的特色就在于净值走势与国际油价走势直接挂钩，相关度高。

第二类是主要投资于油气类股票的指数型产品，有华安石油基金、华宝油气、广发石油。这三只基金由于投资范围大有不同，因此优缺点也比较分明。

华安石油基金跟踪的是标普全球石油净总收益指数，成分股是全球一百多家石油及天然气产业链上的公司，不仅覆盖了全球，而且覆盖了全产业链。该产品的优点在于埃克森美孚、皇家壳牌等油气龙头占比较高，前五大成分股占比接近

30%，龙头效应显著；缺点在于通过股票来投资油气会受股市影响较大，与油价的相关度较弱，特别是成分股中还有部分下游企业，从油价上涨传导到下游企业股价上涨的效果较差，故从净值走势图来看，相对油价走势波动较小。

华宝油气跟踪的是标普石油天然气上游股票指数，不同于华安石油基金覆盖的是全球全产业链，该指数的成分股为在美股上市的石油天然气勘探、采掘和生产等上游企业，且采用等市值加权的方法计算。

广发石油跟踪的是道琼斯美国石油开发与生产指数。和华宝油气类似，该基金的投资标的同样集中在石油产业链的上游企业。

第三类是比较特殊的诺安油气、国泰商品、信诚商品这三只FOF。

诺安油气以标普能源行业指数（净收益）为业绩比较基准，主要投资范围是石油、天然气等能源行业基金，包括跟踪能源行业指数的ETF、能源行业股票基金及商品类基金。

国泰商品以国泰大宗商品配置指数（全收益指数）为业绩比较基准，主要投资于能源类、工业金属类、贵重金属类、农产品类四大类别商品。

信诚商品以标准普尔高盛商品总收益指数为业绩比较基准，主要投资于原油、贵金属等大宗商品相关资产。

这三只基金既不具备和油价相关度较高的特点，也不具备指数基金方便套利的优点，并且规模和交易活跃度都比较低。

2022年2月24日至3月8日油气类LOF场内涨幅情况如表7-3所示。

表7-3　2022年2月24日至3月8日油气类LOF场内涨幅情况

场内基金简称	基金代码	管理公司	投资类型	区间涨幅
原油LOF易方达	161129	易方达	FOF	42.22%
南方原油	501018	南方	FOF	31.24%
嘉实原油	160723	嘉实	FOF	39.78%
华安石油基金	160416	华安	股票指数型	-0.94%
广发石油	162719	广发	股票指数型	0.98%
华宝油气	162411	华宝	股票指数型	16.41%
诺安油气	163208	诺安	FOF	10.53%
国泰商品	160216	国泰	FOF	25.72%
信诚商品	165513	信诚	FOF	24.74%

资料来源：Wind。

上面列举的9只原油QDII-LOF大都以FOF形式跟踪境外原油价格或指数收益率，投资标的多样，资金流向以原油ETF、油气公司、页岩油公司为主，适合参与宏观配置的投资者和有一定交易经验的投资者。其跟踪效果、追踪误差与折溢价率相关，操作简单，交易成本低，但在二级市场上溢价较高，不使用杠杆，是可以进行T+0交易的品种。

在A股市场上，国际原油价格的每次动荡都会吸引大批投资者进场博弈，油气QDII的规模也会随之暴涨，原油基金在场内会出现高溢价风险，各基金公司会发出溢价风险提示公告，暂停申购及定期定额投资业务，令大家无法套利，只能像股票一样进行买卖，所以需要谨慎考虑投资风险。

如2022年3月14日嘉实原油证券投资基金（QDII-LOF）溢价风险提示公告："近期，嘉实基金管理有限公司旗下嘉实原油证券投资基金（QDII-LOF）（基金代码：160723，场内简称：嘉实原油LOF，以下简称'本基金'）二级市场交易价格波动较大，请投资者密切关注基金份额净值。2022年3月9日，本基金在二级市场的收盘价为1.859 0元/份，相对于当日1.506 4元/份的基金份额净值，溢价幅度达到23.41%。截至2022年3月11日，本基金在二级市场的收盘价为1.563 0元/份，明显高于基金份额净值。投资者如果盲目投资于高溢价率的基金份额，可能遭受重大损失。"

通过查看资料发现，嘉实原油成立于2017年4月20日，上市于2017年5月5日，2017—2022年的表现情况如表7-4所示。

表7-4 嘉实原油场内、外表现

时间	场内收盘价（元/份）	交易涨跌	基金净值（元/份）	净值涨跌	溢价率
2017年年底	1.084 0	8.40%	1.101 7	10.17%	-1.61%
2018年年底	0.965 0	-10.98%	0.958 7	-12.98%	0.66%
2019年年底	1.227 0	27.15%	1.230 5	28.35%	-0.28%
2020年年底	0.665 0	-45.80%	0.670 1	-45.54%	-0.76%
2021年年底	1.031 0	55.04%	1.030 7	53.81%	0.03%
2022年年底	1.394 0	35.21%	1.384 5	34.33%	0.69%

数据来源：Wind。

综上，嘉实原油是一只与原油期货WTI正相关性很高的产品，弹性足，波动大，在原油期货价格处于历史低位时，可以视作一个不错的标的。如果从选择指数基金的角度出发,那么华安标普全球石油基金(基金代码为160416)是不错的选择。

因此,大家不必非懂得国际原油期货投资,也不必动用很多资金,只要你嗅到油价见底的信号,根据技术分析,就可以通过油气能源主题基金参与"大宗商品之王"——原油的投资。

7.3 避险可以选黄金

人事有更替,往来成古今;历久弥新,唯有黄金。

7.3.1 不同的时代,相同的爱戴

自古以来,黄金始终有着光鲜亮丽的形象。东汉许慎编著的《说文解字》一书中有云:"金,五色金也。黄为之长。久埋不生衣,百炼不轻,从革不违。"

金的化学元素符号为Au,是拉丁文"Aurum"的缩写。

在中国,大家用"金碧辉煌""真金不怕火炼""书中自有黄金屋"等赞美之词来表达黄金在人们心目中的崇高位置。

不论是对于家庭理财还是对于个人理财,获得相对平稳的高收益都是投资者追求的目标。黄金的价值并不受社会信用的影响,而且信用资产贬值得越厉害,黄金的价格就会越坚挺。如果把家庭财富比作一艘航船,那么黄金就是这艘航船的"锚"。在数千年的历史长河中,黄金始终是抵御经济危机及通货膨胀和在经济下行中避险的法宝。

7.3.2 黄金产品虽然多,独宠基金这一个

从产品性质来看,中国黄金市场投资品大致可分为5类:实物黄金销售类、投资交易类、衍生品类、融资类和理财类。

当前,我国城乡居民参与黄金投资的品种可谓"金"彩纷呈,风险由低到高排列,大致可以分成黄金饰品、实物黄金(品牌金、金币、金条等)、挂钩黄金的理财产品、纸黄金(账户贵金属)、黄金主题基金、黄金概念股、贵金属

T+D、黄金期货、黄金期权。

将安全性、便捷性、收益性三者结合比较，基金是适合普通大众参与的工具，门槛较低，操作性强，流动性好，不存在像实物黄金保管的问题。从类型来看，黄金主题基金可以大致分成两类。

（1）QDII类别中的黄金主题基金，如诺安全球黄金（QDII-FOF）、易方达黄金主题（QDII-FOF-LOF）、嘉实黄金（QDII-FOF-LOF）、汇天富黄金及贵金属（QDII-FOF-LOF），业绩比较基准挂钩伦敦金价。伦敦金价格使用伦敦金每日下午收盘价（London Gold Price PM Fix）；人民币汇率以报告期期末最后一个估值日中国人民银行或其授权机构公布的人民币汇率中间价为准。

（2）黄金ETF和联接基金，业绩比较基准挂钩国内金价，如上海黄金交易所Au99.99现货实盘合约收益率、上海金集中定价合约（合约代码为SHAU）午盘基准价格收益率。

黄金QDII和ETF及联接基金如表7-5所示。

表7-5 黄金QDII和ETF及联接基金简表

类型	基金简称	基金代码	成立时间	业绩比较基准
QDII	诺安全球黄金（QDII-FOF）	320013	2011/1/13	伦敦金价格折成人民币后的收益率
	易方达黄金主题（QDII-FOF-LOF）	161116	2011/5/6	以伦敦黄金市场下午定盘价计价的国际现货黄金（经汇率折算）×50%+MSCI全球金矿股指数（MSCI ACWI Select Gold Miners IMI Index）×50%
	嘉实黄金（QDII-FOF-LOF）	160719	2011/8/4	（经汇率调整后的）伦敦金价格
	汇天富黄金及贵金属（QDII-FOF-LOF）	164701	2011/8/31	伦敦金价格折成人民币后的收益率
ETF	华安黄金易ETF	518880	2013/7/18	国内黄金现货价格收益率
	国泰黄金ETF	518800	2013/7/18	上海黄金交易所挂盘交易的Au99.99合约收益率
	易方达黄金ETF	159934	2013/11/29	上海黄金交易所Au99.99现货实盘合约收盘价
	博时黄金ETF	159937	2014/8/13	黄金现货实盘合约Au99.99收益率
	建信上海金ETF	518860	2020/8/5	上海黄金交易所上海金集中定价合约（合约代码为SHAU）午盘基准价格收益率
	华夏黄金ETF	518850	2020/4/13	上海黄金交易所黄金现货实盘合约Au99.99价格收益率
	前海开源黄金ETF	159812	2020/4/29	上海黄金交易所Au99.99现货实盘合约收益率
	富国上海金ETF	518680	2020/7/6	上海黄金交易所上海金集中定价合约（合约代码为SHAU）午盘基准价格收益率

续表

类型	基金简称	基金代码	成立时间	业绩比较基准
ETF	中银黄金	518890	2020/8/28	上海黄金交易所上海金集中定价合约（合约代码为SHAU）午盘基准价格收益率
	广发上海金ETF	518600	2020/7/8	上海黄金交易所上海金集中定价合约（合约代码为SHAU）午盘基准价格收益率
	黄金ETF基金	518660	2020/4/24	上海黄金交易所Au99.99现货实盘合约收盘价收益率
	上海金ETF	159830	2021/7/6	上海黄金交易所上海金集中定价合约午盘基准价收益率
	平安上海金ETF	159832	2022/3/2	上海黄金交易所上海金集中定价合约午盘基准价收益率
	南方上海金ETF	159834	2022/3/3	上海黄金交易所上海金集中定价合约（合约代码为SHAU）午盘基准价格收益率
ETF联接基金	博时黄金ETF联接A	002610	2016/5/27	上海黄金交易所Au99.99收益率×95%+银行活期存款税后利率×5%
	博时黄金ETF联接C	002611	2016/5/27	上海黄金交易所Au99.99收益率×95%+银行活期存款税后利率×5%
	国泰黄金ETF联接A	000218	2016/4/13	上海黄金交易所Au99.99收益率×95%+银行活期存款税后利率×5%
	国泰黄金ETF联接C	004253	2017/5/2	上海黄金交易所Au99.99收益率×95%+银行活期存款税后利率×5%
	华安易富黄金ETF联接A	000216	2013/8/22	国内黄金现货价格收益率×95%+人民币活期存款税后利率×5%
	华安易富黄金ETF联接C	000217	2013/8/22	国内黄金现货价格收益率×95%+人民币活期存款税后利率×5%
	易方达黄金ETF联接A	000307	2016/5/26	上海黄金交易所Au99.99收益率×95%+银行活期存款税后利率×5%
	易方达黄金ETF联接C	002963	2016/7/1	上海黄金交易所Au99.99收益率×95%+银行活期存款税后利率×5%

资料来源：Wind。

表7-5中列举的基金，除诺安全球黄金（QDII-FOF）和ETF联接基金外，其余基金在场内都可以进行T+0回转交易。

7.3.3 伦敦金、纽约金、上海金的差异

从全球不同市场来看，黄金的价格实际是不一样的。其中，伦敦金也被称为现货黄金或国际金，纽约金则是黄金期货交易，上海金是上海黄金交易所推出的定价合约（黄金T+D）。

伦敦金不是一种黄金，而是一种贵金属保证金交易方式，因起源于伦敦而得名，这是市场上比较热门的黄金投资方式。参与伦敦金交易，投资者不必进行实物金的提取，这样就省去了黄金运输管理所带来的一系列复杂步骤，节省了投资成本。

纽约金则是纽约商品期货交易所的一个投资品种，属于期货黄金，可以在美国商品期货交易委员会注册的会员平台上进行交易。

那么，伦敦金、纽约金、上海金三者之间有什么区别呢？

（1）从交易场所来看，伦敦金属于欧式黄金交易，没有固定的交易场所；纽约金属于美式黄金交易，交易场所在纽约商品期货交易所（COMEX），仅限美国当地；上海金属于亚式黄金交易，指以人民币计价的、在上海交割的、标准重量3千克、成色不低于99.95%的金锭。

（2）从报价方式和交易单位来看，伦敦金在报价上采取做市商双向报价机制，会计入一定的点差报价，最小波动价格为0.01美元/盎司；纽约金在报价上采取撮合报价机制，不一定立刻成交，最小波动价格为0.1美元/盎司；上海金采取自由报价、撮合成交的交易方式，以人民币/克为交易单位，最小波动价格为0.01元/克。可以看出，纽约金的波动远远大于伦敦金的波动，因此纽约金的交易往往伴随着更大的风险和收益。

（3）从交易时间来看，伦敦金、纽约金等全球黄金交易市场可以24小时不间断交易；而上海黄金交易所交易时间为每周一至周五（节假日除外）9:00—11:30，13:30—15:30，21:00—次日2:30。

（4）从交割期限来看，伦敦金和上海金没有交割期限；而纽约金的交割期限为交割月的第一个工作日至最后一个工作日。

（5）从报价类型上来看，伦敦金的价格参照伦敦市场的现货黄金价格；纽约金的价格是期货和期权交易价格；上海黄金交易所提供的品种分为黄金、白银和铂金三类，其中黄金有Au99.95、Au99.99、Au50g、Au100g 4个现货实盘交易品种，Au（T+5）和Au（T+D）两个延期交易品种，Au（T+N1）和Au（T+N2）两个中远期交易品种。

（6）交易代码互不相同。纽约金的交易代码是GLNC，伦敦金的交易代码是XAUUSD，上海金的交易代码是SHAU。

综上所述，纽约金体现的是期货价格，代表投资者对未来价格的预期；而伦敦金体现的是现货价格，代表投资者当下愿意购买黄金的价格。

7.3.4 黄金价格的展望

一般来说，黄金价格走势与经济发展周期存在阶段性负相关的关系，即在经济繁荣、持续发展的时期，黄金价格呈下跌的趋势；而当经济处于恐慌、萧条阶段时，黄金价格呈上升的态势。从美国次贷危机引起的金融海啸中大家进一步认识到，黄金属于全球性的交易品种，兼有避险和防通胀的功能。

1. 投资是有风险的

任何投资都蕴含着风险，黄金投资也不例外。回顾历史，我们可以发现50年来国际市场上黄金价格（伦敦金）的牛熊转换。

（1）1972—1980年，每盎司黄金从45.75美元上涨到589.75美元，涨幅为1 189.07%，这期间最高价达850美元/盎司，最大回撤为-44.13%。

（2）1981—2001年，每盎司黄金从597.50美元下跌到278.95美元，跌幅为53.31%，这期间最低价至251.95美元/盎司，最大回撤为-57.96%。

（3）2002—2012年，每盎司黄金从278.95美元上涨到1 675.35美元，涨幅为500.59%，这期间最高价达1 921.15美元/盎司，最大回撤为-22.28%。

（4）2013—2021年这9年来的表现让人历历在目，如表7-6所示。

表7-6　2013—2021年黄金价格走势

时　　间	开盘价（美元/盎司）	收盘价（美元/盎司）	年度涨跌情况
2013年	1 675.90	1 205.65	-28.04%
2014年	1 214.00	1 183.80	-1.81%
2015年	1 184.06	1 061.08	-10.37%
2016年	1 061.20	1 151.10	8.48%
2017年	1 150.00	1 302.63	13.16%
2018年	1 302.61	1 282.20	-1.57%
2019年	1 282.25	1 517.18	18.33%
2020年	1 517.18	1 897.53	25.07%
2021年	1 903.71	1 829.24	-3.60%

数据来源：Wind。

当国际黄金价格一路攀升时，有人欣喜若狂，鼓吹恢复金本位制；当国际黄金价格一落千丈时，有人抱怨牛市终结，悲叹黄金已成明日黄花。那么，影响黄金价格走势的因素究竟有哪些呢？

2. 关注美国经济指标及政策对黄金价格的影响

影响黄金价格的因素主要有商品供求因素、金融因素、经济因素、地缘政治因素。这些因素对黄金价格的影响有的是短期的，有的是中期的，有的是长期的，需要区别对待。

黄金是不生息的资产，具有商品属性、货币属性、投资属性。从历史长河中发现，黄金最根本的属性是商品属性，这是黄金最古老的属性，此后衍生出货币属性，在商品属性和货币属性的作用下衍生出投资属性。对黄金价格影响最大的是黄金的货币属性，其次是投资属性，影响最小的是商品属性。

由此可以得出结论：黄金价格的长期走势受到货币属性的制约，需要从地缘政治变动特别是大国战略沿革，以及经济增长特别是大国经济稳定性出发去把握；黄金价格的中期走势受到投资属性的制约，需要从利率水平和资本流动情况出发去把握；黄金价格的短期走势受到商品属性的制约，需要从黄金饰品用金需求和工业用金需求出发去把握。

通过对历史数据进行分析和研究，我们发现，不确定性风险事件对黄金价格的影响体现在特定阶段，会带来黄金价格的短期波动。在影响黄金价格的众多因素中，美元与黄金价格的负相关关系最为显著，而美元指数这个综合反映美元在国际外汇市场的汇率情况的指标无疑是判断黄金价格走势提供了重要参考。在一般情况下，如果美元指数走高，则黄金价格走低；如果美元指数走低，则黄金价格走高。通过美元指数我们可以知道美国经济的稳定状况，进而也就知道了美元标注的黄金价格走势。

黄金价格和美元指数呈现负相关关系，二者出现拐点的时间基本一致，但变动幅度并非镜像关系。黄金和美元可以说是一币两面的关系，美国劳动生产率是驱动二者变化的核心要素。当美元由强转弱时，黄金通常会由熊转牛，这种负相关关系可以从三个视角去理解。

（1）在美元作为全球主要结算货币的背景下，黄金商品市场通常以美元计价。

（2）美元和黄金同为重要的货币储备资产，具有可替代性。在极端情况下，黄金一直作为避险保值的"锚"，但其本身不具备生息能力，和美元属于"一体两面"的关系。

（3）美国是消费主导型的国家，其劳动生产率的变化是黄金价格和美元指数变动的核心驱动力，也是导致二者负相关的根本原因。在全球范围内，美国劳动生产率的相对提升将带动美元指数趋势性上涨、黄金价格中枢下移。其传导路径为：美国劳动生产率→美国经济发展状况→美元币值强弱影响黄金价格高低。

3. 是金子，总是要发光的

黄金是不生息资产，具有保值、增值、避险三大功能。从黄金规避风险功能分析，黄金与美元同为国际货币，但是它们之间的价值关系从长期分析存在负相关性。同时，在通货膨胀的环境下，黄金成为各国信用货币避险的工具，说明黄金分散风险的功能不仅取决于它自身价格的相对稳定性，更重要的是它的保值功能具有降低非系统风险的作用。在政治、经济动荡时期，黄金会成为面临危机国家的"避风港"，故黄金是一种重要的规避风险的投资工具。因此，投资黄金的基金同样值得我们关注。

如表7-7所示，经过对成立7年以上的黄金ETF进行对比发现，华安黄金ETF、国泰黄金ETF、易方达黄金ETF、博时黄金ETF这4只基金都是挂钩上海黄金交易所挂盘交易Au99.99合约的，从年复合收益率高低来看，博时黄金ETF的年复合收益率为6.21%，国泰黄金ETF的年复合收益率为5.35%；从最大回撤情况来看，博时黄金ETF的最大回撤为-17.91%，国泰黄金ETF的最大回撤为-24.27%。

表7-7 成立7年以上的黄金ETF表现情况简表

基金简称	基金代码	区间走势（当年收盘价）	年复合收益率	最大回撤
华安黄金ETF	518880	从2013年的2.376元/份到2021年的3.643元/份，上涨53.32%	5.49%	-21.33%
国泰黄金ETF	518800	从2013年的2.378元/份到2021年的3.608元/份，上涨51.72%	5.35%	-24.27%
易方达黄金ETF	159934	从2013年的2.373元/份到2021年的3.611元/份，上涨52.17%	5.39%	-18.50%
博时黄金ETF	159937	从2014年的2.390元/份到2021年的3.645元/份，上涨52.51%	6.21%	-17.91%

数据来源：Wind。

故从性价比上进行综合衡量，可以给予博时黄金ETF更多关注，习惯场外投资的基民可以关注博时黄金ETF联接A（基金代码为002610）和博时黄金ETF联接C（基金代码为002611），这两只基金的对比情况如表7-8所示。我们有理由相信，黄金在资产组合中会继续发挥避险作用，黄金主题基金不容忽视。

表7-8　博时黄金ETF联接A/C对比简表

年　份	博时黄金ETF联接A（基金代码为002610）		博时黄金ETF联接C（基金代码为002611）	
	年度回报	年度最大回撤	年度回报	年度最大回撤
2017年	2.88%	-6.88%	2.50%	-7.38%
2018年	3.74%	-3.40%	3.38%	-4.25%
2019年	18.80%	-4.78%	18.40%	-4.89%
2020年	14.16%	-12.57%	13.76%	-12.69%
2021年	-4.55%	-16.55%	-4.89%	-16.96%
2022年	8.97%	-10.83%	8.60%	-8.19%

数据来源：Wind。

7.4　把握商品机会买基金

根据证监会颁发的《公开募集证券投资基金运作指引第1号——商品期货交易型开放式基金指引》（以下简称"《指引》"）中的定义，商品期货ETF是指以持有经中国证监会依法批准设立的商品期货交易所挂牌交易的商品期货合约为主要策略，以跟踪商品期货价格或价格指数为目标，使用商品期货合约组合或基金合同约定的方式进行申购和赎回，并在证券交易所上市交易的开放式基金。

7.4.1　豆粕ETF

华夏饲料豆粕期货ETF（基金代码为159985）成立于2019年9月24日，上市日为2019年12月5日，业绩比较基准为大连商品交易所豆粕期货价格指数收益率。

其业绩表现情况如表7-9所示。

表7-9　华夏饲料豆粕期货ETF的业绩表现

年　份	2019年	2020年	2021年	2022年
涨跌幅	-1.10%	28.51%	-3.93%	64.61%

在大连商品交易所上市交易的豆粕主要用于饲料加工。豆粕的价格对养殖业影响较大，由此它也是交投非常活跃的农产品品种，并且相对而言合约价值较低，是普通交易者热衷参与的品种。由于豆粕是大豆压榨豆油之后的副产品，所

以其价格的变动与大豆的价格变动有着直接的关系，在一般情况下与大豆价格齐涨齐跌。另外，由于豆粕在交割环节不存在转基因与非转基因的差异，所以其与芝加哥期货交易所的美豆粕走势联动也很明确，价格整体上受宏观经济环境影响。

通过观察可以发现，大连豆粕期货在上半年和下半年各有一个高点和低点，可以参考。豆粕的上游是大豆，大豆的生长对应南半球和北半球一年两个季节，上半年的5、6月是收割季，所以在2、3月市场价格出现上涨的概率会比较高；而下半年的高点往往出现在7、8月，低点往往出现在新豆上市之后的11月前后。

豆类作为农产品，在众多影响价格行情的事件中，影响最大的就是天气状况。从生产周期来讲，豆类大概分为三个周期：第一个周期是早期，即从种植到出苗；第二个周期是生长期，即从出苗之后的一个月到两个半月，如北半球从7月中旬到8月下旬这段时间；第三个周期是成熟期和收割期。鉴于天气状况对大豆的影响，投资者重点关注的是中间的生长期，这期间的豆类需要大量的水分，如果因干旱造成大幅度的减产，就可能造成大豆价格上涨，所以在这段时间里投资者应该关注的天气因素就是降雨量。

豆粕ETF的走势与股市相关度低，当股市震荡时，在投资组合中加入豆粕ETF可有效降低股市震荡的影响，提高风险收益比。

豆粕ETF和常规ETF产品相比，尽显与众不同，场外有华夏饲料豆粕期货ETF联接A/C（基金代码为007937/007938），大家可以关注。

7.4.2 有色ETF

大成有色金属期货ETF（基金代码为159980）成立于2019年10月24日，上市日为2019年12月24日，业绩比较基准为上海期货交易所有色金属期货价格指数收益率。

其业绩表现情况如表7-10所示。

表7-10 大成有色金属期货ETF业绩表现

年 份	2019年	2020年	2021年	2022年
涨跌幅	1.20%	14.13%	29.18%	7.10%

上海期货交易所有色金属期货价格指数跟踪的不是具体的上市公司，而是铜、铝、锌、铅、锡、镍这6种商品的期货价格，这当中没有金属锂，指数依据

各品种历史5年平均持仓金额确定权重。为了保证指数的抗操纵性，对每个品种的权重设置了上限（80%）和下限（5%），对超过上限或低于下限的品种的权重按多样化准则进行调整。

根据上海期货交易所有色金属期货价格指数（IMCI）的编制方案，铜的权重占比为43.60%，镍、锌、铝的权重占比分别为14.67%、13.08%、12.63%，铅、锡的权重占比均为8%。经统计研究，有色金属指数与国内的生产价格指数（PPI）和流通中现金（M0）正相关，与美元指数负相关。

以大成有色金属期货ETF的实际运作情况为例，根据2021年年报所披露的数据，基金资产主要投资于银行存款、结算备付金及其他资产（存出保证金、应收利息），其中银行存款等货币市场工具的占比高达90.20%，高于证监会《指引》所要求的80%的投资比例上限，如表7-11所示。

表7-11 不同报告期大成有色金属期货ETF投资组合情况一览表

报告期	基金资产净值（亿元）	期货合约价值（亿元）	期货合约价值占资产净值比	存出保证金（亿元）	加权保证金比例	货币市场工具市值（亿元）	货币市场工具占比
2019年	3.702 0	3.737 8	100.97%	0.278 7	7.46%	3.519 4	92.60%
2020年	2.332 2	2.319 3	99.45%	0.185 5	8.00%	2.165 1	92.02%
2021年	7.131 4	7.046 0	98.80%	0.704 6	10.00%	6.515 0	90.20%

数据来源：Wind。

在商品期货持仓方面，基金所投资的6种不同商品期货合约的合计合约价值为7.046 0亿元，在基金资产净值（7.131 4亿元）中的占比为98.80%，符合证监会《指引》对于风险敞口的要求。同时，基金所付的存出保证金0.704 6亿元在合计合约价值中的占比为10%，即整个商品期货合约组合的加权保证金比例为10%。

有色股是牛市的集结号，有色板块的异动对经济和股市行业轮动都有预见意义。有色ETF给普通投资者提供了一种配置有色商品的便捷渠道，大家不必亲自去交易期货，也省去了移仓换月的烦恼，这些全部可以交给专业的基金经理去处理，相对省心省力。

有色ETF场外基金有大成有色金属期货ETF联接A/C（基金代码为007910/007911）。

7.4.3 能源化工ETF

建信易盛郑商所能源化工期货ETF（基金代码为159981）场内简称能源化工ETF，成立于2019年12月13日，上市日为2020年1月17日，业绩比较基准为易盛郑商所能源化工指数A（000201.CZC）收益率。

能源化工品是工业制造的血液。动力煤、PTA、甲醇、玻璃都曾是该指数的主要构成。工业复苏，最大的受益者是能源化工。因为这只ETF挂钩的不是能源化工生产类企业股票，而是郑州商品交易所相关能源化工期货，对于周期行业而言，供给短缺会推动期货价格上涨，从而令这只ETF走出超级牛市行情，从另一个视角给投资者带来回报。

其业绩表现情况如表7-12所示。

表7-12　能源化工ETF业绩表现

年　份	2020年	2021年	2022年
涨跌幅	-0.40%	43.98%	5.44%

能源化工ETF场外基金有建信易盛郑商所能源化工期货ETF联接A/C（基金代码为008827/008828）。

选择商品期货ETF，首先要挑流动性好的，比如豆粕ETF、有色ETF、能源化工ETF等，这样买卖容易成交。流动性好坏可从两个方面进行判断：其一是总成交量比较大；其二是买卖盘连续，就是看它们从买一到买五、从卖一到卖五是否基本连续，如果连续则说明流动性较好。

7.4.4　商品期货ETF的优缺点

商品可以分为现货和期货。大家对现货都很熟悉，每天都可以接触到，而对期货相对陌生。简单地说，期货就是标准化合约。所谓"标准化"就是统一化，"合约"就是合同，是合同就有履约日，履约日就要执行。就专业性和挑战性来说，期货确实不宜作为大众化的直接投资工具，但是这并不代表期货不可以间接大众化。

上面提到的豆粕ETF、有色ETF、能源化工ETF是以期货合约作为主要投资标的的商品期货ETF。得益于期货交易所特有的保证金交易机制，基金管理人无须全额支付交易对价，仅需按照交易所规定的保证金比例支付一定的保证金即可买入拟投资的期货合约。

比如豆粕ETF，主要投资标的为豆粕期货，交易方式为保证金交易，合约属于单一品种，基金管理人操作仅需10%左右的保证金占用，剩余资金可以投资债券等低风险固定收益类产品，获取利息收益。除了分享豆粕价格上涨的收益，由于豆粕期货在大多数情况下远月合约价格低于近月合约价格，即远月相对于近月有折价，所以在临近交割月时可以实现高卖低买，从而获取短期收益。

从某种意义上说，商品期货ETF是商品期货合约的替代品，普通投资者通过证券账户或基金账户买卖、申赎商品期货ETF及对应的联接基金，即可赚取对应商品期货合约价格涨跌所带来的投资收益，免去了开通期货账户、较高投资门槛、复杂交易操作（保证金交易、合约展期等）等诸多不便，给投资者带来了极大的便利。

商品期货ETF的推出使指数投资工具变得更加丰富，普通投资者无须开通期货账户，使用证券账户即可间接参与大宗商品投资，而且投资者也无须考虑保证金风控及追加等因素，不需要进行展期（移仓）操作，在降低了投资门槛的同时也降低了商品期货的交易风险。

我们在动手之前必须做做功课，通过交易规则去了解最大的风险点在哪里。

1. 商品期货ETF与股票行业主题指数的种种不同

商品期货ETF主要跟踪期货市场的交易，而股票行业主题ETF主要跟踪股票市场的交易，二者在交易规则、交易品种、风险系数、市场容量等方面都有所不同。

在投资ETF/LOF的过程中，需要注意的是，商品期货指数的走势往往直接与商品期货价格走势有关，而与商品期货相关联的股票行业主题指数的走势大都与成分股在股票市场上的表现有关。

例如，全球原油价格大涨，跟踪原油指数的原油基金如南方原油LOF也会大涨，其业绩比较基准是WTI原油价格收益率×60%+BRENT原油价格收益率×40%，而与原油相关联的股票行业指数如广发石油LOF不一定大涨，其业绩比较基准是以人民币计价的道琼斯美国石油开发与生产指数收益率×95%+人民币活期存款收益率（税后）×5%，这主要源自投资者对成分股的盈利预期不同，价格的传导机制没有那么明显，其价格走势表现会迥然不同。同样，期货市场动力煤大涨,而煤炭ETF不一定跟随大涨,甚至可能会下跌,这也源自期市与股市的不同,对应的相关品种价格走势也会不同。

与股票ETF交易相类似,投资者在交易时间内可根据市价实时买入或卖出基金份额。但相较于股票ETF,商品期货ETF的交易更为高效,当日竞价买入的基金份额当日即可卖出,即采用T+0回转交易制度进行交易,交易效率明显高于股票或股票ETF所采用的T+1交易制度的交易效率,极大地便利了投资者把握日内行情机会,赚取投资收益。

2. 正确认识商品期货ETF的风险

期货市场属于高杠杆、保证金市场,可以双向交易,既可以做多赚钱,也可以做空赚钱;而跟踪商品期货的ETF只能做多,目前不能做空。当商品价格出现下跌时,特别是在极端情况下,商品期货也会跌停,甚至连续跌停,持有商品期货ETF的投资者将遭受亏损,只能通过减仓来规避损失。同时,场内ETF或LOF交易容易出现情绪化现象,过度的溢价爆炒或折价下跌都会产生价格风险。因此,仓位控制非常重要。

当前,市场上的商品期货合约品种已有60余种,覆盖贵金属、工业金属、农产品、能源化工等不同类型,但可供投资者选择的商品期货ETF只有三种,仅覆盖了豆粕,铜、铝、铅、锌、锡、镍这些有色金属,以及PTA、甲醇、动力煤、玻璃等能源化工品种,如表7-13所示。焦煤、焦炭、铁矿石、螺纹钢等活跃品种均没有对应的期货ETF。投资者无法全面出击,只能通过豆粕ETF、有色ETF、能源化工ETF这三个产品来把握对应商品期货的上涨机会。

表7-13 国内已上市商品期货ETF不同标准分类一览表

基金名称	基金代码	上市日期	投资合约	分类结果1	分类结果2
华夏饲料豆粕期货ETF	159985	2019/12/5	豆粕	农产品	单一品种
大成有色金属期货ETF	159980	2019/12/24	铜、铝、铅、锌、锡、镍	工业金属	复合品种
建信易盛郑商所能源化工期货ETF	159981	2020/1/17	PTA、甲醇、动力煤、玻璃	能源化工	复合品种

资料来源:Wind。

3. 商品期货ETF不适合长期持有

"乱世买黄金,盛世藏古董",这句话告诉我们要对冲风险,防患于未然。商品期货ETF的主要策略是持有商品期货合约,目标是跟踪商品期货价格指数走势。与实物支持的商品ETF相比,商品期货ETF不直接持有实物资产,避免了仓储费用。商品期货ETF的估值是以期货的结算价而非交易价计算的,也容易产生套利机会。同时,大宗商品价格的波动主要受全球宏观市场环境及商品供需等因素影响,与股市、债市的相关性低、互补性强,故选择商品期货ETF投资也是多元化配置的需要。

但商品是不生息的资产,不仅不能产生现金流,还要付出仓储成本。另外,随着科学技术的日新月异,许多商品的实际价值随着时间的推移不断下降,甚至面临淘汰,长期持有并不划算。

从商品期货ETF资产投资结构来看,其收益主要来自合约的价格变化,而商品期货始终是与经济周期密不可分的,循环轮回就是主基调。再看看商品期货ETF的风险,除了跟踪的商品指数波动所带来的风险,还有一些特定风险,尤其是流动性风险。商品期货市场的流动性要低于股票市场的流动性,而且期货品种的涨跌幅度要小于股票的涨跌幅度,当出现极端行情时可能会带来较高的冲击成本,甚至无法成交。

由于商品期货指数成分是主力期货合约,商品期货主力合约切换的频率往往比股票指数成分股调整的频率高,所以商品期货ETF的换手率通常也比较高,会带来较高的交易成本。如果在期货合约移仓时遇到远期合约升水的情况,那么移仓将带来损失。另外,还有期货保证金、结算准备金、期货合约限仓等期货交易制度限制所带来的风险。因此,商品期货ETF不适合长期持有。

4. 商品期货ETF有别于商品现货ETF

除商品期货ETF外,市场上现有的直接投资于商品的ETF还包括商品现货ETF。例如,市场上现有的十几只黄金ETF均为商品现货ETF。区别于商品期货ETF,商品现货ETF的投资标的是商品现货标的,基金管理人在构建投资组合时,直接满仓买入对应规模的商品现货标的,从而实现对商品价格的跟踪。

以华安黄金ETF(基金代码为518880)为例,2021年年末组合持有的贵金属(Au99.99、Au99.95)资产为119.73亿元,市值占比为99.49%;投资于银行存款等货币市场工具的资产为0.545 1亿元,市值占比仅为0.45%。这与商品期货ETF通过保证金交易机制进行投资,留有较大比例资产投资于货币市场工具存在明显差异。

但从运作管理角度来看，商品现货ETF比商品期货ETF相对简单，没有换仓操作所产生的交易成本以及期货合约升/贴水可能导致的扰动跟踪效果的问题。

5. 商品期货ETF有别于商品主题ETF

商品指数是公认的宏观经济参考指标和行业景气度指标，如有色金属指数反映了有色金属整体价格水平的走势，所以该指数可用于结合宏观经济指标进行经济形势分析。一旦宏观经济数据趋好，有色金属市场需求量上升，我们就可以借助有色金属期货ETF来获得经济增长的红利。

从概念上讲，期货是一种标准化的远期商品，交易的是合约，成本和需求决定期货价格。除投资目标、运作方式、交易方式等方面的差别外，商品期货ETF与商品主题权益基金的核心差别在于投资组合构成和底层资产价格驱动因素的不同。

从投资组合构成方面来看，商品期货ETF仅投资于一个或几个商品期货合约；而商品主题权益基金基于分散投资的理念，投资标的覆盖不同行业或子行业的数十只股票，其面更广。

从底层资产价格驱动因素方面来看，商品期货ETF所投资的商品期货合约价格直接反映大宗商品的未来价格，其主要受市场供需关系的影响，在短期内受投资者情绪的扰动。与之相对应，商品主题权益基金所投资的相关股票的价格影响因素则更加复杂，除了原材料价格、行业景气度、公司所处的产业链地位、生产成本、营业收入和净利润增长情况等基本面因素，以及市场流动性、投资者情绪等因素均会给公司股价带来波动，从而体现为商品相关公司股价走势与商品期货合约价格走势的差异。

以市场上现有的规模最大、成交最为活跃的有色金属主题ETF——南方中证申万有色金属ETF（基金代码为512400）为例，场内简称有色金属ETF，成立于2017年8月3日，上市日期为2017年9月1日，业绩比较基准是中证申万有色金属指数，跟踪的是上市公司表现。

中证申万有色金属指数（000819.SH）反映有色金属行业公司股票的整体走势。该指数从沪、深A股中挑选日均总市值排名前50的有色金属行业公司股票组成样本股，从行业构成来看，涵盖铜、锂、铝、钴、稀土、黄金、铅、锌、钼等金属。

有色金属ETF的业绩表现情况如表7-14所示。

表7-14 有色金属ETF业绩表现

年份	2017年	2018年	2019年	2020年	2021年	2022年
涨跌幅	-5.8%	-39.81%	28.04%	40.36%	32.38%	-21.20%

有色金属ETF场外基金有南方中证申万有色金属ETF联接A/C（基金代码为004432/004433）。如果投资者发现有色金属有投资机会，则可以关注该基金。

从风险的角度来看，相对于高杠杆、保证金市场的期货交易，选择通过ETF配置商品期货的投资，具备低门槛、低杠杆、风险可控等优势，这将成为个人资产配置分散风险的一种工具。同样，选择与商品相关联的股票行业指数ETF的投资，可以把握不同周期行业的机会，通过择时避免个人资产过于单一的风险，同时能够在顺周期过程中获取大宗商品行业景气度回升的超额收益。

不同类型商品相关基金产品对比如表7-15所示。

表7-15 不同类型商品相关基金产品对比

基金类型	投资标的	投资目标	交易方式	申赎对价	其他
商品期货ETF	商品期货	收益跑赢业绩比较基准	场内交易+场外申赎	全现金替代	场内T+0交易
商品现货ETF	商品现货	收益跑赢业绩比较基准	场内交易+场外申赎	商品现货合约	场内T+0交易
商品主题股票ETF	相关上市公司	复制跟踪指数表现	场内交易+场外申赎	一揽子股票	场内T+1交易
商品主题股票指数基金	相关上市公司	收益跑赢业绩比较基准	场外申赎	现金	场外T+2交易
商品主题主动权益基金	相关上市公司	收益跑赢业绩比较基准	场外申赎	现金	场外T+2交易

资料来源：Wind。

根据有关部门的研究结果，2015—2021年，中证申万有色金属指数波动性较大，在牛市中表现亮眼，业绩弹性好；上海期货交易所有色金属期货价格指数波动性较小，在熊市中表现出较强的抗跌能力，体现了其避险特性。由此可以设想，在实战时，可以在有色金属ETF和有色ETF之间进行轮动配置，在理论上可以穿越股市牛熊，获得较好的投资收益。有色ETF和有色金属ETF业绩对比如表7-16所示。

表7-16 有色ETF和有色金属ETF业绩对比

年份	有色ETF（基金代码为159980）	有色金属ETF（基金代码为512400）
2019年	1.20%	28.04%
2020年	14.13%	40.36%

续表

年　　份	有色ETF（基金代码为159980）	有色金属ETF（基金代码为512400）
2021年	29.18%	32.38%
2022年	7.10%	-21.20%

数据来源：Wind。

6. 以伦铜的价格走势作为市场的风向标

铜是与人类关系非常密切的有色金属，也是当今使用极为广泛的一种工业化原材料。因为铜价对经济增速和资产配置具有一定的指示意义，所以铜被誉为"铜博士"，被广泛应用于电气、轻工、家用电器、交通运输、机械制造、建筑工业、国防工业和电子产品等领域。

铜的价格主要受供求关系影响。当经济增长时，铜需求增加，从而带动铜价上升；当经济萧条时，铜需求萎缩，从而促使铜价下跌。在触底反弹的时候，铜的反应靠后；在触顶回落的时候，铜的反应靠前。一般大宗商品触底反弹的顺序大致为糖→铁矿→石油→铅→黄金→铝→铜，而到顶时的反应顺序则为铜→糖→黄金→铅→石油→铝→铁矿。因此，我们可以用铜价作为商品周期的指示灯。

作为一个成熟的期货品种，铜主要在伦敦金属交易所（LME）、纽约商品交易所（COMEX）和上海期货交易所（SHFE）里交易。根据影响力区分，伦铜的价格走势可以作为市场的风向标。

由于铜价具有"迟到早退"的特点，所以我们可以通过观察伦铜的价格走势来判断市场处于什么经济周期，从而为资产配置提供依据，借助基金实现盈利。

7.5　从三道数学题讲起

我们来做三道数学题测验一下。

第一题，一只股票先涨停后跌停，另一只股票先跌停后涨停，请问：这两只股票现价与初始价相比，是涨了还是跌了？

第二题，买入一只股票，第一年上涨了100%，第二年下跌了50%，请问：这只股票是赚了还是赔了？

第三题，如果你的股票组合连续三年都保持每年15%的增长，但是在第四年亏损15%，请问：整个投资期间你的总收益率将会是多少？

第一题的答案是：都跌了。比如，A股票初始价为10元/股，先涨停变成11元/股，再跌停变成9.9元/股，现价与初始价相比是跌了；B股票初始价为10元/股，先跌停变成9元/股，再涨停变成9.9元/股，现价与初始价相比还是跌了。这说明股票的风险很大，在证券市场上上演的悲剧比喜剧多。

第二题的答案是：不赔不赚。假设用10万元买入D股票，忽略手续费，第一年上涨100%，则变成了20万元；第二年下跌50%，又变成了10万元。这说明控制回撤很重要，否则竹篮打水一场空。

第三题的答案是：$\sqrt[4]{1+29.27\%} - 1 = 6.63\%$。

有些人可能没有想明白，其实是这么计算的：第一年的本利和是1.15，第二年的本利和是1.322 5，第三年的本利和是1.520 9，第四年的本利和变成1.292 7，开4次方再减1等于6.63%，也就是4年下来平均收益率是6.63%。这道题目告诉我们：一个市场的股票组合无法抵御系统性风险，如果不知道落袋为安，那么煮熟的鸭子也会飞。

事实胜于雄辩。与个人炒股票相比，投资基金相对简单，像那些没有证券市场投资经验的人，那些炒股票总是亏钱的人，那些愿意做中长期投资但缺乏投研能力的人，那些时间和精力有限并且无法深入研究市场的人，那些情绪管控能力差但喜欢做高频交易的人，可以选择买基金，与机构投资者一道，让财富滚雪球。

第8章

有涨有跌叫市场，基金定投放眼量

在投资实践中，有许多"大山"无法移动，但我们可以调整心态，改变自己，降低期望值，增加幸福感。愚公可以率子子孙孙移山，我们也可以搬到山那边去。

古人云："一年之计，莫如树谷；十年之计，莫如树木；终身之计，莫如树人。"理财之道犹如树木之法，善于理财者总是以本金为树种，凭信心为阳光，借时间为雨露，用方法做养料，最终默默培植出财富的参天大树。

在众多的理财方法之中，基金定投称得上独树一帜，可以横跨熊市和牛市，帮助我们为自己种下一棵大树的种子，向财务自由积极迈进。

8.1 跨越熊牛选定投

基金定投是"定期定额投资基金"的简称，是指在固定的时间以固定的金额投资到指定的开放式基金中，类似于银行的零存整取。

例如，某人每月拿出1 000元定投某只开放式基金，一年下来共12期，本金总投入为12 000元。这里忽略手续费，购买情况如表8-1所示。

表8-1 每月定投1 000元举例

次 数	净值（元/份）	申购份额（份）	累计份额（份）	投入本金（元）	平均成本（元/份）
1	1.00	1 000.00	1 000.00	1 000	1.000 0
2	0.95	1 052.63	2 052.63	2 000	0.974 4
3	0.90	1 111.11	3 163.74	3 000	0.948 2
4	0.85	1 176.47	4 340.21	4 000	0.921 6
5	0.80	1 250.00	5 590.21	5 000	0.894 4
6	0.75	1 333.33	6 923.55	6 000	0.866 6
7	0.65	1 538.46	8 462.01	7 000	0.827 2
8	0.70	1 428.57	9 890.58	8 000	0.808 9
9	0.80	1 250.00	11 140.58	9 000	0.807 9
10	0.90	1 111.11	12 251.69	10 000	0.816 2
11	1.00	1 000.00	13 251.69	11 000	0.830 1
12	1.10	909.09	14 160.78	12 000	0.847 4

由表8-1可知，累计购买数量为14 160.78份，则平均成本为12 000元÷14 160.78份=0.847 4元/份，投资报酬率=（1.10元/份×14 160.78份-12 000元）÷12 000元=29.81%。

如果期初用12 000元在基金净值为1.00元/份时一次性申购，到期末基金净值为1.10元/份时赎回，则只能获得10%的投资报酬率。本例中的定投收益率远超一次性申购的收益率。

另外，从这个例子中可以看出，从1.00元/份开始定投买入的基金，并不是要到1.00元/份以上才能获利的，随着净值的下跌，到第9次时，投入本金9 000元，而基金累计份额达到11 140.58份，平均成本只有0.807 9元/份，意味着只要净值达到0.807 9元/份以上就可以获利了。定投是不是很神奇？

基金定投可以积少成多，平摊投资成本，降低整体风险。这是因为定投具有自动逢低加码、逢高减码的功能，可以抹平基金净值的高峰和低谷，降低市场的波动性，无论市场价格如何变化，总能获得一个比较低的平均成本。只要选择的基金（股票型基金或混合型基金）有整体增长，投资者就会获得一个相对平均的收益，不必再为入市的择时问题而苦恼。

在这里，大家可以记住两条法则：第一，只要期末基金净值＞定投平均成本，定投就一定是赚钱的；第二，只要一次性投资成本＞定投平均成本，定投就一定优于期初一次性投资。

其实，基金定投适合中长期投资，而不是期待一夜暴富的投机行为，在上涨、下跌、震荡这三种市场形态下，一次性投资与定投相比，二者各有千秋。

1. 单边上涨行情

在单边上涨行情中，期末基金净值＞定投平均成本＞期初一次性投资成本，虽然基金定投是赚钱的，但没有一次性投资赚得多。如果你能看准市场是上涨的，那么单笔大金额投入收益更高。

这就好似短跑比赛，比的是爆发力，而你擅长的是持久力，所以定投在单边上涨行情中的业绩表现不如一次性投资的业绩表现。但由于市场持续上涨，所以定投也能获得较好的正收益。

2. 单边下跌行情

在单边下跌行情中，期初一次性投资成本＞定投平均成本＞期末基金净值，因此，基金定投是亏损的，但比一次性投资亏得少。如果投资者不幸遇到持续下跌，那么基金定投摊平成本的优势就显现出来了，可以缓和持续下跌对投资者的心理冲击，从而让人坚持下去，等待市场上涨时机的来临。所以说："基金定投，淡化择时，只需坚持。"

3. 震荡行情：先涨后跌

在先涨后跌（∩形）的震荡行情中，在一般情况下，定投平均成本＞期初一次性投资成本，一次性投资优于定投，至于能否赚钱，要看期末净值处在什么水平，只有超过定投平均成本才能赚钱，否则定投则处于亏钱状态。这种∩形曲线是基金定投中最吃亏的行情，因为在高点也申购了不少基金份额，增加了持仓成本，而市场又持续下跌，这就导致投资者产生亏损，而且持仓成本较高。该策略的收益率要低于一次性投资的收益率，所以定投止盈就变得相当重要。

4. 震荡行情：先跌后涨

在先跌后涨（U形）的震荡行情中，在一般情况下，期初一次性投资成本＞定投平均成本，定投优于一次性投资，至于能否赚钱，要看期末净值是否超过定投平均成本。先跌后涨（U形）被称为"微笑曲线"，这是基金定投中最具优势的一种市场状态，左边是下跌行情，右边是上涨行情，向上"笑"得越灿烂，定投的效果越好。由于在底部不断地低吸增加基金份额，持有成本在不停地降低，故只要市场有一个小反弹，不需要回到最初的位置，基金定投便可以盈利。在该市场走势下，基金定投策略优于一次性投资。

通过对单边上涨行情、单边下跌行情、震荡行情之先涨后跌、震荡行情之先跌后涨这4种市场行情进行分析，我们发现基金定投和一次性投资在不同的市场环境中表现各有优劣，并没有绝对的好坏之分。只是基金定投的优势在于通过纪律投资，帮助投资者坚持把正确的事情做下去，最终获得较好的回报。

作为一种适用性较强的长期投资理财方式，基金定投的一个突出优势就是淡化择时，能够适应牛市、熊市、震荡市，并取得较好的效果。不过，在这三种市场环境下，定投表现出来的特征会有所不同。

（1）在牛市中开启定投，会赚取投资收益，但伴随市场上涨，定投的成本也在上升。

（2）在熊市中开启定投，不仅能降低成本，还能分摊探底风险，即使出现亏损，亏损幅度也会比一次性投资的亏损幅度小。

（3）在震荡市中开启定投，无论是先涨后跌还是先跌后涨，定投均能起到降低成本、提高胜率的作用。

4种市场情景下的基金定投收益比较如表8-2所示。

表8-2　4种市场情景下的基金定投收益比较

名　称	情景一	情景二	情景三	情景四
定投市场	单边上涨	单边下跌	先涨后跌	先跌后涨
定投收益	正收益	负收益	负收益	正收益
相比一次性投资的收益	低	高	低	高
定投匹配度	高	低	最低	最高

"低买高卖"和"高抛低吸",这样的道理人人都懂,但执行起来却是知易行难。每当市场处在危险的亢奋期时,没有多少人能抵制住加仓的诱惑;每当市场处于低迷期时,也没有多少人能够勇敢地买入。任何一个市场都不会只涨不跌,也不会只跌不涨,从长期来看,A股市场向上的概率更大,这就是定投能够成功的内在基础,即通过纪律来约束自己的买入行为,通过分批建仓来摊薄成本和风险,从而克服人性的贪婪和恐惧,努力获取市场长期上涨的收益。

基金定投称得上"懒人理财术",受到很多人的喜爱。适合采用这种投资方式的主要人群有:

(1)初入社会的年轻人,没有资本金的职场新人。

(2)风险承担能力较弱的工薪阶层。

(3)手里有一定的资金,但工作繁忙,没有专业金融知识的人。

(4)在未来某一时点有特殊(或较大)资金需求的人。

纵观人的一生,至少有三个刚性需求可以选择基金定投,分别是"幸福起步""望子成龙"和"安享晚年"规划。

年轻时,刚参加工作,需要买房、结婚,此时最需要安排一份"买房(结婚)定投"计划,以便累积一大笔资金,避免成为"月光族",避免买房、结婚时去"啃老"。

结婚后,小两口在享受甜蜜生活的二人世界的同时,必须从长计议,为即将出生的小宝宝规划一份好的育儿、教育计划。安排一份"子女教育金定投"计划是新婚夫妻应该考虑的大事之一。

中年时,把孩子的前程安排笃定,夫妻俩为了退休后依然能够过上体面的生活,让自己拥有一个高品质的晚年,安排一份"养老金定投"计划显得非常重要。

例如,某人月收入15 800元,配偶月收入5 000元,住房公积金3 160元/月,房贷6 000元/月,家里有两辆车,全家保险2 700元/月,有一个幼儿,那么此人每月可定投金额=(月收入−月支出)÷3,粗略地测算一下,每月可以定投的金额在5 000元左右。

"凡事预则立,不预则废。"这里的"预"就是"计划"的意思。这三个需求都是刚性的,必须早做安排,采用基金定投的方式比较妥当。这是因为定投具有摊低成本,分散风险;聚沙成塔,集腋成裘;长期投资,享受复利等优点。假如预期年均收益率为12%，某人每月定投1 000元，只需经过20年的利滚利，定投本利和将高达98.9万元，成为百万富翁不是白日做梦；如果每月定投5 000元，那将获得近500万元，这是一笔惊人的财富。

定投年化收益率可根据以下公式推演：

$$\sum [(1+\text{年化收益率})^{\text{持有到期末年数}} \times \text{每期定投本金}] = \text{账户余额}$$

不论购买基金的方式如何，中长期投资的理念都是必需的。因为"基金定投"的产品特性决定了其适宜投资于波动性较大的市场，而A股市场一般18个月为一个周期，像三年期限正好是两个周期，这样，长期投资的时间带来的复利效应，就可以在一定程度上分散股市多空、基金净值起伏的短期风险，使投资者取得理想的收益。

这里有两点经验可以与大家分享。第一点经验是：定投日期尽量不要选择每月1日至8日。因为会碰到每年元旦、春节、清明、"五一""十一"等假期，基金业务暂停，假期过后第一天才进行定投扣款，但基本上这一天股市都是上涨的，基金净值较高，不太划算。

第二点经验是：根据大数据分析，一般星期四和星期五这两天股市下跌的概率大，所以定投可以尽量设置在这两天，可以买到更多份额的基金。

金无足赤，人无完人。任何投资策略既有优势也有劣势。基金定投的劣势在于，当市场突如其来上涨的时候，基金定投方式累积份额的速度会明显滞后，容易错过牛市快速上涨的机会。此外，基金定投大概率就是赚取市场的平均收益，不可能实现暴富，很明显，在牛市底部一次性购入的收益是要高于定投的收益的。同时，定投虽然可以分散风险，但是不能杜绝风险，如果定投了一段时间，投资依然亏损，则无疑会给投资者带来负面的心理影响。

在定投的不断发展中，定期定额投资也演变出了定期不定额、不定期不定额等多种定投方式，而这些定投的变种更需要投资者对市场走势有自己的判断，我们一般说的定投还是传统意义上的定投。

8.2 对定投的慢思考

2016年5月，随着大盘重新跌破2 900点，朋友圈里对基金定投的讨论多了起来，促使我对定投进行了一些思考。

8.2.1 月定投VS单笔投资

我挑选了景顺长城沪深300增强（基金代码为000311）和华泰柏瑞量化增强A（基金代码为000172）两只基金进行比较，前者的基金经理是黎海威先生，后者的基金经理是田汉卿女士，他们二人都曾就职于美国巴克莱全球投资管理有限公司，在国内量化基金投资领域的影响力都比较大。

景顺长城沪深300增强成立于2013年10月29日，业绩比较基准是沪深300指数收益率×95%+1.5%（指年收益率，评价时按期间折算）；华泰柏瑞量化增强A成立于2013年8月2日，业绩比较基准是沪深300指数收益率×95%+2.5%（指年收益率，评价时按期间折算）。这两只基金都是投资大盘蓝筹股的，50万元以下申购费率均是1%。按照某银行的规定，当时手机银行申购费率可以打6折。

首先进行基金定投与单笔投资收益的比较，分红方式选择红利再投资。经查找资料发现两只基金的分红情况如表8-3所示。

表8-3　两只基金的分红情况

景顺长城沪深300增强		华泰柏瑞量化增强A	
日　期	分红情况	日　期	分红情况
2017年8月4日	0.19元/份	2016年11月16日	0.347元/份
2017年8月15日	0.15元/份	2017年8月31日	0.252元/份
—	—	2018年6月26日	0.063元/份

当时，我设置了A、B、C、D 4个点位，如表8-4所示。

表8-4　4个点位设置情况

节点编号	日　期	上证指数	沪深300指数
A	2015年6月15日	5 062.99点	5 221.17点
B	2018年1月31日	3 480.83点	4 275.90点
C	2018年2月26日	3 329.57点	4 118.42点
D	2019年5月17日	2 882.30点	3 648.76点

以景顺长城沪深300增强为例，通过Wind计算，结果如下。

（1）A点至B点，指数下跌18.10%，月定投获利38.93%，单笔投资获利11.03%。

（2）C点至D点，指数下跌11.40%，月定投获利3.87%，单笔投资亏损10.27%。

（3）A点至D点，指数下跌30.12%，月定投获利15.23%，单笔投资亏损3.19%。

由此得出结论：在下跌通道中，月定投大胜单笔投资。

8.2.2 月定投VS周定投

定投可理解为"三定"，即定额、定时、定对象。传统的定投指的是月定投，后来推出了周定投，甚至有人采用日定投。究竟哪种定投方式的效果更好呢？

以景顺长城沪深300增强为例，先比较月定投和周定投，通过Wind计算，结果如表8-5所示。

表8-5 月定投和周定投效果对比

区 间	指数涨跌幅	月定投获利	周定投获利
A点至B点	下跌18.10%	38.93%	39.24%
C点至D点	下跌11.40%	3.87%	4.12%
A点至D点	下跌30.12%	15.23%	15.56%

通过数据比较可以发现，周定投略胜月定投。

再比较周定投和日定投。由于Wind数据不支持三年以上的日定投计算，所以此处改用同花顺App→选基金→定投专区→定投计算器，每周五定投，参考手续费统一使用0.15%，结果如表8-6所示。

表8-6 固定投和日定投效果对比

区 间	指数涨跌幅	周定投获利	日定投获利
A点至B点	下跌18.10%	40.24%	39.50%
C点至D点	下跌11.40%	4.93%	4.69%
A点至D点	下跌30.12%	16.29%	15.93%

通过数据比较可以发现，周定投略胜日定投。

这也证明了古圣先贤的说法："过犹不及。"意思是事情做得过分了，就像做得不够一样，都是不好的。基金定投的目的是平摊成本，故要给予操作一定的空间，相当于国画技艺中所说的"留白"。如果扣款频率过高，天天去投，那么其效果并没有大家想象得那么好。这也就不难理解为什么很多平台的定投专区没有设置日定投了。

2011年，曾有券商对不同定投周期进行测算，假设定投对象是一只和上证指数走势完全一致的基金产品，结果显示，在2006年至2011年6月24日期间，以季度为扣款周期，其投资总回报率为11.52%；以月和周为扣款周期，其投资总回报率分别为9.65%和7.65%。在更长的一个阶段，如2000年至2011年2月28日期间，按季度、月、周为扣款周期的投资总回报率分别为45.99%、46.32%、44.87%。

无论是5年还是10年，扣款周期更短的定投方式导致最终的投资总回报均未表现出明显优势；同时，伴随着投资周期拉长，不同扣款周期下的投资总回报越来越接近，并没有显著差异。故在较长时期的定投中，基金定投的频率与实际投资效果相关性不大，我们不必过分纠结于定投扣款周期的设立。

简而言之，基金定投的特点就是：熊市中攒份额，牛市中赚收益。

8.2.3 男基金经理VS女基金经理

黎海威先生和田汉卿女士均毕业于名校，都有美国巴克莱全球投资管理有限公司的工作经历，他们掌舵的基金，如景顺长城沪深300增强、华泰柏瑞量化增强A跟踪的标的都是沪深300指数，在同样的市场环境下，投资者取得的收益是不同的，如表8-7所示。

表8-7 基金投资对比表

时间	景顺长城沪深300增强（收益率）			华泰柏瑞量化增强A（收益率）		
	月定投	周定投	单笔投资	月定投	周定投	单笔投资
2015/6/15—2018/1/31	38.93%	39.24%	11.03%	28.16%	28.35%	2.63%
2018/2/26—2019/5/17	3.87%	4.12%	-10.27%	2.15%	2.31%	-11.09%
2015/6/15—2019/5/17	15.23%	15.56%	-3.19%	7.49%	7.64%	-11.64%

数据来源：Wind。

通过对比，我们不难看出，在同样的时间周期下，2015年6月15日至2018年1月31日，景顺长城沪深300增强单笔投资、月定投、周定投的收益率都胜过华泰柏瑞量化增强A的收益率，收益率差别最大时达到10%左右；2018年2月26日至

2019年5月17日，二者收益率差距仅在1%左右；2015年6月15日至2019年5月17日，二者收益率相差接近8%。因此，在同样的市况下，跟踪沪深300指数的指数增强型基金，由于基金经理采取不同的策略和选股方式，其结果是不同的。开对门找对人，才能事半功倍。

8.2.4　长期投资VS长期持有

有些人把"长期投资"与"长期持有"混为一谈，要知道A股市场牛短熊长，如果秉承"买入并持有"策略，就会陷入竹篮打水一场空的境地：申购、赎回；再申购、再赎回……以此类推。

以景顺长城沪深300增强为例，假设在A点申购，在D点赎回。

（1）持有期限将近4年，单笔投资亏损3.19%，这种体验感好吗？

（2）如果月定投可获利15.23%，周定投可获利15.56%，那么你会选择哪种定投方式呢？

（3）如果我们用周定投的方式，从A点到B点就赎回，获利39.24%；从C点开始继续定投，感觉是不是更好呢？

（4）现在大家都知道基金定投要简单地买、聪明地卖，但如何聪明地卖呢？

大家可能听说过理财方面有一个"七十二法则"，借用一下，投资如果每次获利8%，9次本金就可以翻番。推广到定投呢？平均每年获利8%就可以赎回，然后继续定投。打个比方，第一年定投亏损3%，第二年定投获利6%，第三年定投获利26%，平均每年获利超过8%，你就可以赎回了。所谓"聪明地卖"，也就是说定投要目标止盈。

当上证指数运行在3 000点之下时，根据"微笑曲线"，可以积极地执行基金定投，参与沪深300、上证50、中证500等标的指数基金以及消费类、科技类主题基金，加码搜集低估值筹码，时间会证明一切。

8.3　选好标的要止盈

过去我们年轻，那是常理；现在我们年轻，那是心理；明天还想年轻，那是梦里。我们可以放飞梦想，定投可以让我们的心态永远年轻。

8.3.1 哪些基金适合定投

曾经有位朋友向我咨询货币型基金是否可以定投。我认为，基金定投的优势就是平滑成本，像货币型基金这样几乎没有波动的品种，明摆着不适合定投。所以，并非每只基金都适合定投。只有选对投资标的，才能带来理想的回报。

首先，定投最好选择长期收益好的、主动管理的股票型或偏股混合型基金。

债券型基金等固定收益类工具相对来说不太适合采用定期定额的方式投资，因为投资这类基金的目的是灵活运用资金并赚取固定收益。投资这些基金最好选择市场处于上升趋势的时候。当市场处于低点时，特别是短期处于空头行情的市场，最适合针对长线前景良好的品种展开定投，如新能源主题基金。

其次，定投最好选择股票指数型基金。

波动较大的基金有机会在净值下跌的阶段累积较多低成本的份额，待市场反弹便可以很快获利。而绩效平稳的基金波动小，虽然不容易遇到赎回在低点的问题，但是相对而言平均成本也不会降得太多，获利也相对有限。因此，股票指数型基金值得我们重点关注。

指数基金的投资目标是跟踪对应的指数，所以必须保持高仓位，一般为90%~95%。在各类基金中，股票指数型基金的波动通常是最大的。而指数基金的投资风格十分稳定，不会因为市场环境和基金经理的变化而发生重大变化。这相应带来了一个好处，即指数基金的管理费、托管费等费用通常比主动管理型基金的要低，同时投资风格不会漂移。

目前，市场上主流且适合定投的指数如下。

（1）波动较高、过往长期收益中高，如创业板指、中证500指数。

（2）波动中高、过往长期收益中高，如上证50指数、沪深300指数、中证800指数。

（3）波动中高、过往长期收益高，如食品饮料指数、消费类指数、医药生物指数。

跟踪上述指数的被动管理型基金值得我们重点关注。同时，通过多年的研究及实战，我也发现了这样一些特点：

（1）长期业绩排名靠前的基金比较适合定投。

（2）净值波动大且修复快的基金更适合定投。

（3）拉长周期来看，定投频率对定投收益的影响比较小。在长期定投中，无论是月定投还是周定投，对于最终的定投收益影响相差不大。

（4）A股市场弹性足、起伏大，更适合组合定投。

2020年6月6日，辽宁大连的朋友发来微信："老师，这是我现在的定投，求指教。"

我发现她准备定投的基金共有4只，分别是景顺长城新兴成长、易方达上证50指数A、易方达消费行业、招商央视财经50 A。第一只和第三只是主动管理型基金，第二只和第四只是指数基金。

先来看一下两只主动管理型基金的情况。

景顺长城新兴成长成立于2006年6月28日，属于偏股混合型基金，基金经理是刘彦春，基金规模是176.01亿元；易方达消费行业成立于2010年8月20日，属于普通股票型基金，基金经理是萧楠，基金规模是138.59亿元。

从过往业绩来看，两位基金经理都非常优秀，给投资者带来了良好的回报：景顺长城新兴成长平均年化回报率是12.84%；易方达消费行业平均年化回报率是13%。

我们再来比较一下季报披露的两只基金十大重仓股的最新情况。经过对比发现，在二者的十大重仓股中都有这4只股票，分别是贵州茅台、五粮液、泸州老窖、伊利股份。这4只股票在景顺长城新兴成长中占比为29.31%，在易方达消费行业中占比为29.60%。由此不难得出结论：这两只基金都是偏大盘风格的，都是侧重消费板块的，有重叠之嫌。

我在自己的公众号中阐述过这样的观点：人的能力是有边际的。主动管理型的公募基金一般达到70亿元规模比较好，优秀者可以放宽到100亿元。如果从这个角度出发，那么这两只基金的管理规模已经明显偏大了，我肯定不会选它们做定投，完全可以去市场上寻找更理想的替代产品。

再来看一下两只指数基金的情况。

易方达上证50指数A成立于2004年3月22日，属于指数增强型基金，基金规模是162.33亿元；招商央视财经50 A成立于2013年2月5日，属于被动指数型基金,基金规模是5.29亿元。

易方达上证50指数A自成立以来年化回报率达到11.33%;招商央视财经50 A自成立以来年化回报率是12.26%。当时,在这两只指数基金前十大重仓股中都有中国平安、贵州茅台、伊利股份、招商银行、恒瑞医药、兴业银行这6只股票,其权重在易方达上证50指数A中为52.48%,在招商央视财经50 A中为33.02%。

不难发现,这两只指数基金都是偏大盘风格的,因此二选一就可以了,否则就有点重叠了。

我在第3章中有过论述,构建投资组合的原则就是:多元化,有广度,能互补,可对冲,千万不要同质化。这位朋友的定投组合中过于偏重价值方面的基金,可以适当增加成长和周期方面的品种,以达到平衡,避免齐涨齐跌。成功没有奇迹,只有轨迹,沿着胜利者走过的足迹,相信你我也可以成功。

8.3.2 基金何时止盈

常言道:纸上富贵终是假,落袋为安才是真。

有人问:基金定投什么时候止盈赎回呢?

以招商中证白酒指数A(LOF)(基金代码为161725)为例,其业绩比较基准是中证白酒指数收益率×95%+金融机构人民币活期存款基准利率(税后)×5%。该基金近些年的表现情况如表8-8所示。

表8-8 招商中证白酒指数A(LOF)的业绩表现

年　　份	年度回报	单位净值(元/份)	最大回撤
2017年	74.92%	1.141 0	-23.93%
2018年	-23.75%	0.848 4	-43.44%
2019年	86.82%	1.007 3	-34.79%
2020年	113.34%	1.426 6	-7.65%
2021年	-2.37%	1.308 3	-20.55%

假设分红方式为红利再投资,申购费率为0.6%,月定投选择每月18日,周定投选择每周五,则定投情况如表8-9所示。

表8-9 招商中证白酒指数A（LOF）的定投情况

期限	定投时间	月定投（每月18日）		周定投（每周五）	
		总收益率	年化收益率	总收益率	年化收益率
定投一年	2017年1月—2017年12月	31.65%	71.53%	32.56%	73.57%
	2018年1月—2018年12月	-19.25%	-36.30%	-19.11%	-35.82%
	2019年1月—2019年12月	18.24%	39.11%	19.64%	41.81%
	2020年1月—2020年12月	77.14%	187.91%	78.79%	189.10%
	2021年1月—2021年12月	1.33%	2.72%	1.40%	2.89%
定投两年	2017年1月—2018年12月	-9.43%	-9.65%	-9.02%	-9.20%
	2018年1月—2019年12月	34.55%	33.01%	35.38%	33.60%
	2019年1月—2020年12月	115.07%	99.52%	117.02%	100.21%
	2020年1月—2021年12月	37.51%	35.69%	37.56%	35.60%
定投三年	2017的1月—2019年12月	52.21%	30.21%	53.20%	30.64%
	2018的1月—2020年12月	150.66%	72.02%	152.14%	72.27%
	2019的1月—2021年12月	73.77%	40.61%	74.54%	40.94%
定投四年	2017年1月—2020年12月	188.01%	58.58%	189.81%	58.85%
	2018年1月—2021年12月	108.88%	39.49%	109.43%	39.64%
定投五年	2017年1月—2021年12月	145.23%	37.46%	146.07%	37.63%

注：2020年当年月定投为17日。数据来源：Wind。

从表8-9中可以发现：

（1）从2019年1月开始月定投两年，获利可达115.17%，没有赎回，定投三年获利就变成了73.77%，收益相当于减少了41%。

（2）从2018年1月开始月定投三年，获利可达150.66%，没有赎回，定投四年获利就变成了108.88%，收益相当于减少了42%。

（3）从2017年1月开始月定投四年，获利可达188.01%，没有赎回，定投五年获利就变成了145.23%，收益相当于减少了43%。

因此，基金定投一定要考虑止盈，否则往往容易"做电梯"。

定投作为一种投资方式，其核心优势是"分批投资，均摊成本"。定投的每一次扣款对整体成本都有影响，但随着定投时间拉长、定投次数增加，单次扣款对整体成本的影响越来越小，通常我们称之为"钝化"，在经济学上称之为"边际效应递减"。

以月定投为例，如果已定投了5个月，那么下一笔定投扣款的边际影响是1÷5=20%；如果已定投了25个月，那么单次定投扣款的边际影响就是1÷25=4%；如果已定投了50个月，那么单次定投扣款的边际影响只有1÷50=2%。

这就相当于一个人饿了，给他吃一个面包，他感觉非常好，但接二连三地让他吃，他就倒了胃口，感觉不出面包的美味了，甚至最后吃撑得都想吐了。这就是边际效应递减。

在起初定投时，下一笔定投扣款会对你的定投总成本产生比较大的影响；随着定投次数的增加，特别是累计定投次数达50次后，单次定投扣款只会让你的定投总成本增加2%。而2%的这种幅度，基金净值一天的波动就可能覆盖，这时候就需要考虑止盈了。换句话说，此时基金定投的收益率和股市涨跌之间的相关性越来越大，波动自然也就加大了。如果遇到市场持续下跌，那么定投基金的净值跌幅很快就可能超过10%，市场下跌的影响对定投整体收益的影响明显加大。

那收益率达到多少止盈为好呢？

这应当没有标准答案。常见的定投止盈方法有5种。

（1）指数参考法：用指数的涨幅、点位、估值等作为参考指标。

（2）技术指标法：看指数的K线、MA或BOLL等形态判断卖点。

（3）市场情绪法：根据换手率、市场股票涨跌数量比、新基金发行情况、股票开户数、融资余额等指标判断市场是否过热。

（4）股权风险溢价率法：看股票收益率和债券收益率的比值，如果到达历史低位，则意味着股市风险较高，应当卖出；否则刚好相反。

（5）目标收益法：设定一个目标收益率或目标金额，达到后就止盈。

成功是由目标铺成的。目标收益法是很多人采用的方法，简单易行。这个目标收益可以因人而异，总体原则就是：

第一，投资理财的目标是战胜通货膨胀，让钱值钱，所以首先要考虑通胀因素。

第二，投资理财的收益要高于预期理财产品收益，否则还不如直接买理财产品。

因此，目标收益率＞（年通胀率+一年期全市场人民币理财产品预期收益率）即可。

假设通胀率是3.2%，当前一年期全市场人民币理财产品预期收益率是3.8%，如果定投三年，那么止盈目标就可以设为3×（3.2%+3.8%）=21%，高于21%就可以赎回；如果定投四年，那就是高于28%可以赎回；如果定投五年，那就是高于35%可以赎回；以此类推。

还有一种方法是最大回撤止盈法，可以看成是目标止盈法的升级版。比如，招商中证白酒指数A三年定投下来账面获利150%，有一天你发现收益变成了135%，从高点回落了15%，收益相当于打了9折，说明市场风向可能发生了变化，此时可以考虑赎回，毕竟装到口袋里的收益才是实实在在的。

定投有点像文火炖鸡汤，止盈目标充分考虑了通胀率和预期理财产品收益率，所以大家需要有一点耐心。上面只是给大家提供了一些思路，具体的止盈目标取决于每个人的实际情况，大家可以根据自身的风险承受能力和期望收益审慎决策。

那止盈后怎么办？是不是马上开启新的定投呢？

对定投在单边上涨、单边下跌、震荡行情中的表现，前文有过介绍，定投的优点就是适合不会择时的人进行投资，慢慢地去积累基金份额，平摊成本。因此，对于普通投资者而言，一旦定投收益达到目标，就可以顺势将所有的份额赎回落袋为安，然后重新开启一份定投，这样做的好处是可以避免空欢喜一场。也有人建议分批赎回。究竟哪种方法更好，要结合自己的认知能力进行判断，不能强求。

当股市来到阶段性高点时，你将先前投入的大量资金和利润落袋为安，相当于在高点进行了减仓，之后重新规划定投，让份额再一点一点积累，此时新的定投计划是不惧怕大幅波动的，何乐而不为呢？

定投具备自动调节的功能，高点买的份额少，低点买的份额多。只要大家通过一轮实践，就可以了解定投的魅力——下跌赚份额，上涨赚收益。对于定投者而言，股市上涨，满足的是你的当前利益；股市下跌，满足的是你的长远利益。

通过观察招商中证白酒指数A的定投情况，大家还要注意以下几点。

（1）低波动基金不是定投的首选标的，选择波动幅度较大的基金更能提高收益。

（2）定投是一种长期行为，通常持有时间会超过一年，所以选择没有销售服务费的A类基金产品更划算。如果基金有后端收费模式，则建议采用后端收费模式。

（3）如果有较长期的理财目标，如5年以上至10年、20年，则不妨选择波动较大的指数基金；而如果是5年内的理财目标，则可选主动管理型基金。

（4）定投不要选择定开式或封闭式基金，也不要选择暂停申购或者限制申购的基金，尽量选择开放式基金。

（5）拉长周期来看，月定投和周定投的收益差异不大，仅在1%左右，但定投止盈很重要。

简而言之：基金定投，贵在坚持，不用止损，难在止盈。

8.4 定投多久才赚钱

在表8-2中明确告诉大家，基金定投并不是每次一上来就能带来正收益的，它往往需要以时间换空间，通过向下积累低成本基金份额，之后不需要回到原来的位置，就能将浮亏变成盈利，实现"微笑曲线"。投资者需要的恰恰是下跌中的这种坚持。

交易就是做最好的势、最确定的势、最有把握的机会。大家都希望买在最低点，卖在最高点。市场的高点和低点几乎都是在事后被参与者确认的，而顶部或底部是一个区域，相对辨认难度就降低了。至于如何判断底部，根据估值高低是常规手段，只要估值处于历史相对低位，就可以被视为相对底部。

此外，还有一些其他判断方法。例如，2022年4月收盘，A股共有445家上市公司的市值跌破净资产，占整体上市公司数量的9.9%。在过去20年内，历史上出现上市公司市值跌破净资产比例超过5%的时间共有5次，分别是2005年6月、2008年10月、2014年5月、2018年10月、2020年3月。从其后来走势来看，该区域都处于长期历史底部区间。因此，根据上市公司市值跌破净资产比例就可以帮助我们确认底部区域。

知易行难，即便判断出了市场处于底部，但大家往往信心不足，需要更大的勇气和毅力来开启定投。

就基金投资而言，左侧交易相当于"伏击"，右侧交易相当于"追击"。简单地解释，在价格的顶部或底部（拐点）左侧进行的交易就叫左侧交易，在价格的顶部或底部（拐点）右侧进行的交易就叫右侧交易。左侧交易相当于战略投资，右侧交易相当于战术投资。

定投就好似左侧交易，其特点是：人弃我取，越跌越买。如果买过之后就涨，净值不断提高，那么意味着这是单边上涨行情，为什么还要定投呢？表8-2已经告诉大家，应该改为一次性买入更好。

大多数人可能没有理解定投这种方式，也不相信定投"平抑成本"的神奇效果，更不明白左侧交易和右侧交易，所以才无法坚持下去。

抄底逃顶是每位投资者的愿望，但可遇不可求。市场底和市场顶都只是一个点，事先是很难确定的；但底部不是一个点，而是一个区间，确认起来就相对容易许多。在市场低估区域投资没有错，但不要指望抄到最低点，也不要奢望马上就会赚钱，而要做好长期持有的准备，做时间的朋友。基金定投就是帮助大家逐渐布局底部，均摊成本，用时间换空间，静待微笑曲线来临。

基金定投中提到的"微笑曲线"究竟是什么？微笑曲线指的是，在市场走出一波先下跌后上涨的行情时，投资者如果一直坚持基金定投，那么在市场低迷时就能以较低的成本获取筹码，摊薄成本；当市场回升时，投资者获得的盈利不但会优于指数表现，而且在通常情况下会比在股市上涨时才开始投资基金获得的收益还要高。

如果将每个定投扣款日的基金净值与最后获利了结时的基金净值用曲线连接起来，就形成了一条两端朝上的弧线，弧线的形状就像人的笑脸，这就是基金定投的"微笑曲线"。

微笑曲线的完整过程简单描述就是：开始定投→市场下跌→积累份额→市场上涨→盈亏平衡→继续上涨→止盈赎回。

基金定投具有分散投资风险、摊平买入成本的优点，其设计初衷就是帮助我们克服自身的弱点。无论你怎么想、怎么看、心里怎么闹腾，定期都会从你的账户里扣款，增加基金份额。

如果市场持续下跌，定投随之持续扣款，那么买入基金的成本就会不断被摊低，就会在市场低位积攒较多的便宜份额，所以熊市对于定投者来说是天赐良机。在随后的市场回升或者牛市中，大量低成本份额可以使定投者获得爆发式的收益，将会更容易回本并取得超额收益。

定投的人最希望画出微笑曲线。在市场下跌时开启定投（左侧交易），在低位锲而不舍、坚持投入才能获得足够多的廉价筹码，并在牛市行情的时候获利卖出（右侧交易），才是最完美的微笑曲线。

如果当下的A股正处于下跌时分，很多投资者的心情或沮丧、或失望、或麻木，那么对抗熊市最好的策略就是定投，在每周、每月的固定时间里投资固定的金额，这样就可以避免追涨杀跌的风险和忐忑不安的心情。不积跬步无以至千里，不积小流何以成江河？定投是一场与时间为伴的长跑，中途退场的人经历的仅仅是前半程的下跌，只有拥有坚持到底的决心和耐心的投资者才能跑完全程、笑到最后。

以定投博时裕富沪深300 A（基金代码为050002）为例，该基金成立于2003年8月26日，是最早成立的跟踪沪深300指数的被动型基金。2010年11月8日，该基金的单位净值0.954 0元/份，是一个阶段性高点，如果这天不幸买入被套，那么大家有没有问过自己：需要多久才能解套呢？

如图8-1所示，方框里的范围是2010年11月8日至2014年10月10日，起点单位净值是0.954 0元/份，终点单位净值是0.726 0元/份。将起点、最低点和终点连成一条弧线，是不是很像一张笑脸？通过图形很容易确认，在高点0.954 0元/份左侧即趋势向下时买入叫左侧交易，其特点是价格震荡下跌；在终点0.726 0元/份右侧即趋势向上时买入叫右侧交易，其特点是价格震荡上涨。

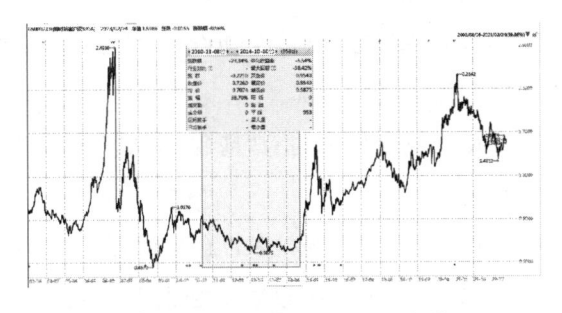

图8-1 博时裕富沪深300 A走势图

假设通过手机银行每月1 000元定投博时裕富沪深300 A，从2010年11月8日开始，申购费率为0.6%，则不同投资期数的业绩表现如表8-10所示。

表8-10 定投博时裕富沪深300 A的业绩表现

定投起始	定投截止	总期数（次）	月定投1 000元		单笔投入	
			总收益率	年化收益率	总收益率	年化收益率
2010年11月8日	2011年10月10日	12	-15.78%	-31.91%	-26.86%	-28.81%
2010年11月8日	2012年10月10日	24	-14.32%	-15.20%	-32.65%	-18.58%
2010年11月8日	2013年10月10日	36	-6.57%	-4.59%	-29.31%	-11.19%
2010年11月8日	2014年10月10日	48	2.74%	1.38%	-24.35%	-6.87%
2010年11月8日	2015年10月9日	60	38.98%	13.54%	10.18%	1.99%
2010年11月8日	2016年10月10日	72	44.23%	12.37%	20.76%	3.23%

数据来源：Wind。

由此不难发现，虽然基金买在了2010年阶段性高点，但通过坚持定投，也就是左侧交易，越跌越买，2011年是亏损的，2012年继续亏损，2013年还是亏损的，即使2014年10月10日的单位净值只有0.726 0元/份，还没有起初净值0.954 0元/份高，这期间基金也没有分红，结果4年就回本了，而单笔投入需要5年才能扭亏为盈，总收益率为10.18%，年化收益率为1.99%，同期定投总收益率达到38.98%，年化收益率为13.54%，定投的收益明显高于单笔投入的收益。

另外，细心的投资者已经发现，月定投总期数72次，总收益率为44.23%，年化收益率为12.37%，低于总期数60次得到的年化收益率13.54%，这也再次提醒大家：基金定投止盈很重要。

通过这个案例告诉大家，基金定投的初衷就是做左侧交易，像V、U、W、N、√之类的形态，越跌越买，积攒份额，摊低成本，最后去拥抱"微笑曲线"，所以基民一开始亏钱是非常正常的，但坚持4年左右的时间，往往会守得云开见月明。据Wind统计，博时裕富沪深300 A自2003年8月26日至2022年4月13日的回报高达429.74%，年化收益率为9.35%。

也许有人要问了：刚刚举的例子是指数基金，是被动管理型的，那么主动管理型基金是不是也这样的呢？

这里拿朱少醒掌舵的富国天惠精选成长A给大家举例，这是一只成立年限超过16年的主动管理型基金，中间没有换过基金经理，大家看看万一买在高点需要多久才能回本。他山之石，可以攻玉。很多事情最后能否成功，就在于能否坚持到底。

富国天惠精选成长A（基金代码为161005）成立于2005年11月6日，一直是由富国基金公司朱少醒管理的,其间经历了涨涨跌跌,自成立以来至2022年4月13日,回报为1 626.45%,年化收益率为18.94%,如表8-11所示。

表8-11 富国天惠精选成长A净值表现

日 期	单位净值(元/份)	复权单位净值(元/份)	累计单位净值(元/份)	收盘价(元/份)	涨 跌 幅	最大回撤
2021-12-31	3.488 7	21.685 2	6.536 7	3.467 0	0.62%	-12.16%
2020-12-31	3.622 1	21.551 3	6.520 1	3.645 0	58.64%	0.00%
2019-12-31	2.400 1	13.585 3	5.188 1	2.400 0	62.16%	0.00%
2018-12-31	1.480 1	8.377 8	4.268 1	1.485 0	-26.96%	-36.69%
2017-12-31	2.124 9	11.469 7	4.812 9	2.123 0	27.78%	-13.33%
2016-12-31	1.663 0	8.976 5	4.351 0	1.660 0	-15.53%	-32.17%
2015-12-31	2.776 0	10.626 6	4.814 0	2.770 0	69.23%	-19.70%
2014-12-31	1.767 5	6.279 2	3.665 5	1.740 0	25.42%	-6.40%
2013-12-31	1.546 8	5.006 7	3.309 5	1.539 0	18.18%	-8.08%
2012-12-31	1.308 9	4.236 7	3.071 9	1.298 0	6.27%	-22.21%
2011-12-31	1.231 7	3.986 8	2.994 7	1.235 0	-25.30%	-26.80%
2010-12-31	1.742 2	5.336 9	3.422 2	1.728 0	19.37%	-2.01%
2009-12-31	1.642 7	4.470 8	3.142 7	1.629 0	75.80%	-13.07%
2008-12-31	0.934 4	2.543 1	2.434 4	0.925 0	-47.34%	-50.55%
2007-12-31	2.091 3	4.829 1	3.291 3	2.080 0	101.45%	-0.31%
2006-12-31	1.573 0	2.397 1	2.243 0	1.579 0	134.37%	-0.01%
2005-12-31	1.022 8	1.022 8	1.022 8	-	2.28%	-0.51%

数据来源:Wind。

历史上,该基金在2006—2008年、2010—2011年、2014—2016年、2018年、2020—2021年共有16次派现分红,累计每份3.048元。即便这样一只基金,2008年的最大回撤超过-50%,2016年和2018年的最大回撤超过-30%。对于只喜欢右侧交易的人而言,未必有好的体验;但对于擅长左侧交易的人而言,这就是难得的机遇。

如果某人在2007年12月31日以单位净值2.091 3元/份买入被套,或者在2010年12月31日以单位净值1.742 2元买入被套(见图8-2),分红方式选择红利再投资,每月月底定投1 000元,假设某银行的申购费率为0.9%,那么需要多久才能解套呢?

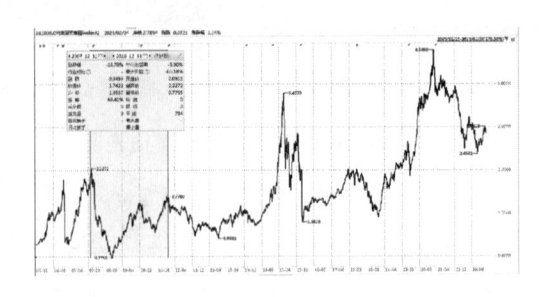

图8-2 富国天惠精选成长A净值走势

通过表8-12中的计算可以发现,在2007年年底高点买入富国天惠精选成长A,坚持月定投17期即可解套,坚持定投两年(25期)总收益率为32.83%,年化收益率为30.97%;在2010年年底高点买入,坚持月定投32期即可解套,坚持定投三年(37期)总收益率为10.32%,年化收益率为6.62%。

表8-12 定投富国天惠精选成长A的业绩表现

名称	定投起始	定投截止	总期数（次）	月定投1 000元		单笔投入	
				总收益率	年化收益率	总收益率	年化收益率
A	2007年12月31日	2008年12月31日	13	-20.99%	-30.86%	-48.38%	-48.47%
	2007年12月31日	2009年4月30日	17	3.47%	5.23%	-33.98%	5.23%
	2007年12月31日	2009年12月31日	25	32.83%	30.97%	-9.24%	-4.74%
B	2010年12月31日	2011年12月30日	13	-18.67%	-34.78%	-26.02%	-26.09%
	2010年12月31日	2012年12月31日	25	-5.19%	-5.19%	-21.39%	-11.33%
	2010年12月31日	2013年7月31日	32	2.49%	1.91%	-14.83%	-6.02%
	2010年12月31日	2013年12月31日	37	10.32%	6.62%	-7.11%	-2.43%

数据来源：Wind。

此时此刻,该基金单笔投入还没有解套,因为2007年年底的单位净值是2.091 3元/份,2009年年底的单位净值是1.642 7/份元,即便加上2008年3月7日每份分红0.30元也无法扭亏。同理,因为2010年年底的单位净值是1.742 2元/份,2013年年底的单位净值是1.546 8元/份,即便加上2011年1月28日每份分红0.083元,依然没有达到初始价位,所以单笔投入显示依然亏损。

由此我们可以得出这样一个初步结论:定投指数基金被套大约4年可以解套获利,定投主动管理型基金被套大约3年可以解套获利。案例中设定的某银行申购费率打折后分别是0.6%和0.9%,如果大家在天天基金网等平台上购买,那么打折后的费率是0.15%,相信定投的效果会更好。

上面的案例表明，定投获利的概率通常是高于单笔投入获利的概率的，因为定投是累积份额和平均成本双轨并进的结果，而单笔投入只能依赖净值上涨。定投最基本的原理就在于平摊成本，在固定的时点以固定的金额向固定的对象投资，如果投资的时间过短，比如定投总期数5、6次就想赎回，那么可能无法发挥定投平摊成本的效果，甚至可能面临亏损。因为大家不会择时才选择定投，做的是左侧交易，越跌越买，所以建议定投的时间最好在一年以上，这样更能体现定投的优势。

如果一看定投没有赚钱就放弃，那就背离了初衷。很多投资者往往在市场上涨的时候持续定投，一旦市场下跌就停止扣款，这刚好违反了定投"价量反比"的基本原则，即在基金净值下跌时，投资者以相同金额购买的基金份额就越多，所以投资的平均成本就会降低。没有在市场下跌时多累积低成本的份额，定投的效果就会大打折扣。因此，千万不要因为市场下跌就停止扣款，越是净值波动大越要坚持，选择定投的份额就越多，一旦市场回升，收益自然也会更多，就能获得比较好的投资效果。

定投的意义不在于抄底，而在于保证"在场"。因为买在低点、卖在高点，绝大多数人根本做不到。而投资最怕的是买在高点，但在买入的时候谁都不确定当时是否就是高点。所以，可以通过长期定投的方式平摊成本。只要市场从长期来看是上涨的，定投赚钱就是大概率的结果。而一次性择时投资需要专业的能力或超乎常人的运气，这对于大多数人来说是小概率事件。

有人做过统计，即使从2007年最高的6 124点开始定投，只要坚持下来，8年后在2015年牛市顶点5 000点卖出，平均持仓成本仅有2 517点，收益率达到惊人的两倍。这就是因为长期的定投使得大部分"筹码"买在了熊市的底部，这也正是定投的精髓——越跌越买。

在投资中，情绪管理在大多数时候比技术水平更重要。股谚云："顶是尖的，底是宽的。"尤其在市场底部区域打磨的时间越久，投资者的亏损金额、亏损比例、心理压力都会相应增大。定投作为定期定额长期投资的策略，令投资者的情绪管理相对一次性投资容易，市场磨底时间越久，亏损金额、亏损比例反而会不断减少，投资者内心的煎熬也相对容易克服，难点就在于坚持。

大量数据研究表明，对于绝大多数不具备择时能力的普通投资者而言，通过基金定投是可以获得真正的超额收益的，这是大概率事件。

因此，大家要鼓励自己，定投较长时间不赚钱甚至亏钱才能以较低的成本买到更多的份额，最终迎来净值上涨的高光时刻，"笑"口大开，否则为什么要采用左侧交易摊低成本呢？

8.5 春夏秋冬悟定投

2019年6月18日，我应邀去旁听了一堂基金实战课，培训老师在课堂上引用了一句口号："坚持定投6个月，年化10%不是梦。"

对此我持怀疑态度，基金定投不是一种新的金融产品，而是基金投资的一种方式，它和大家熟悉的"一笔"认（申）购完全不冲突。定期定额是"分批"买、"坚持"买、"择时"卖的中长期投资方式，并且适合大部分投资者。因为年化收益并不是投资者实实在在拿到手的收益，充其量是用来比较的，即便达到年化10%，也是中看不中用的，就像货币型基金的7日年化收益一样，并没有给你增加那么多收益，投资者更要关注绝对收益，也就是能装进口袋里的收益。投资只讲概率，没有绝对的事情。基金定投注重的是投资而不是投机。于是乎，我决定用Wind数据按周定投论证一下。

我随机挑选了16只基金，如表8-13所示。

表8-13 周定投挑选的16只基金简介

序号	基金名称	序号	基金名称
1	华泰柏瑞量化增强A	9	华夏回报A
2	华泰柏瑞量化先行A	10	长盛电子信息产业A
3	易方达创业板ETF联接A	11	嘉实价值优势
4	华夏恒生ETF联接A（人民币）	12	景顺长城能源基建
5	国泰上证180金融ETF联接A	13	易方达中小盘
6	汇添富中证主要消费ETF联接A	14	富国天惠精选成长A
7	广发中证全指信息技术ETF联接A	15	博时医疗保健行业A
8	汇添富价值精选A	16	华安媒体互联网A

经过分阶段回溯测试，结果并非尽然。比如，2015年6月15日至2019年4月26日，在将近4年的时间里，上证指数从5 062.99点到3 086.40点，下跌了1 976.59点，跌幅为39.04%，16只基金中单笔投入10只亏损6只盈利，周定投3只亏损13只盈利。在亏损的易方达创业板ETF联接A、广发中证全指信息技术ETF

联接A和长盛电子信息产业A这三只基金中,亏损最多的长盛电子信息产业A跌幅达到-20%,而这只基金恰恰是主动管理型的行业主题基金。

由此得出结论:在一个下跌的市场当中,周定投要优于单笔投入。A股市场牛短熊长,市面上有几千只偏股型基金,虽然定投是百搭神器,但并不能确保6个月、1年、2年、4年定投不亏损。因此,"坚持定投6个月,年化10%不是梦",这种提法从某种程度上讲就是一种噱头!

那有人提出"定投10年赚10倍"的口号,大家觉得可信吗?

10年赚10倍就是1万元用10年的时间变成11万元,换算下来年复合收益率为27.10%。而根据统计数据,公募基金经理符合管理某只基金时间超过10年且年化投资回报率大于20%这两个条件的少之又少,其难度可想而知。

以上投摩根新兴动力A(基金代码为377240)为例,该基金成立于2011年7月13日,基金经理为杜猛,假设自2011年8月12日开始定投,2021年7月12日截止,申购费率为0.15%,根据Wind计算,10年下来,该基金月定投总收益率为287.24%,年化收益率为25.65%。

我又挑选了成立时间不同的汇添富上证综指、博时裕富沪深300、易方达深证100ETF联接A、嘉实增长、兴全趋势投资(LOF)、富国天益价值A、华宝动力组合共7只基金用不同时间段随机月定投120期进行测试,结果发现都没有达到"定投10年赚10倍"的目标,如表8-14所示;而同期兴全趋势投资(LOF)单笔投入总收益率达到1 077.49%,富国天益价值A单笔投入总收益率达到1 069.22%。

表8-14 月定投挑选的7只基金收益情况

序号	基金代码	基金名称	成立时间	月定投120期开始时间	购买费率	总收益率	年化收益率
1	470007	汇添富上证综指	2009/7/1	2009/7/15	0.10%	21.97%	3.95%
2	050002	博时裕富沪深300	2003/8/26	2008/10/28	0.15%	56.68%	8.82%
3	110019	易方达深证100ETF联接A	2009/12/1	2010/1/15	0.12%	37.82%	6.34%
4	070002	嘉实增长	2003/7/9	2003/9/9	0.15%	166.61%	18.90%
5	163402	兴全趋势投资(LOF)	2005/11/3	2005/12/15	0.15%	168.36%	19.01%
6	100020	富国天益价值A	2004/6/15	2005/7/11	0.15%	234.39%	23.15%
7	240004	华宝动力组合	2005/11/17	2011/2/22	0.15%	130.90%	16.19%

数据来源:Wind。

定投只是在投资者无法判断市场高低点的情况下，坚持买入摊平成本，最终获取收益的一种方法，所以"定投10年赚10倍"更多的是一种口号，是为了鼓励大家进行基金定投，真正能够做到的可能性微乎其微。

看历史估值，做逆向布局。如表8-15所示，在实战中，大家可以在市场低估时加大定投，在市场高估时分批赎回，从而提高投资收益。

表8-15 代表性指数历史估值

指数市盈率(TTM)	时间	上证综指代表性低点位			上证综指代表性高点位		
		998点	1 664点	1 974点	3 606点	5 178点	6 124点
		2021/12/31	2005/6/6	2008/10/28	2013/3/18	2021/1/22	2015/6/12	2007/10/16
上证综指		13.90	16.70	13.89	11.50	16.64	22.98	54.12
沪深100		30.44	20.53	12.53	17.64	36.88	36.68	51.71
沪深300		14.02	13.28	12.79	10.66	16.96	18.78	50.32

数据来源：Wind。

水静极则形象明，心静极则智慧生。基金定投是保持良好心理状态的最佳投资方式，它可以明显地平滑股市波动带来的心理压力，特别是近年来因市场剧烈波动带来的不良心理刺激。

2012年，我编写过一本《幸福从投开始》的定投宣传册，受到读者好评。时至今日，我又有了更多感悟。

基金定投由于强制的纪律性，定时扣款，分批分次买入，长期积累下来，高点买入和低点买入的基金成本可以实现均摊，分散风险。相对于一次性投资是一锤子买卖定输赢，而定投由于是多笔资金在不同时点进场，因而也赢得了更多获利的可能。坦白地说，定投的方法虽然简单，但对于没有专业的知识、没有专门的时间进行分析研究的普通投资者来说，这种不择时、长期坚持的投入就是战胜市场的法宝。

2017年8月，湖南长沙某银行理财经理在朋友圈里发了一条动态："这是我们银行一个贷款客户四年前做的大额定投，惊讶了。投资本金15.9万元，净赚11万元，他只是每月定投了3 000元而已。坚持读书、跑步和定投，是我觉得人生最应该坚持的三件事。"

基金定投，让财富滚雪球。说出来是故事，看透了是人生。"春种一粒粟，秋收万颗子"，没有劳作，岂有收获？春耕、夏种、秋收、冬藏，四时变换，作物生熟，每一步都需要我们脚踏实地。对于绝大多数工薪族而言，一次性拿出一大笔现金并不太现实。在生活中，我们更多遇到的是随着薪资发放而按月度分批流入的现金流，工资作为固定收入正好契合了定投的要旨，这种强制性的扣款方式可以帮助投资者变相储蓄。所以，从这一点来讲，定投是更适合广大民众的理财方式。

基金定投不可能完全规避风险，也不能保证投资者在任何时候都能百分之百地获得正收益，最终效果如何，主要还是看投资者如何使用。基金定投获利的关键在于投资者是否有足够的耐心完成一个景气循环，就像种地一样。

什么时候开始定投？定投多少？定投多长时间？定投的目标是什么？这可能是每个开始定投的人都要考虑的问题。定投是一种简单却充满智慧的理财方式，需要的仅仅是坚持，但绝大多数人往往很难做到。在市场相对低点坚持不停扣，坚持收集足够多的低成本筹码，设定合理的预期收益，待市场回升时灵活选择赎回基金，就能取得好的收益。

海通证券荀玉根团队经过研究发现，当沪深300下跌20%后开始定投并持续两年的平均收益率为13%，当股票型基金指数下跌20%后开始定投并持续两年的平均收益率达47%。

归根结底，定投就是一种策略，一种参与投资的方法。定投的本质就是获取市场平均成本，让没有时间研究、对理财知识不够了解、无法把握市场拐点的人可以获得一个市场的平均收益，让自己的财富保值、增值，不至于被通货膨胀所蚕食。同时，我们也应该清晰地认识到，定投不是一夜暴富的工具。

巴菲特曾说：从长期来看，投资收益率会无限接近一家企业的净资产收益率（ROE）。因此，想要保持短期的高复利容易，想要保持长期的高复利难度很大，能够长周期保持年化收益率20%左右的堪称奇迹。

幸福生活从"投"开始。用流量资金生活，用存量资金投资，根据存量资金决定每个人的投资理财金额。理财是伴随我们一生的事情，如果你需要理财，那么你可以开始并继续基金定投。至于定投金额的多少，则应该量力而行，以不影响日常生活开支为宜，可以是日常生活结余的1/2或1/3。同时还需要根据自己的年龄、理财目标，动态调整自己的产品或基金组合，如随着年龄的增长，适当调低定投组合中风险资产的配置比例等。切忌因市场短期的波动就轻易地终止定投。定投的秘密就在于长期投资、分批入市和复利效应。定投的淡化择时在本质上就是一种以时间换空间、成本高低均摊、最终复利取胜的做法。

当然，如果把定投微笑曲线拆解一下，则可以分为三个阶段：左侧（下跌阶段）；底部（震荡阶段）；右侧（上升阶段）。在市场估值合理偏低，同时点位也不是特别高的时候开始定投，越跌定投得越多，相信这样的体验感会更好。或许有人担心自己看不出高位和低位，其实大可不必，打开月K线图，一眼就能分辨出来。

其实，投资是讲究概率的，没有谁会打包票。无论市场风云如何变幻，定投依然是大众参与证券投资的良好方式，可以帮助我们穿越牛熊。上涨可以追击，下跌可以伏击，单笔买入被套可以用定投围点打援，定投的特点就是平抑波动，摊低成本，价高买份额少，价低买份额多。基金定投要求大家淡化择时，务必坚持，忽略止损，注重止盈，有助于提高我们投资的幸福指数。无数事实已经证明：基金成就梦想，定投相伴成长。

第9章

实战全凭真功夫，各种武艺练起来

无论是炒股票还是买基金，都依赖于优秀公司的成长。现在市面上的公募基金数量已经超过1万只，要想找到心仪的产品，就要讲究策略和方法。或许有人会问：我们可以从上涨的基金中查到它的十大重仓股，那如何从上涨的股票中找到重仓它的基金呢？这里介绍两种方法。

（1）电脑端：打开证券分析软件→输入证券代码或名称→单击鼠标右键→选重仓持股基金，即可查看。

（2）手机端：打开东方财富网App→数据中心→主力持仓→输入证券代码或名称→选基金持股，即可查看。

回调不是寂寞，再涨绝非传说。取势明道优术，理性进行中。

9.1 业绩比较基准助你行

基金都有一个业绩比较基准,那可不是摆设,它可以帮助我们投资。

9.1.1 百万基金月赚万

2010年9月,新上任的分管个人金融业务的行长找到我,希望迅速提升全行基金销售业绩,扭转在全省的落后排名。他们负责找客户,我负责出方案。当时有一位客户在向银行申请项目贷款,其账面上有200万元资金可以存放一个月。于是,我开始着手制定方案并让理财经理负责实施。

考虑到大盘在2 500多点,市况不好,客户投资金额是200万元,期限只有一个月,因此,我决定通过两只基金各100万元组合投资来分散风险,并在操作之前告诉客户:有涨有跌叫市场,我们需要忽略中间波动,看最终结果,请相信专业人员的判断。然后我开始了首次操作百万元资金炒基金。

2010年9月8日,我们让客户申购100万元广发核心精选股基(基金代码为270008)、50万元华夏优势增长股基(基金代码为000021),因后者当时有申购限额,故在9月9日再次申购50万元。不出所料,买入后,大盘微跌,加上申购手续费,账面出现亏损。客户担心本金受损,我也捏了一把汗,但我相信自己的专业判断,建议客户静心等待结果。

至当年10月8日,我们通知客户赎回,共一个月时间,扣除中秋和国庆两节放假,实际只有14个交易日,客户获利57 459.98元,实际收益率为2.87%,年化收益率达34.44%。而同样200万元存银行一个月,活期仅获利息600元(利率为0.36%),7天通知存款可获利息2 137.50元(利率为1.35%),差距非常大,如表9-1所示。

表9-1 基金实操案例(一)

购买日	基金名称	净值(元/份)	申购金额	申购费率	赎回日	赎回份额(份)	净值(元/份)	赎回费率	实际获利(元)
2010/9/8	广发核心精选	1.652	100万元	0.90%	2010/10/8	599 927.52	1.748	0.50%	43 429.95
2010/9/8	华夏优势增长	2.415	50万元	1.50%	2010/10/8	203 979.64	1.792	0.50%	6 489.61

续表

购买日	基金名称	净值（元/份）	申购金额	申购费率	赎回日	赎回份额（份）	净值（元/份）	赎回费率	实际获利（元）
2010/9/9	华夏优势增长	2.410	50万元	1.50%	2010/10/8	204 402.84	1.792	0.50%	7 540.42

注：2010年9月14日华夏优势增长每份派现0.70元。

通过这次实操，我总结了以下几点经验。

（1）抓住了天时。单笔投入非常讲究入场点位，对最终成败至关重要。此次操作时间紧、任务重，没有更多的回旋余地，更加考验操盘者的市场判断能力。9月8日入场时大盘在2 687.71点，10月8日出场时大盘在2 738.74点，涨幅为1.89%。

（2）抓住了地利和人和。因第一次操作200万元资金，心中有担忧，故通过两个100万元组合投资来分散风险。当时华夏优势增长和广发核心精选的基金经理及基金公司比较优秀，值得信赖。

（3）要关注分红方式。2010年9月14日华夏优势增长每份派现0.70元，因为操作系统默认的基金分红方式是现金分红，如果让投资者在基金申购成功时将"现金分红"方式改成"红利再投资"，那么在本案例中可以获得更多的收益。

（4）要利用费率政策。基金公司是按照申购金额设置费率档次的，由于大额资金在购买时享有费率优惠，所以参与者既可以采用战略性投资，也可以采用战术性投机。

9.1.2 凡事要量力而行

由于各种类型的基金具有不同的特点，就像包子包了不同的馅儿，所以在购买基金的时候也不能一刀切，否则就会消化不良。

我们每个人的成长经历不同，收入不同，风险偏好程度不同，故对基金产品的认同度也不同，有些人喜欢单笔投入，有些人喜欢分批买入，有些人喜欢定时定额，大家需要：看菜吃饭，量体裁衣。

总结下来，我投资基金的窍门无外乎抓住"天、地、人"，这里的"天"指的是市场时机，"地"指的是产品本身，"人"指的是基金公司和基金经理。

有三位投资者是在基金募集期间认购的，情况分别如下（见表9-2）：

第一位于2011年5月18日以1万元认购国联安优选行业股票型基金（基金代码为257070），持有期超过两年，扣除认购费1.2%、赎回费0之后，获利1 966.40元，实际收益率达19.66%，年化收益率为9.39%。

第二位于2012年3月2日以300万元认购诺安中创指数型基金（基金代码为163209），13个月赎回，扣除认购费0.1%、赎回费0.2%之后，获利159 627.74元，实际收益率达5.32%，年化收益率为4.79%。

第三位于2012年3月5日以1万元认购诺安中创指数型基金（基金代码为163209），14个月赎回，扣除认购费1%、赎回费0.2%之后，获利1 076.68元，实际收益率达10.77%，年化收益率为9.14%。

表9-2 基金实操案例（二）

购买日	基金名称	认购额	认购费率	赎回日	净值（元/份）	赎回费率	总收益率	年化收益率
2011/5/18	国联安优选	1万元	1.20%	2013/5/17	1.211	0	19.66%	9.39%
2012/3/2	诺安中创	300万元	0.10%	2013/4/22	1.031	0.20%	5.32%	4.79%
2012/3/5	诺安中创	1万元	1.00%	2013/5/17	1.094	0.20%	10.77%	9.14%

通过上面的操作，我发现：对于大额资金，也可以采取保守策略；对于小额资金，也可以采取激进策略。由于大额资金在购买时有费率上的优惠，有时甚至可以瞅准机会做战术性投机；而小额资金则可以拿时间换空间，因为大多数偏股型基金持有两年以上赎回费率为零，从而也能够获取良好的收益。总体而言，鼓励投资者采用组合配置的方法，以"核心+卫星"的方式提升体验感。

9.1.3 剖析业绩比较基准

金融实战30年，如果说我炒股票亏过钱，那我指导投资者买卖基金几乎没有亏过。不是我比别人聪明，而是我另寻出路，找到了窍门。

1. 不要对基金名称想当然

我们不能简单地根据基金名称来判断一只基金。

大家可以试一下，当你看到这些基金的名称时，你知道它们投资的是什么吗？比如工银瑞信主题策略、光大行业轮动、华夏回报A、景顺长城鼎益、新华灵活主题、银河主题策略、招商瑞庆灵活配置……相信你会一头雾水。

市面上，有些基金的名称是旗帜鲜明的，有些基金的名称则犹抱琵琶半遮面。我们要善于识别出伪装者，千万不要断章取义、盲目跟风。

比如，2015年全国掀起了互联网热，很多以互联网命名的基金横空出世，其中有一只叫"国泰互联网+"。回过头去看一看，大家一哄而上的后果往往是一地鸡毛，互联网基金也命运多舛，亏损比比皆是。但国泰互联网+这只基金却在2017年取得了骄人的战绩，扒开它四季度十大重仓股看一看，原来它重仓持有了这些股票：贵州茅台、山西汾酒、沱牌舍得、招商银行、五粮液、中国平安、中国太保、伊利股份、泸州老窖、京东方A，如图9-1所示。

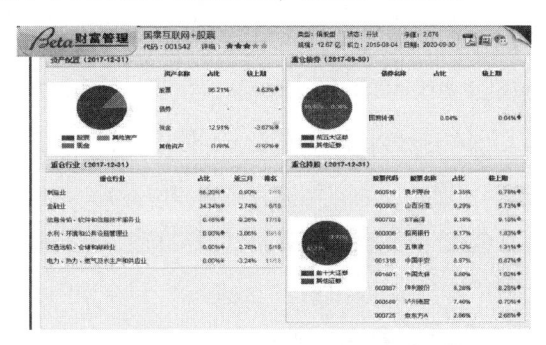

图9-1　国泰互联网+2017年四季度十大重仓股

不知道你看后有什么感想？你认为这些股票属于互联网概念吗？答案肯定是"不是"。所以，我们不要望文生义，不要仅仅根据基金名称去购买基金，投资千万不要赶时髦。

任何人都不能脱离当时的市场环境（市场状态、市场热点、市场属性）去获取超额收益。有句话说得好："谋事在人，成事在天。"看一只基金是否值得马上投资，是单笔投入还是分批买入，首先要看"天"，即市场时机，这个"天"可以用基金业绩比较基准来参照。

2. 基金业绩比较基准那些事

在上学的时候，每项考试如语文、数学、外语、政治等都会根据总分设定不同的及格分数线。

同样，不论市场如何变化，衡量公募基金业绩好坏也有一个标准，就叫"业绩比较基准"。该指标反映了基金的相对回报，同时映射着基金管理人的管理能力。这个业绩比较基准按照通俗的说法，也叫"基金业绩及格线"。在基金投资过程中，抛开绝对收益和排名，在某一特定时期内，基金的收益率表现优于业绩比较基准，说明该产品的管理运作是合格的，反之则被视作不合格；如果基金长期跑输业绩比较基准，那就是"差基"，不值得投资。当然，不同类型基金的业绩比较基准差异也相对较大。

1）货币型基金

货币型基金只能投资于货币市场工具，整体收益并不是很高，风险也较小。这类基金一般以银行存款利率为业绩比较基准，能够跑赢银行存款利率就算及格了。例如：

（1）易方达货币A的业绩比较基准为活期存款利率（税后）。

（2）景顺长城景益货币A的业绩比较基准为同期7天通知存款利率（税后）。

（3）招商现金增值A的业绩比较基准为一年期银行定期储蓄存款利率（税后）。

2）债券型基金

国内的债券型基金按照投资范围可以分为标准型、混合型、特定策略型三种类型，标准型中又包括纯债基金和债券指数基金，混合型中又包括一级债基、二级债基、可转债基金，特定策略型中又包括分级债基。

可以通过查看业绩比较基准中是否包含股票类指数来判断该债券型基金是纯债基金还是混合债基。纯债基金就是全部资金投资于债券和现金，不参与二级市场，其业绩比较基准一般会选取固定的债券指数收益率，或者某一债券指数收益率加上银行存款利率。例如：

（1）大成债券AB的业绩比较基准为中国债券总指数收益率。

（2）国投瑞银优化增强AB的业绩比较基准为中国债券总指数收益率×90%+沪深300指数收益率×10%。

（3）工银瑞信可转债的业绩比较基准为中证可转换债券指数收益率×60%+中债综合财富（总值）指数收益率×30%+沪深300指数收益率×10%。

3）混合型基金

混合型基金之间的业绩比较基准差别可能会很大，其业绩比较基准也可以作为判断这只混合型基金是偏股型混合基金、平衡型混合基金、偏债型混合基金的标准之一。例如：

（1）广发双擎升级A的业绩比较基准为沪深300指数收益率×75%+中证全债指数收益率×25%。

（2）农银汇理工业4.0的业绩比较基准为沪深300指数收益率×65%+中证全债指数收益率×35%。

（3）万家宏观择时多策略的业绩比较基准为沪深300指数收益率×50%+中证全债指数收益率×50%。

4）股票型基金

由于证监会规定股票型基金投资于股票的比例不能少于总资产的80%，所以股票型基金的业绩比较基准一般采用一定比例的股票指数收益率加上相对较小比例的债券指数收益率或者银行存款利率。例如：

（1）华夏经济转型的业绩比较基准为沪深300指数收益率×90%+上证国债指数收益率×10%。

（2）兴全全球视野的业绩比较基准为沪深300指数收益率×80%+中证国债指数收益率×15%+同业存款利率×5%。

（3）嘉实新能源新材料A的业绩比较基准为中证全指一级行业能源指数收益率×40%+中证全指一级行业材料指数收益率×40%+中债综合指数收益率×20%。

5）指数型基金

指数型基金往往采用一定比例的标的指数收益率加上银行存款税后利率作为比较基准。在多数情况下，指数基金会按95%的标的指数表现+5%的人民币活期存款税后利率作为比较基准。例如：

（1）易方达上证50指数A的业绩比较基准为上证50指数收益率。

（2）南方创业板ETF联接A的业绩比较基准为创业板指数收益率×95%+银行人民币活期存款利率（税后）×5%。

（3）华夏中小板ETF联接A的业绩比较基准为中小企业板价格指数收益率×95%+人民币活期存款利率（税后）×5%。

此外，跨市场配置的沪港深基金和跨国别配置的QDII等基金的业绩比较基准中也包含着丰富的配置方向的信息。例如：

（1）华夏恒生ETF联接A的业绩比较基准为经人民币汇率调整的恒生指数收益率×95%+人民币活期存款利率（税后）×5%。

（2）博时标普500ETF联接A的业绩比较基准为经人民币汇率调整的标的指数（标普500净总收益指数）收益率×95%+人民币活期存款利率（税后）×5%。

（3）招商MSCI中国A股国际通ETF联接A的业绩比较基准为MSCI中国A股国际通指数收益率×95%+银行人民币活期存款利率（税后）×5%。

从上述例子中不难发现，债券型基金和货币型基金的业绩比较基准通常与债券指数或存款利率挂钩，绝大多数比较简单；股票型基金和混合型基金等权益类基金的业绩比较基准通常是由某个股票指数和债券指数复合而成的，绝大多数比较复杂。另外，主要投资中小盘股的基金一般会采用中小盘指数作为业绩比较基准的组成部分；主要投资大盘蓝筹股的基金多以沪深300指数作为业绩比较基准的组成部分。

基金公司在进行产品设计时通常会结合这只基金的类型、投资范围和资产配置比例等因素，利用市场常用基准的指数作为基金自身的业绩比较基准。从理论上讲，业绩比较基准是基金风格的量化体现，它可以帮助投资者判断基金的投资风格。

衡量公募基金业绩好坏讲究的是相对收益，即大盘下跌时要比大盘跌得少，大盘上涨时要比大盘涨得多。这样的基金就是好基金，否则就是差基金。大家可以去想一想：买基金的目的不是图名声，而是求盈利。如果一只基金持续跑不赢业绩比较基准，那么你说它是"好"还是"差"呢？所以，根据业绩比较基准当时所处的市场环境就可以大体判断该基金未来的走势，基金的业绩将受到大环境的影响，城门失火，殃及池鱼。

3. 巧用业绩比较基准操作基金

就像前文提到的基金国泰互联网+，其业绩比较基准是沪深300指数收益率×80%+中证综合债指数收益率×20%，结果2017年它就可以买一堆酒回来，而不是非投互联网股票不可，虽然提升了业绩，但却被大家调侃。

为了便于大家对照，我选取了该基金2017—2020年四个年度末的数据，分别设置了十大重仓股明细、占基金比重、较上期变化三个栏目，如表9-3所示，大家是否觉得该基金的持仓变化频率很快呢？

表9-3 国泰互联网+十大重仓股变动情况

2017年12月31日			2018年12月31日			2019年12月31日			2020年12月31日		
股票名称	占比	较上期	股票名称	占比	较上期	股票名称	占比	较上期	股票名称	占比	较上期
贵州茅台	9.35%	0.78%	烽火通信	4.90%	1.76%	恒生电子	7.20%	-0.99%	恒生电子	7.91%	3.80%
山西汾酒	9.29%	5.73%	航天信息	4.42%	4.42%	立讯精密	7.03%	-1.44%	贵州茅台	7.06%	3.48%

续表

2017年12月31日			2018年12月31日			2019年12月31日			2020年12月31日		
股票名称	占比	较上期	股票名称	占比	较上期	股票名称	占比	较上期	股票名称	占比	较上期
沱牌舍得	9.18%	9.18%	恒生电子	4.34%	4.34%	用友网络	4.75%	-1.12%	北方华创	6.99%	6.99%
招商银行	9.17%	1.83%	晨光文具	4.16%	-0.24%	贵州茅台	4.20%	4.20%	中航高科	6.69%	6.69%
五粮液	9.13%	1.31%	石基信息	3.91%	1.44%	中国平安	3.70%	-0.33%	金山办公	6.49%	6.49%
中国平安	8.97%	0.87%	广联达	3.77%	3.77%	先导智能	3.62%	3.62%	用友网络	5.11%	2.59%
中国太保	8.80%	1.02%	老百姓	3.57%	-0.34%	平安银行	3.42%	3.42%	中国中免	4.13%	4.13%
伊利股份	8.28%	8.28%	卫宁健康	3.36%	0.67%	宁德时代	3.32%	3.32%	立讯精密	3.99%	0.57%
泸州老窖	7.40%	-0.79%	沪电股份	3.27%	3.27%	北方华创	3.12%	-1.49%	宁德时代	3.28%	0.14%
京东方A	2.66%	2.66%	新宙邦	3.25%	3.25%	招商银行	3.00%	3.00%	宝信软件	3.22%	-0.17%

资料来源：Beta理财顾问工作站。

比如在2020年年底十大重仓股中：①北方华创占比为6.99%，较上期增加6.99%；②中航高科占比为6.69%，较上期增加6.69%；③金山办公占比为6.49%，较上期增加6.49%；④中国中免占比为4.13%，较上期增加4.13%。表中"较上期"是指持仓占比情况跟紧邻的季度相比，占比与增加比率相同，这说明了什么？

这说明这些股票都是该季度新进的品种，十大重仓股中占了四个，比例显然不低，而且重仓股大都跟互联网无关。其实，这种现象就叫"风格漂移"。《公开募集证券投资基金运作管理办法》第三十一条规定："基金名称显示投资方向的，应当有百分之八十以上的非现金基金资产属于投资方向确定的内容。"一旦基金产品实际投资标的的风格与基金合同中约定的风格严重不符，即可认定出现风格漂移现象。例如，在基金名称里有"大盘"却多数投资小盘、在基金名称里有"成长"却只买市盈率低的股票等各种挂羊头卖狗肉的操作都是基金经理的"风格漂移"。

实际上，认定"风格漂移"并非易事，这既有80%资产投资方向的表象，也有基金契约、名称与基金经理实际投资风格是否名实相符的检验。但是，基金产品作为一种信托资产，如果产品的实际投资风格与基金合同约定的投资风格发生偏离，就可能会给投资者带来紊乱的信号和投资损失，大家对此一定要有所重视。

证券市场的运行无非是上涨、下跌、震荡三种情况。我们要想在市场中"活得久""活得好"，就要顺势而为。概括一下总体原则就是：在上涨的时候要做多，在下跌的时候要做空或者观望，在震荡的时候要等待或者高抛低吸。

基金公司追求的是规模，代销机构追求的是中间业务收入，投资者追求的是收益，从而催生了新基金的不断发行。

那么，如何利用业绩比较基准来选择新基金呢？

2018年2月，易方达港股通红利正在募集中。通过公开信息可以发现其业绩比较基准是恒生中国企业指数（使用估值汇率折算）收益率×70%+人民币活期存款利率（税后）×30%。

于是，我去查看恒生中国企业指数（HSCEI）月线图。眼睛向左看是历史，向右看是未来。当我们把时间周期拉长观察时，一切杂音都将被过滤。月线图显示，此时的K线组合叫"乌云盖顶"，意味着市场将面临大的下跌。如果在大环境不好的情况下单笔认购该基金，那么未来的体验感肯定不好。所以，不管别人如何鼓吹，不管这位基金经理以往如何牛气冲天，配置性购买或分批投入该基金才是上策。

大家可以回顾一下，据Wind统计，从2018年2月底至2020年9月末，恒生中国企业指数下跌了4 164.28点，跌幅为30.71%，如图9-2所示。易方达港股通红利于2018年3月7日成立，两年半的时间过去了，2020年9月30日净值为1.073 6元/份，自成立以来回报为7.36%，年化收益率为2.80%。如果当初单笔买入这只基金，那么你对这样的收益率满意吗？

图9-2　恒生中国企业指数走势图

当前的销售渠道特别是商业银行非常热衷于销售新基金，如果多只基金同时募集，那么投资者该如何选择呢？

比如，2019年5月市面上就有三只与"消费"名称有关的基金在发，分别是广发消费升级股基、中银消费活力混基、华宝消费升级混基。根据前面的介绍，我们首先来看看它们各自的业绩比较基准。

（1）广发消费升级股基的业绩比较基准为中证内地消费主题指数收益率×

55%+人民币计价的恒生指数收益率×30%+中证全债指数收益率×15%。

（2）中银消费活力混基的业绩比较基准为沪深300指数收益率×60%+恒生指数收益率×20%+中债综合财富（总值）指数收益率×20%；

（3）华宝消费升级混基的业绩比较基准为沪深300指数收益率×55%+上证国债指数收益率×30%+恒生指数收益率×15%。

根据业绩比较基准很容易判断出来哪只是真正的消费类主题基金。打个通俗的比方，广发消费升级股基是专家（窄基），中银消费活力混基和华宝消费升级混基是杂家（宽基），前者无论将来基金经理如何变换，其风格很难漂移，而后者就很难保证。

其次，我们来比较一下当时中证内地消费主题指数和沪深300指数的走势，看看孰强孰弱、孰优孰劣？结果发现中证内地消费主题指数的走势强于沪深300指数的走势。

再次，对这三只新发基金拟任基金经理进行拟合业绩表现展示，从以往业绩对比中发现，广发基金的李耀柱名列第一，华宝基金的光磊排在第二位，中银基金的钱亚风云排在第三位。

最后，我做出了选择，将投资重点放在广发消费升级股基上。

在这里需要补充一点，无论是杂家还是专家，无论是宽基还是窄基，没有绝对的好坏之分，只要顺势而为，就能取得好的结果。

如图9-3所示，据Wind统计，从2019年5月末至2020年9月底，中证内地消费主题指数上涨了44.57%，沪深300指数上涨了17.23%。

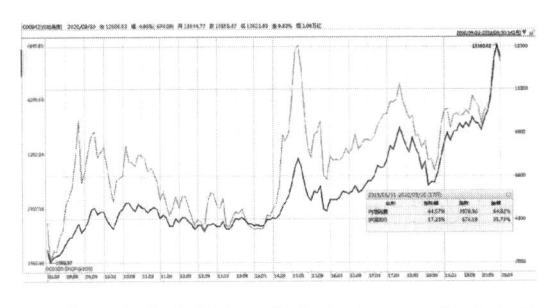

图9-3 中证内地消费主题指数和沪深300指数走势对比

广发消费升级股基成立于2019年5月27日，中银消费活力混基成立于2019年6月14日，华宝消费升级混基成立于2019年6月19日。截至2020年9月30日，广发消费升级单位净值是1.721 9元/份，华宝消费升级单位净值是1.547 4元/份，而中银消费活力因连续60个工作日规模小于5 000万元，已于2020年2月24日进入清盘状态，当时的净值是1.160 1元/份。

事实验证了我的判断。基金的业绩比较基准是基金业绩的及格线，也是基金出生时的"胎记"。根据业绩比较基准，我们很容易判断新发基金或老基金是"走运"还是"背运"，通过分析业绩比较基准当时所展现的形态、位置、方向来制定相应的对策。如果是单边上涨行情，我们就没必要去买新基金，而应单笔买入同主题基金；如果是下跌或震荡行情，我们就可以采取分批买入的方法去配置新基金，或者用定投的方法去参与同类型的老基金。如此操作，才能取得好的效果，给自己带来良好的投资体验。

9.2 基金分析天地人

天地人是对生活世界的概括，其含义经过岁月的演变，形成了独特的意义，成为哲学的基础，也被我们引申到投资领域。

9.2.1 基金分析体系中的"天地人"

我受到王伟、华惠川所著《基金实战指引》一书中提到的"基金的'三位一体'分析框架"的启发，建立了自己的"天地人"基金分析体系。

我们提到的"天"通常指的是"天时"，在今天看来应当是历史潮流或机遇。

基金分析体系中的"天"专指"市场时机"，包括市场状态、市场热点、市场属性三个方面。

（1）市场状态包括对基本面（如市场、行业与股票估值水平，债券则关注无风险收益率与信用评级）、政策面、资金面的分析。

（2）市场热点就是挖掘热点，聚焦传统或新兴、周期或非周期、大盘或中小盘、成长或价值；债券则分析债券品种、期限的热点。

（3）市场属性则是通过技术分析，判断市场是处于震荡市、下跌市（熊市）还是上涨市（牛市）。

我们提到的"地"通常指的是"地利","地利"是指地理优势。

基金分析体系中的"地"专指"产品本身",包括投资风格、投资时机、资产配置、收益特征、风险属性等5个方面。

(1)投资风格是通过分析投资范围,确定基金属于价值型、成长型、平衡型、周期型中的哪种类型。

(2)投资时机是描述基金建仓或持仓是否契合市场时机。

(3)资产配置是看份额变动、行业配置、重仓股(稳定度与集中度)、仓位变动。

(4)收益特征是分析基金的助涨抗跌性,以及风险调整后的收益(如夏普比率)。

(5)风险属性主要考察风险特征,如波动率、最大回撤等。

我们提到的"人"通常指的是"人和","人和"指的就是用好人、用对人。

因人成事,因人废事。基金分析体系中的"人"专指"基金管理人",包括基金经理和基金公司两个方面。

对于基金经理而言,可以从投资能力与非投资能力两个方面进行分析。投资能力可以从历史投资业绩、风格稳定性、风险度和回撤控制等方面进行定量分析,非投资能力可以从投资理念与投资风格、适应的市场类型、投资经验与教训、教育及履历背景等方面进行定性分析。重点考察其投资风格与收益的稳定性和持续性,具体包括以下几个方面。

(1)投资经验:分析基金经理的研究与投资经历,是否经历过牛熊市考验。

(2)投资风格:综合分析过去管理的基金,判断其价值、成长及主题风格。

(3)历史业绩:分析过往主动管理的基金"全阶段业绩"是否排在前1/4,业绩是否稳定。

基金公司主要考量投研体系、人员流动、整体风格、资产规模、整体业绩五个方面。

(1)投研体系:分析投研团队的过往实力、产品设计与创新能力。

(2)人员流动:分析管理层、基金经理的稳定度。

(3)整体风格:分析基金公司整体在风格上的偏向。

(4)资产规模:分析基金产品线是否齐全、资产规模是否比较大。

（5）整体业绩：分析基金在权益类、固定收益类产品上的整体影响力。

面对A股市场的上涨、下跌、震荡三种走势，我们可以设定最优应对、次优应对、较差应对这三种策略，既有一次性买入，也有定投，还有认购或申购+定投的方式，如表9-4所示。兵来将挡，水来土掩。如此这般，可以让基金投资更加简捷。

表9-4 应对三种市况的策略

策　略	市　况		
	单边上涨	单边下跌	箱体震荡
最优应对	一次性买入	定投	定投
次优应对	金字塔法买入	认购+定投	申购+定投
较差应对	定投	一次性买入	一次性买入

9.2.2 "天地人"分析之基金实战

2021年6月11日星期五，有人问我："对国泰江源优势精选A这只基金怎么看？"

我查阅了相关资料，国泰江源优势精选A（基金代码为005730）成立于2018年3月19日，隶属国泰基金管理有限公司，业绩比较基准为沪深300指数收益率×50%+中证综合债指数收益率×50%，投资风格为大盘平衡型；自成立以来回报为109.99%，年化收益率为25.77%，自2021年年初以来至6月11日的回报为11.22%；历经申坤、徐治彪、郑有为三位基金经理，现任基金经理为郑有为；2021年一季报公布的基金规模为37.32亿元。

追溯历史，这只基金曾经是某国有银行的定制化产品。所谓"定制化"就是基金经理是由银行指定的，投资策略是由基金公司和国有银行双方商定的。绝大多数投资者当初理所当然地认为，集合了基金公司和国有银行的智慧，这样双保险的产品肯定会给大家带来良好的体验。殊不知，情况并非如此。该基金成立后最差连续6个月回报为-28.37%，最低基金净值达0.677 5元/份，投资者投诉不断，致使基金经理申坤一年后被更换。

为什么会出现这种情况呢？大家一定要先去分析基金投资体系中的"天"即市场时机，可通过技术分析判断当时市场是处于牛市、熊市还是震荡市，然后采取相应的对策。

国泰江源优势精选A是灵活配置型基金，根据其业绩比较基准可以初步判断这只基金属于平稳型基金。因为其业绩比较基准受沪深300指数变动影响很大，所以我们可以分析一下当时沪深300指数所处的状态，即可大体判断出未来的行情，如图9-4所示。

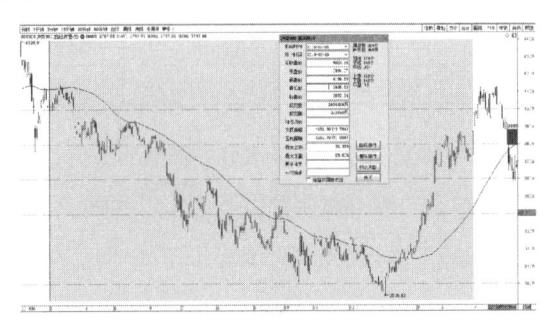

图9-4 沪深300指数走势图

从图9-4中不难发现，2018年3月1日至2019年3月29日，沪深300指数下跌了151.30点，跌幅为3.76%。不知道大家有没有发现这样一个规律：季线以下无牛市。通过看图可以发现，在2019年2月前，沪深300指数几乎都在季线以下运行，意味着当时的市场就是熊市，基金经理凭什么能做出好的业绩呢？再牛的基金经理也是要靠天吃饭的，故该基金起初交出来的成绩令人失望在意料之中。

基金分析体系中的"地"专指"产品本身"，其中包括资产配置。我们不妨来看一下首任基金经理申坤都重仓了哪些股票。翻开2018年二季报，可以发现其十大重仓股和占比情况如表9-5所示。

表9-5 十大重仓股和占比情况

序　号	股票名称	占　比	序　号	股票名称	占　比
1	华帝股份	5.77%	6	海信视像	2.55%
2	天齐锂业	4.77%	7	罗莱生活	2.46%
3	瑞康医药	3.84%	8	长春高新	2.22%
4	索菲亚	3.43%	9	格力电器	2.14%
5	金风科技	2.73%	10	山西汾酒	2.05%

大家认为这样的组合是好还是不好呢？有没有契合当时的市场风向呢？

如果把这些股票从2018年3月持有到2021年6月11日（星期五），那么它们的业绩表现如表9-6所示。

表9-6　2018年3月至2021年6月11日十大重仓股的业绩表现

序　号	股票名称	涨跌情况	序　号	股票名称	涨跌情况
1	华帝股份	−61.47%	6	海信视像	−17.37%
2	天齐锂业	+5.24%	7	罗莱生活	+15.57%
3	瑞康医药	−67.29%	8	长春高新	+406.09%
4	索菲亚	−29.21%	9	格力电器	+14.12%
5	金风科技	−22.23%	10	山西汾酒	+784.26%

按照当初的权重，大家认为这样能够扭亏为盈吗？

假设首任基金经理对重仓股不做调整，我们可以回顾一下她任期内（2018年3月19日至2019年4月12日）这些股票的业绩表现，如表9-7所示。

表9-7　2018年3月19日至2019年4月12日十大重仓股的业绩表现

序　号	股票名称	涨跌情况	序　号	股票名称	涨跌情况
1	华帝股份	−26.14%	6	海信视像	−30.88%
2	天齐锂业	−43.18%	7	罗莱生活	−18.65%
3	瑞康医药	−41.11%	8	长春高新	+83.92%
4	索菲亚	−35.25%	9	格力电器	+6.96%
5	金风科技	−18.84%	10	山西汾酒	+5.11%

根据基金管理的"双十规定"要求和上述重仓股的业绩表现，国泰江源优势精选A的业绩表现不佳自然就在情理之中了。

基金分析体系中的"人"专指"基金管理人"，包括基金经理和基金公司两个方面。

上例中的国泰基金管理有限公司成立于1998年3月，是国内首批规范成立的基金管理公司之一。截至2021年一季度末，公司旗下共管理171只公募基金，拥有基金经理37人，平均年限4.37年，基金资产规模达4 661亿元，形成了比较丰富的资产管理产品线，能够满足不同风险偏好投资者的需求。

人有人性，股有股性，基有基性。同样一款产品，在牛市和震荡市中，不同的人操作自然会有不同的结果。自郑有为先生担任基金经理之后，充分发挥其擅长在股市的横盘震荡和单边上涨行情中操作的特点，令该基金的面貌焕然一新，不仅给了投资者良好的回报，也给了大家持有的信心。2019年6月14日至2021年6月11日，该基金区间上涨165.27%，年化收益率为62.98%，如图9-5所示。站在

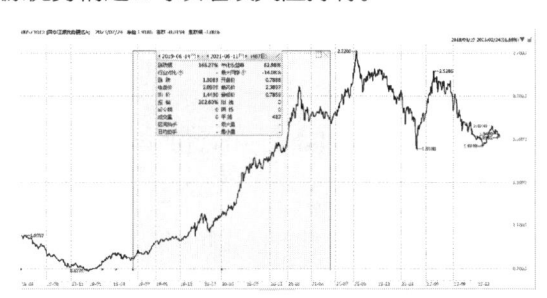

当时看，国泰江源优势精选A可以继续关注持有。

图9-5　2019年6月14日至2021年6月11日国泰江源优势精选A走势图

通过这个案例可以发现，对于那些从"丑小鸭"变成"小天鹅"的基金，对于那些新发的基金，从投资的角度出发，大家都可以"半仓"操作，即用一半的资金单笔买入做底仓，将另一半资金按一年期或两年期设置月定投或周定投，涨不会踏空，跌没有满仓，进退有度，左右逢源，这样就可以显著提升投资体验感。

另外，这里特别说明一下，现在市面上有很多工具可以帮助我们筛选基金，比如韭圈儿App上就有"基金筛选"功能，能帮助我们快速筛选出符合条件的基金。操作步骤如下：

基金筛选→创建新条件→基本信息（如基金类型、基金评分、基金成立年限、基金规模）→进攻力（如收益率、夏普比率）→防御力（如最大回撤、波动率、最长解套时间）→投资风格（如含茅量、含电量）→持有人特点（如基金公司自购）→基金经理（如投资年限、经理得分、管理基金数量）→基金公司（如公司成立年限）。

剩下的就是利用我们的认知优中选优、理性投资，静候财富的芬芳。

9.3　基金投资看均线

你可以用一根均线战胜80%的基金经理。信不信？

均线简称MA，全称是移动平均线（Moving Average），它是将某一段时间的收盘价之和除以该周期。比如日线MA5指5日内的收盘价之和除以5，周线MA5指5周内的收盘价之和除以5，月线MA5指5个月内的收盘价之和除以5。

移动平均线周期的长短与其敏感度呈负相关的关系，周期越短，其敏感度越高，稳定性越差；周期越长，其敏感度越低，稳定性越好。如120日线称为半年线，250日（或240日）线称为年线。

移动平均线是对股价运行趋势最为直观的判别标准。当移动平均线向上时，表明整体趋势向上；当移动平均线向下时，表明整体趋势向下。根据周期的不同，投资者可分别根据短期均线、中期均线和长期均线判断市场运行趋势。

短期均线、中期均线、长期均线分别代表短期（日）、中期（周）、长期（月）这三个周期参与者的交易成本。我们可以根据个人对均线的认知情况建立自己的交易系统，短的为兵，长的为将。

均线系统的形态可以简化为三种：发散；黏合；平行。均线黏合是指原本发散的各条均线出现聚拢收敛的现象，就像我们的五指并拢，此时各均线的平均持有成本趋向一致，呈现为横盘状态。但是，平衡总会被打破，一旦均线向收敛之前的方向突破，趋势将得以延续；否则，趋势将得以逆转。由黏合到发散，就像五指从并拢到张开。分久必合，合久必分。根据发散的方向，又可分为向上发散和向下发散。前者被称为多头发散，短、中、长期均线自上而下依次排列；而后者被称为空头发散，长、中、短期均线自上而下依次排列。

简而言之，均线多头排列，向上发散，可以做多标的；均线空头排列，向下发散，可以做空标的；均线黏合在一起，不清不楚，可以持币观望。

均线具有助涨助跌的作用，表现为上涨有支撑、反弹有压力。当趋势处于震荡时，压力或支撑的表现并不明显；但在上升趋势中，均线的支撑作用特别突出；而在下降趋势中，均线的压力作用同样十分明显。

事物都要一分为二地看。不管是压力还是支撑，在特定情况下是可以相互转化的。不管是涨还是跌，均线的应用本质都是顺势而为：上升趋势逢跌买入，突破→回踩→买入；下跌趋势逢高卖出，跌破→反抽→卖出。需要结合具体环境进行具体分析，切不可想当然。

大道至简，知易行难。那些貌似简单的方法却成了打败绝大多数人的利器。我们可以用均线，而且只用一根——60日均线（季线），也就是三个月的交易成本线来指导自己的基金实战。

60日均线代表60天的市场平均成本。纵观A股历次重要高低点的形成，时常会看到三个月成底或三个月成顶的案例。比如2008年在1 664点附近震荡三个月后向上突破，2007年10月在高点6 124点后历时三个月至2008年年初5 522点成顶。股市中的三个月大约就是60个交易日，因此，60日均线的突破往往意味着大方向的改变。同时，上市公司一般每季度公布一次财务报表，且习惯以季度为单位发布对未来景气动向的看法。

这就得出一个结论：季线以下无牛市！只有指数站稳在60日均线之上，才能摆脱下跌趋势，才有可能转为横向震荡或者上升趋势；而一旦指数跌破60日均线，就可以判断市场走入弱市；如果均线空头排列，则意味着市场进入阶段性熊市，我们据此可以巧妙应对。

当季线持续南下的时候，不会有牛市。因此，对于反弹行情，对于无力冲击前期高点的行情，对于大盘没有成交量配合的闯关行情，单笔买入基金的投资者应考虑止盈或止损，稳健者可以考虑规划定投。

如图9-6所示，以2015年5月至2021年4月创业板指日线为例，当季线昂首向上时，指数上涨；当季线向下时，指数下跌；当季线走平时，指数震荡。

如果投资创业板指数基金，那么，当首次跌破季线的时候，开始定投；当季线走平的时候，继续定投；当季线昂首向上的时候，加码买入；当再次跌破季线的时候，全部赎回，重新开始下一轮定投。概括成三句话就是：季线拐头向上，右侧交易；季线走平，持有观望；季线拐头向下，左侧交易。如此一来，是不是简单明了、易于操作？

图9-6　2015年5月至2021年4月创业板指日线走势图

机会是跌出来的，风险是涨出来的。从历史上看，上证指数代表性见底时间有2005年6月6日、2008年10月28日和2013年6月25日，见底时上证指数报收分别为1 034.38点、1 771.82点和1 859.41点，而当时的MA60分别为1 169.14点、2 257.84点和2225.06点。根据偏离度=（上证收盘−MA60）÷MA60，可以计算出三个低点的偏离度分别是-11.53%、-21.53%和-16.43%，如表9-8所示。如果大家相信物极必反的规律，那就可以在偏离度抵达-5%、-10%、-15%和-20%附近时分批买入。同样，根据上证指数代表性高点计算出来的偏离度结果，在偏离度抵达5%、10%、15%和20%附近时可以分批减仓。大多数投资者都是在贪婪和恐惧之间大幅摆动的，在情绪乐观时变得过于贪婪，在情绪悲观时变得过于恐惧。按钟摆理论所说，摆向端点是变态，回摆中心是常态。因此，对于我们想参与的基金，可以借鉴上述方法，一方面盯住MA60的形态变化，另一方面关注MA60与相关指数的偏离度变化，顺势而为。

表9-8 上证指数代表性点位偏离情况

名称	上证指数代表性低点位			上证指数代表性高点位		
	998点	1 664点	1 849点	3 731点	5 178点	6 124点
	2005/6/6	2008/10/28	2013/6/25	2021/1/22	2015/6/12	2007/10/16
上证收盘	1 034.38点	1 771.82点	1 859.51点	3 675.36点	5 166.35点	6 092.06点
MA60	1 169.14点	2 257.84点	2 225.06点	3 477.22点	4 344.56点	5 034.92点
偏离度	-11.53%	-21.53%	-16.43%	5.70%	18.92%	21.00%

数据来源：Wind。

例如，2016年1月27日，上证指数最低探到2 638.30点，报收2 735.56点，当日MA60=3 399.61点，形态为南下，偏离度为-19.53%，如图9-7所示。按照前面上证指数代表性点位偏离度的计算结果，该偏离度已经接近极点数值，否极泰来是大概率的事情，所以可以用1/4或1/3的仓位大胆买入。如果采用定投的方式，那么此处可以加码买入，随后就迎来了大盘200点的反弹。我们常说"投资要逆向思维"，仅仅停留在口头上没用，努力落实到行动中才能赚到真金白银。

图9-7 2016年1月27日上证指数走势与MA60形态

资料来源：英大证券。

有心人或许发现了，这个偏离度有一个学名叫乖离率（BIAS），是移动平均原理派生的一项技术指标，其主要功能是通过测算股价在波动过程中与移动平均线出现偏离的程度，从而得出股价在剧烈波动时因偏离移动平均趋势而造成可能的回档或反弹，以及股价在正常波动范围内移动而形成继续原有趋势的可信度。BIAS=（收盘价−收盘价的N日简单平均）÷收盘价的N日简单平均×100。证券分析软件里默认的BIAS指标有三条指标线，N的参数一般设置为6日、12日、24日，也可以将指标参数调整为你需要的周期。正乖离率和负乖离率数值的大小可以直接用来研究股价的超买超卖现象，以及用来判断买卖的时机。由于选用乖离率周期参数的不同，其对行情的研判标准也会随之变化，但大致的方法基本相似。一旦你理解了乖离率这个指标的原理，根据历史资料找出大盘和各个指数或者个股超买和超卖极端处的数值，与均线结合起来使用，将为我们参与基金投资插上双翼。

均线指引方向，它可以告诉我们能买什么、能卖什么。月线图反映长期信号，周线图反映中期信号，日线图反映短期信号。按每周5个交易日换算，60日=12周=3个月。至于你是看什么周期的图操作，完全取决于你是做长线、中线还是短线。一般买卖基金，至少要参考周线判断趋势。我提倡的操作原则是：大周期着眼，小周期着手；大周期顺势，小周期逆势。只有这样，才能实现顺势而为、收获满满。假设站上长期均线为春天（种子萌芽），沿着长期均线上行为夏天（青苗成长），远离长期均线为秋天（开花结果），跌破长期均线为冬天（休养生息），投资就像种地，务必应时而作。

9.4 应对震荡用布林

市场除了上涨和下跌，最折磨人的是来回震荡，绝大多数人都是在震荡行情中亏钱的。有什么好的方法可以帮助我们呢？那就是布林线。

布林线即BOLL指标，是股市分析家约翰·布林格根据统计学中的标准差原理设计出来的一种非常简单实用的技术分析指标，也被称为布林带或布林通道。

BOLL通道被中轨一分为二，因为中轨本身是一条价格运行的均线，上通道和下通道就是在均线的上下默认的两个标准差的距离画的线。由于指数或股价对均线存在一定的回归性,受牵引作用,在价格涨跌的过程中,如果偏离这条均线过多,就会向均线方向移动。

BOLL指标中默认的中轨是20日移动平均线。这是因为20日正好是四周,也就是一个月的交易时间。这样的周期无论是对短线投资者还是对中长线投资者而言,都是比较合理的分析周期。如果投资者有特殊需要,那么,在证券分析软件中调出BOLL指标并根据自己的需要修改参数即可。

布林线集合了形态和趋势直观表现形式,呈现出开口、收口、三轨同向、走平这四种状态,其形成原因如表9-9所示。

表9-9 布林线四大状态及形成原因

形态名称	上、下轨表现	形成原因
开口	上轨向上,下轨向下	价格快速大幅运行,突破上、下轨
收口	上、下轨向中轨聚拢	价格陷入行情后整理阶段
三轨同向	上、中、下三轨指向同一方向	价格经过一波上涨或下跌后,小幅回调在中轨处得到支撑或阻力,再次向上或向下运行
走平	三轨同时横向运行	行情陷入窄幅区间整理

在实战中可以发现,当布林通道由宽变窄时,说明价格逐渐向中间值回归,市场趋于盘整区间,处于平静期;当布林通道由窄变宽时,说明价格波动增大,交易活跃,处于热闹期。如果价格向上逼近或涨超布林通道,则表明超买力量增强,市场可能会短期下跌;反之,如果价格向下逼近或跌穿布林通道,则表明超卖力量增强,市场可能会短期反弹。

BOLL指标上轨和下轨之间的轨道宽度可以代表价格的波动幅度,开口的幅度越大说明行情波动的幅度越大。当BOLL指标逐渐收口时,则代表行情波动的幅度越来越小,这是当前行情即将结束、未来行情即将进入整理趋势的信号。在市场行情如潮汐般的变动中,BOLL指标也会表现出开口与收口周期循环的趋势。

除了目测收口、开口,能不能用量化指标进行收敛和发散的分析呢?这里引申出两个辅助指标,即布林线百分比和带宽。布林线百分比主要表示当前价格在布林线中的位置,它是进行交易决策时的参考性指标。带宽表明布林线的宽度,它是分析布林线收敛特性的重要指标,对我们分析市场趋势是否确立或结束非常有用。

9.4.1 布林线百分比

布林线百分比是用来描述相对价格的，告诉我们当前价格处于布林线中的什么位置。其计算方式如下：

布林线百分比=（即时价格-下轨数值）÷（上轨数值-下轨数值）

显而易见，当收盘价正好落在布林线上轨上时，指标值等于1；当收盘价正好落在布林线下轨上时，指标值等于0；当收盘价位于布林通道内时，指标值介于0和1之间；当行情一飞冲天，价格向上突破落在上轨上方时，指标值大于1；当行情一落千丈，价格向下突破落在下轨下方时，指标值小于0。

布林线上轨边界本身不是一个卖出信号，布林线下轨边界本身也不是一个买入信号。在上涨或下跌的趋势行情中，价格可能会沿着布林线上轨或下轨继续运行。收盘价在布林线轨道之外最初是持续性信号，而不是反转信号。

说到底，行情出神入化都会被动态平衡打破。价格突破上轨要回档，突破下轨要反弹，"出轨"无法持久，一旦发现布林线百分比指标异常变动，如出现背离这种情况，则意味着时来运转。

9.4.2 带　　宽

布林线的形态宽窄可以告诉我们价格受到挤压的程度，这往往是价格出现重大变动、走高或者调头向下的重要信号，也是一个趋势的末期达到顶峰后，开始相反方向新趋势的重要标记。

收敛即收口，代表市场要重新确定方向，我们需要观察和退出；发散即开口，代表市场方向坚决，我们需要介入和持仓。

那么，到底开口多少才算小呢？这里引入极限宽指标（WIDTH），即表示布林线指标开口大小的指标。计算方法如下：

WIDTH=（布林上轨值-布林下轨值）÷布林中轨值

一般来说，极限宽指标小于0.10的行情随时有可能发生向上或向下突破。但是，极限宽指标值的临界点会随标的不同而改变，所以最好观察这个标的近一年来的WIDTH指标的走势以确定其临界点。在通常情况下，当标的极限宽下跌至0.03左右的水平时，随时有爆发大行情的可能。

我们通过布林线能够判断行情顶部、底部，并且了解在价格震荡期接下来会往哪个方向走，帮助我们进行趋势分析，了解一些低波动性的区间和一些突破性的区间。

还是前面举过的例子，2016年1月27日，上证指数最低探到2 638.30点，报收2 735.56点，从布林线形态来看（见图9-8），上、中、下三轨向下，指数运行在下轨和中轨之间，前面已有一波下跌，此时并没有出现非常好的买入信号，但杀跌动能明显已经减弱。此处，中轨值为3 110.72点，上轨值为3 744.91点，下轨值为2 476.53点，则布林线百分比为0.2，极限宽指标为0.41。如果采用定投的方式，那么此处可以继续买入，相当于左侧交易；如果采用单笔投入的方式，则还需要等待。

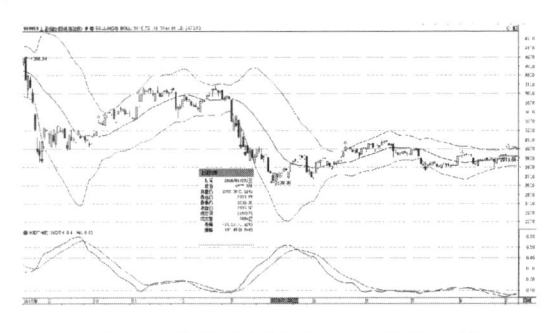

图9-8　布林线形态与上证指数走势

9.5　基金解套有三招

当基金被套时，为了主动解套，加快回本获利，我们也有三大应对法宝，分别是波段操作、基金转换和基金定投。

9.5.1　波段操作

有人认为长线投资就是长期拿着不动，那就犯了形而上学的错误。在一个波动很大的、以散户参与为主的市场中，需要相对良好地控制仓位。基金是投资于证券市场的，其净值的涨跌跟A股市场的涨跌密切相关。每个人投资的信心不是靠心灵鸡汤建立的，而是靠持续盈利树立的。那么，一旦基金投资被套陷入亏损，而且没有资金补仓，该怎么办呢？大家不必慌张，可以采取波段操作的方法自救，主动扭亏。

以景顺长城沪深300增强A（基金代码为000311）为例，2018年全年回报为−23.46%，其跟踪的指数是沪深300（指数代码为000300），我们就可以根据沪深300指数的走势进行高抛低吸。具体可以这样操作：当沪深300指数大涨的时候，把1/2或1/3或1/4的指数基金转换成景顺景益A（基金代码为000380），享受货币型基金的收益，伺机而动；当沪深300指数大跌的时候，再将景顺景益A转换成指数基金。

因为有底仓，按照基金赎回先进先出的原则，这样操作可以避免惩罚性赎回费率，如此这般循环往复，可以加快扭亏为盈的步伐。同时也培养了自己开商铺的经营方式，即始终盯着某只基金操作，可以利用本书中介绍过的PE估值法、均线法或布林线法，高抛低吸，降低成本，增加盈利，增加现金流，恢复投资信心。

此处的大涨大跌可以借助历史数据进行统计分析，然后给予量化。假设沪深300指数上涨2.8%以上为大涨，下跌2.3%以上为大跌，等等。以2019年一季度二者的表现为例。

2月25日：000300上涨5.95%，00311净值上涨5.59%。

3月18日：000300上涨2.85%，00311净值上涨2.98%。

3月29日：000300上涨3.86%，00311净值上涨3.60%。

我们可以将基金000311在大涨当日逢高先转换成000380，在下跌日再转换回来。

3月8日：000300下跌3.97%，00311净值下跌3.99%。

3月25日：000300下跌2.37%，00311净值下跌2.26%。

3月26日：000300下跌1.13%，00311净值下跌1.36%。

我们可以将基金000380在大跌当日再转换成000311。

2019年一季度景顺长城沪深300增强A上涨了26.27%，当年业绩回报34.98%。波段操作一方面可以加快弥补2018年的全部亏损，另一方面可以帮助投资者重拾信心，增加投资的乐趣。

9.5.2 基金转换

此处的转换指广义而非狭义，理解成"更换"就好。买基金会出现亏损，这就好比"人"只有经过摔跤才能学会奔跑。基金产品的特殊性在于其收益与风险并存，系统性风险是所有偏股类基金回避不了的问题。

由于市场风格的切换、基金经理管理的不善、经济环境的影响等，都会导致基金投资出现亏损。我们需要发现下一个风口在哪里，以及哪类基金会带来新的机会。

例如，易方达港股通红利（基金代码为005583）于2018年3月7日成立，当年亏损22.96%。如果你为此烦恼不已，被动等待，那么，即使赶上了2019年全年上涨17.25%，你依然处于亏损之中。

如果你不是"一根筋"，在2019年年初果断地进行基金转换，那么效果会迥然不同。请看：

（1）易方达上证50增强A（基金代码为110003）当年回报是51.11%。

（2）易方达医疗保健（基金代码为110023）当年回报是58.30%。

（3）易方达科翔（基金代码为110013）当年回报是60.74%。

（4）易方达中小盘（基金代码为110011）当年回报是65.34%。

（5）易方达消费行业（基金代码为110022）当年回报是71.36%……

不要埋怨市场没有给自己机会，资金就像水一样，永远会沿着阻力最小的方向流动，我们需要的是寻找估值洼地，而不是埋怨过去。

9.5.3 基金定投

假设在净值为1.5元/份时单笔买入基金被套，如果不采取任何措施，则只能等到净值上涨到1.5元/份以上才能获利。而基金定投就不一样了，撇开手续费不算，在净值为1元/份的时候花1万元购买10 000份基金，当净值跌到0.5元/份时再花1万元可购买20 000份基金，累计份额就达到30 000份，每份基金的成本就是0.67元。从理论上讲，当基金净值反弹到0.67元/份时就能保本，超过0.67元/份时就能获利。因此，只要手上的基金不是太差，就可以用定投去补仓。在第8章中详细介绍过定投，其最大的好处就是越跌越买，摊低成本，坚持迎接微笑曲线，从而实现扭亏为盈。

基金是适合普通大众的投资方式。在实战中，每个人都可以从宏观、中观和微观三个层面去诊断自己手上的基金。

（1）宏观：看配置，检视配置够不够（看股债比、行业集中度）。

（2）中观：看策略，回看策略对不对（看估值、持仓、风格）。

（3）微观：看品质，包括以下几个方面。

① 业绩指标：长期收益排名是否在前1/4（3~5年）。

② 风险指标：最大回撤是否低于平均水平，夏普比率是否占优。

③ 定性指标：基金规模、机构占比是否适中，基金风格有无漂移，是否更换了基金经理，等等。

幸福如人饮水，冷暖自知，它不是一个遥远的目标，而是一个享受当下的过程。

家有千金藏玉楼，不如学艺在心头。基金投资就像打仗，我们不仅要学会进攻，而且要学会防守，只有保存自己的有生力量，才能有机会获得最终的胜利成果。

"道"是隐的，"术"是显的。在战争中起决定作用的不是"术"，而是"道"。"术"是表面的呈现和方法，"道"是内里的积淀和支撑。《道德经》中有云："上士闻道，勤而行之；中士闻道，若存若亡；下士闻道，大笑之。不笑不足以为道。"

八仙过海，各显神通。以道御术，则无往不胜；以术御道，则南辕北辙。只有人和技术完美结合，才可发挥技术的灵性，基金投资亦同此理。

后记

让基金投资神采飞扬

我有冰心温作酒，赠君前路抵寒霜。

记得2020年年初第一次在《零售银行》杂志优秀作者评选中荣获"人气作者奖"时，我有过如下感言：

"《零售银行》，助力领航。文以载道，言以致行。开卷有益，相伴成长。此次获奖，心潮激荡。获奖感言，寥寥数行。不求冷场，但愿鼓掌。

光阴荏苒，风情缱绻。金融实战，三十余年。著书立说，不同凡响；基金宝典，决战厅堂；活动获客，跑赢市场。分享经验，雅俗共赏；答疑解惑，古道热肠；弘扬正气，播种希望。

抚今追昔，念念不忘。零售业务，源远流长。股票商品，货币债券；资产配置，规划担当；国债储蓄，大额存单；基金理财，黄金保险；家族信托，私募股权；电子货币，手机银行……财经透视，微观度量；服务为本，客户至上；量体裁衣，实现梦想。

二零二零，新的起航；携手奋进，再创辉煌！"

2022年1月，我在《零售银行》&《数字银行》杂志2021年度优秀作者评选中荣获"实力作者奖"。这是我连续第三个年度在《零售银行》杂志优秀作者评选中获奖。

后记　让基金投资神采飞扬

在收到证书和奖杯的时候，我萌生了一个念头，就是要写一本书，分享投资方面的知识、经验和技巧。经朋友北落的师门牵线搭桥，我和出版社编辑商量后，决定当一回金融知识搬运工，系统地介绍一下基金投资方面的理念、策略和方法，让更多的人了解公募基金的知识，让基金投资神采飞扬。

口说为语，手写为文。这既是对我三十多年金融实战历程的一个总结，也是我送给小学老师陈国万的一份礼物，感谢他从小为我打下良好的语文基础。

陈老师是我的语文老师。四十多年前，陈老师在上海市永兴路二小教过我三年级的语文，虽然时间不长，但对我的影响却是终身的。陈老师曾说："语"就是语言，"文"就是写好文章。学好语文就是要善于用语言去和别人沟通，善于用文字去准确表达思想。

那时候，我们班经常上公开课。陈老师要求每位学生上课积极举手发言。对于踊跃发言的学生，如果试卷没有考好，则可以加分；否则，即便试卷考得再好，也不能给满分。所以，上课时同学们主动发言成了一种风尚。

陈老师很少让我们一遍又一遍地抄写生字生词，但他会布置我们造句，他要求句子要造得尽量长，如果过短或过于简单，那么他会要求重做。除此之外，他还要求我们写日记，每周三进行点评。

记得有一位同学是从其他学校转过来的，刚来的时候他的日记只能写一句话，经过三个月的训练，他已经能洋洋洒洒写千言了，《国庆抒怀》一文更是受到了全班表扬。这位同学后来在陈老师的极力推荐下，跳级考取了华师附中，高中又跳一级，考上了中国科技大学少年班，本科毕业后到美国斯坦福大学留学，拿到了法学和经济学两个博士学位，并分别取得了美国和中国的律师资格。他是我见过的真正的学霸。

当时，我的父母两地分居，我和父亲住在上海机械制造工艺研究所职工宿舍里。由于父亲经常出差，陈老师除了关注我的学习，还关心我的生活。特别是当他知道我父亲要带着我离开上海去外地上学的时候，他曾建议把我留在他的身边，和他一道住学校宿舍，他来管我的学习和生活。其实他自己有两个儿子在崇明岛，老大和我同龄，他每周周末过去一次。

1978年，我随父亲离开了上海，陈老师也因为教学成绩突出被调到其他学校去了。从此，我们师生各奔东西、杳无音信。可是，我对陈老师的那份敬仰之情一直埋藏在心底，我希望有生之年能够见见他，叙一叙我们的师生之情。

我离开上海的时候刚刚读完小学三年级，年龄还小，只知道陈老师的姓名以及他是崇明岛人，其他的一无所知。弹指一挥间，几十年过去了，在茫茫人海中要想联系上他，谈何容易？

有道是："苦心人天不负"。2020年下半年，我无意中搜索学霸同学的姓名，发现他回上海陆家嘴工作了，是知名律所的合伙人。我立刻通过某基金公司华东区老总联系到了我的同学，并通过他查到了陈老师的电话号码。

当我打通陈老师电话的时候，陈老师非常高兴，他一下子就报出了我的名字。当我得知79岁的陈老师身体不好，患了尿毒症，每周要透析三次时，我的眼泪忍不住流了下来。我决定在年底之前去崇明岛探望他老人家。

经过高铁+地铁+公交近7个小时的车程，2019年12月28日，相隔41年，师生得以相见，了却了我的一桩心愿。说也奇怪，去上海之前几日，阴雨绵绵，冷风嗖嗖；师生相见那日，阳光灿烂。我很好奇：难道上苍也被我的诚心所感动？

当日，师生相谈甚欢，临了，陈老师深情地对我说："执教42年，送走了14届毕业生。如果有来生，我还选择当老师。"

这句话令我非常震撼。教书育人，成人达己，这是功德无量的事。那著书立说呢？我想，这也算是极有意义的事吧。赠人玫瑰，手有余香，可以圆我之梦想。

文章千古事，得失寸心知。美好的愿望要想转变成现实，绝非一路顺风。就像手机拍照，一要构图，二要对焦，三要用光。目前市面上谈基金投资的书汗牛充栋，我又该如何做到别具一格呢？

回顾我们走过的求学之路，我们总是喜欢那些旁征博引、风趣幽默的老师，他们讲的课总是让学生津津乐道、回味无穷。所以，在这半年的时间里，除了工作，我花费了大量的心血去搜集整理与基金相关的资料，梳理脉络，更新知识，谢绝了一切社交活动，放假几乎没有离开过书房，为的就是尽己所能，呈现给大家一部有温度的讲解基金的作品，像现在这个模样，能得到大家的关注。

中国的语言丰富多彩，中国的文字魅力无限。例如，申购和认购、场内交易和场外交易、前端收费和后端收费等，一字之差，含义不同。因此，我苦思冥想，尽量深入浅出地讲解一些名词和术语，通过生活中的场景进行类比，便于大家理解，比如，用各种馅料的包子来比喻不同的基金，用"腊味蒸白干"来讲解固收+。

汉字有6种构成方式，包括象形、指事、会意、形声、转注、假借。稍加留意就会发现，我们每天使用的汉字里面蕴藏着无尽的哲理和情趣。如果将它们展现出来，那么学习便会生动有趣。例如，恩：无论是施"恩"，还是报"恩"，都"因"有一颗善良的"心"；韵：声"音"均"匀"地表现出来，"韵"律便产生了；出：翻过两座山，便会找到"出"路，这就是"有志者事竟成"的内涵；炒：左边是"火"，右边是"少"，说明既要掌握火候，也要数量少。

有位老师在讲"晓"字时，写下了与晓、与日有关的诗句："东方发白鸡报晓，朝阳旦晖晨曦早。西山日落昏暮晚，夕阳霞光照天烧。"这样一来，本来枯燥乏味的课程是不是变得情趣盎然？

为此，我也努力在遣词造句方面进行推敲，期望将专业的知识讲得透彻，让人读后感到有料、有趣、有帮助。但限于个人精力和能力，短短6个多月，未必能够做到尽善尽美，疏漏之处还望大家海涵。

基金是大众投资理财的利器，目前我国基民人数已经大大超过股民人数。希望我的这部作品能为金融事业贡献绵薄之力，希望有更多的人读懂基金、用好基金、热爱基金。

感谢在本书创作过程中帮助过我的家人和所有朋友！祝福你们！

青山无墨千年画，流水无弦万古情。衷心地祝愿各位读者：追随时代，用基金演绎精彩！

吴门智多星

2023年9月